港澳台侨学生通识教育课程系列教材

特别行政区基本法

洪跃雄　主编

清华大学出版社
北　京

内 容 简 介

本书紧密结合中央人民政府关于特别行政区的最新方针政策和中央主要领导人关于特别行政区的有关重要讲话精神，把《香港特别行政区基本法》和《澳门特别行政区基本法》两部法律有机融合在一起，以期让读者能全面、深刻地认知"一国两制"基本方针的核心精神，并全方位地感受中央人民政府对实现"保持香港、澳门长期繁荣稳定，实现祖国完全统一"目标的信心和决心。

本书共由六章组成。第一章，特别行政区基本法概述：主要介绍特别行政区基本法与《宪法》、"一国两制"基本方针、特别行政区之间的内在关系。第二章，特别行政区的法律地位：主要介绍国家主权、单一制与特别行政区法律地位之间的关系，中央全面管治权与特别行政区高度自治权之间的关系。第三章，中央享有和行使的权力：主要阐明中央享有和行使的具体权力。第四章，特别行政区享有的高度自治权：主要阐明特别行政区可享有和行使的具体自治权。第五章，特别行政区居民的基本权利和义务：主要说明拥有特别行政区永久性居民身份的条件及特别行政区居民享有的基本权利和义务。第六章，特别行政区的政治体制和组织机构：主要阐述特别行政区的行政长官、行政机关、立法机关和司法机关的产生、组成人员的任职资格、职权等内容。

本书适合作为特别行政区基本法通识教育通用教材。

本书封面贴有清华大学出版社防伪标签，无标签者不得销售。
版权所有，侵权必究。举报：010-62782989，beiqinquan@tup.tsinghua.edu.cn。

图书在版编目(CIP)数据

特别行政区基本法 / 洪跃雄主编. —北京：清华大学出版社，2022.1
港澳台侨学生通识教育课程系列教材
ISBN 978-7-302-59016-3

Ⅰ.①特…　Ⅱ.①洪…　Ⅲ.①特别行政区基本法－香港－教材 ②特别行政区基本法－澳门－教材　Ⅳ.①D921.9

中国版本图书馆 CIP 数据核字(2021)第 177103 号

责任编辑：王　定
封面设计：周晓亮
版式设计：思创景点
责任校对：马遥遥
责任印制：曹婉颖

出版发行：清华大学出版社
　　　　　网　　址：http://www.tup.com.cn，http://www.wqbook.com
　　　　　地　　址：北京清华大学学研大厦 A 座　　　　邮　编：100084
　　　　　社 总 机：010-62770175　　　　　　　　　　邮　购：010-62786544
　　　　　投稿与读者服务：010-62776969，c-service@tup.tsinghua.edu.cn
　　　　　质 量 反 馈：010-62772015，zhiliang@tup.tsinghua.edu.cn
印 装 者：三河市君旺印务有限公司
经　　销：全国新华书店
开　　本：185mm×260mm　　　印　张：14.25　　　字　数：242 千字
版　　次：2022 年 1 月第 1 版　　印　次：2022 年 1 月第 1 次印刷
定　　价：58.00 元

产品编号：083232-01

港澳台侨学生通识教育课程系列教材编委会

主　编：徐西鹏

副主编：刘　斌　　吴季怀

编　委：(排名不分先后)

　　　　林怀艺　　李勇泉　　高炳亮

　　　　张　宇　　骆文伟　　朱银端

　　　　洪跃雄　　肖北婴　　赵　威

总　　序

通识教育，旨在为受教育者在现代多元化的社会中提供一种通行于不同人群的知识和价值观。通识教育是当今大学教育的发展趋势，国家"十三五"规划纲要也提出，要提升大学创新人才培养能力，实行通识教育与专业教育相结合的培养制度。在大学中推行通识教育，已经成为我国教育界的共识。

作为以"面向海外、面向港澳台"为办学方针，以"为侨服务、传播中华文化"为办学宗旨的华侨高等学府，华侨大学既肩负着为社会主义事业培养合格建设者和可靠接班人的任务，也肩负着为港澳台经济和社会发展培养优秀人才的使命。学校始终高度重视港澳台侨学生的通识教育工作，坚持因事而化、因时而进、因势而新，努力打造港澳台侨学生真心喜爱、终身受益的通识教育课程，开展港澳台侨学生喜闻乐见的通识教育社会实践活动，引导他们珍惜韶华、脚踏实地，扣好人生的第一粒扣子。2012年7月，华侨大学成立了通识教育学院，其后应邀加入了"中国大学通识教育联盟"，以探索构建具有侨校特色的全方位、多类型、多层次的通识教育体系。

教材是学生在学校获得系统知识的主要材料，也是教师进行教学的主要依据。出版一套符合港澳台侨学生知识背景、尊重不同港澳台侨学生群体差异、满足港澳台侨学生成长需要的通识教育课程系列教材，对于提高学校教育教学质量，增强港澳台侨学生的文化认同感和民族自豪感，完善港澳台侨学生的人格和道德品质，提升港澳台侨学生的可持续发展能力等方面都具有十分重要的意义。

基于这样的初衷和认识，我们组织相关教师，开展"港澳台侨学生通识教育课程系列教材"编写工作，希望通过全体教师的努力，推动学校的港澳台侨学生教育和培养工作迈上新的台阶。

本套教材包括《大学与青年发展》《中国传统文化概论》《当代世界与中国》《中国百年复兴之路》《特别行政区基本法》《法律基础》6本。教材风格统一、图文并茂，体例新颖独特，内容与时俱进，在主要知识点之外，还辅以课外延伸、知识小贴士、阅读链接、热点聚焦、推荐阅读(含图书、视频、影音资料等)、思考和研讨等板块，鼓励学生独立思考，既保证了知识的广度和深度，也适当体现了地域文化特色和侨校特色；既突出了思想品德教育的人文性和思想性，也增强了时代感和吸引力。

教材易成，但通识教育任重道远。编著"港澳台侨学生通识教育课程系列教材"是学校进行港澳台侨学生教育和培养工作的一次有益探索和尝试。我们希望系列教材投入使用之后，能够真正发挥促进通识教育课程教学更有温度、思想引领更有力度、立德树人更有效度的作用，希望系列教材能够深受广大港澳台侨学生的欢迎和喜爱，希望广大港澳台侨学生通过系列教材的学习获得知识的力量、智慧的启迪和心灵的陶冶。我们也希望系列教材的问世，能够为我国港澳台侨学生教育和培养工作带来有价值的借鉴和启示，希望我们的探索和努力能够得到业内同仁的鼓励和指导。

是为序。

华侨大学党委书记 徐西鹏
2020年9月1日

前　言

为了加强港澳台侨学生的国民教育和公民道德教育，以"为侨服务，传播中华文化"为办学宗旨的华侨大学，积极推进打造"港澳台侨学生通识教育课程系列教材"。本书作为"港澳台侨学生通识教育课程系列教材"的组成部分，以港澳学生作为授课对象，以增进学生对"一国两制"基本方针的全面理解作为编写本书的目标。

相比已出版的相关书籍，本书总体而言具有以下特色：第一，本书把《香港特别行政区基本法》和《澳门特别行政区基本法》这两部法律有机融合在一起。为了凸显通识教育教材的定位，本书更侧重于阐述两者的共同点，有别于法学学术专著和专业教材侧重于介绍两者的差异性。第二，本书内容紧密结合中央人民政府关于特别行政区的最新方针政策和中央主要领导人关于特别行政区的有关重要讲话精神。比如，本书用了一整节的篇幅来阐述"中央对特别行政区的全面管治权"。第三，本书根据每章所涉及的知识点，有针对性地收集一些时事政策、数据资料、历史事件、历史文件等素材作为拓展阅读的内容，既拓展了学习者的知识面，也为授课者提供了必要的教学资料。第四，本书在陈述相关法律规定时，尽可能地援引法条原文，并清楚地标明具体的条款，以提高本书的权威性。

本书由洪跃雄主编。编者长期从事法学包括特别行政区基本法的教学与研究，曾讲授"香港基本法""特别行政区基本法""当代世界与中国法制""法理学""经济法""婚姻家庭与继承法""法律基础"等课程。本书是编者在多年教学过程中的素材收集和思考总结基础上整合编写而成的，但因个人力量单薄且学识有限，不足之处敬请广大读者批评指正。

在编写过程中，编者参阅了大量的国内外教材、著作、报刊及各类媒体报道，在此向相关作者表示由衷的感谢！

本书是特别行政区基本法的通用性教材,既可作为高等院校通识教育的选用教材,也可作为法学类专业学生的辅修教材,还可以作为相关培训的教材。

本书教学课件可扫下列二维码下载:

教学课件

编　者

2021 年 9 月

目　　录

第一章　特别行政区基本法概述……1
　第一节　特别行政区基本法的法律
　　　　　地位………………………1
　　一、特别行政区基本法是中国法律
　　　　体系中的基本法律……………1
　　二、特别行政区基本法是特别行
　　　　政区的宪法性法律……………3
　第二节　特别行政区基本法与
　　　　　《宪法》的关系……………6
　　一、《宪法》是制定特别行政区
　　　　基本法的法律依据……………6
　　二、《宪法》在特别行政区的效力……7
　　三、特别行政区基本法的制定是对
　　　　中国宪法理论的发展…………9
　第三节　特别行政区基本法与"一国
　　　　　两制"………………………10
　　一、"一国两制"的基本内涵………10
　　二、在香港、澳门回归后实施
　　　　"一国两制"的原因……………12
　　三、特别行政区基本法使"一国两制"
　　　　方针具体化、法律化、制度化……14
　思考题………………………………20

第二章　特别行政区的法律地位……21
　第一节　国家结构形式………………21
　　一、单一制………………………21
　　二、复合制………………………23
　　三、中国国家结构形式是单一制……25
　第二节　单一制与中央全面管治权……28

　　一、全面管治权相关的概念辨析……28
　　二、中央对特别行政区全面管治权的
　　　　内容……………………………32
　　三、全面管治权与高度自治权的
　　　　关系……………………………33
　第三节　特别行政区是中国具有特殊
　　　　　地位的省级地方行政区域……35
　　一、中国行政区域的划分……………35
　　二、特别行政区是中国的省级地方
　　　　行政区域………………………36
　　三、特别行政区是直辖于中央人民
　　　　政府、享有高度自治权的地方
　　　　行政区域………………………39
　思考题………………………………44

第三章　中央享有和行使的权力……45
　第一节　中央负责管理与特别行政区
　　　　　有关的外交事务和防务……45
　　一、中央负责管理与特别行政区
　　　　有关的外交事务………………45
　　二、中央负责管理特别行政区的
　　　　防务……………………………47
　第二节　任免权、审查权、决定权、
　　　　　批准权、备案权………………50
　　一、任免权………………………50
　　二、审查权………………………53
　　三、决定权………………………55
　　四、批准权………………………60
　　五、备案权………………………63

第三节 特别行政区基本法的解释权
与修改权·················· 64
一、特别行政区基本法的解释权······· 64
二、全国人民代表大会常务委员会对
《香港特别行政区基本法》的五次
解释······················· 67
三、全国人民代表大会常务委员会对
《澳门特别行政区基本法》的
解释······················· 74
四、特别行政区基本法的修改权······· 75
思考题······················· 79

第四章 特别行政区享有的高度自治权·····80
第一节 特别行政区享有高度
自治权概述·················· 80
一、高度自治权的基本内涵·········· 80
二、特别行政区与少数民族省级
自治区的自治程度比较·········· 81
三、特别行政区与联邦制国家地方
组成单位的自治程度比较········ 83
第二节 特别行政区享有行政
管理权······················ 86
一、经济管理权················· 86
二、文化教育管理··············· 90
三、民政管理··················· 93
第三节 特别行政区享有立法权、
司法权、终审权和对外
事务处理权·················· 94
一、特别行政区享有立法权·········· 94
二、特别行政区享有独立的司法权和
终审权······················ 96
三、特别行政区享有处理对外事务的
权力······················· 99
思考题······················· 108

第五章 特别行政区居民的基本权利和
义务······················· 109
第一节 特别行政区居民············ 109
一、特别行政区居民的概念········· 109
二、永久性居民和非永久性居民····· 110
三、特别行政区居民与中国公民····· 114
第二节 特别行政区居民的基本
权利······················· 120
一、政治权利和自由············· 120
二、人身权及其相关权利··········· 129
三、经济、社会、文化方面的权利····· 136
第三节 特别行政区居民的基本
义务······················· 141
思考题······················· 149

第六章 特别行政区的政治体制和组织
机构······················· 150
第一节 特别行政区政治体制
概述······················· 150
一、政治体制的概念············· 150
二、特别行政区政治体制的设计
原则······················· 151
三、特别行政区政治体制··········· 153
第二节 特别行政区行政长官········ 158
一、行政长官的法律地位··········· 158
二、行政长官的任职资格和要求····· 160
三、行政长官的产生·············· 162
四、行政长官的任期、职权、辞职和
代理······················· 167
五、行政会议(行政会)············· 170
第三节 特别行政区行政机关········ 173
一、特别行政区政府的组织及
设置······················· 174
二、特别行政区政府主要官员······· 176
三、特别行政区政府的职权········· 178

四、特别行政区的公务人员 ……… 180
第四节　特别行政区立法机关 ……… 183
　　一、立法会的性质和职权 ………… 183
　　二、立法会议员任职资格及任期 …… 185
　　三、立法会的组成及其产生 ……… 186
　　四、立法会的会议程序 …………… 191
　　五、立法会主席 …………………… 193
　　六、立法会议员的权利及资格
　　　　丧失 …………………………… 195

第五节　特别行政区司法体系 ……… 197
　　一、特别行政区法院的组织体系 …… 197
　　二、特别行政区的法官制度 ……… 201
　　三、特别行政区的监察制度 ……… 203
　　四、特别行政区的律师制度 ……… 205
思考题 ………………………………… 210

参考文献 ……………………………… 211

第一章

特别行政区基本法概述

要在整体上认知和把握特别行政区基本法,需要理清以下三个关系:一是特别行政区基本法与中国法律体系的关系;二是特别行政区基本法与《中华人民共和国宪法》(以下简称《宪法》)的关系;三是特别行政区基本法与"一国两制"方针的关系。

第一节　特别行政区基本法的法律地位

特别行政区基本法在不同层面上具有相异的法律地位。在中国整体的法律体系层面上,特别行政区基本法是中国的基本法律;对于特别行政区而言,特别行政区基本法则是宪法性法律。

一、特别行政区基本法是中国法律体系中的基本法律

(一) 基本法律的概念

在中国法律体系中,按法律制定主体和效力的不同可分为不同层次的法律。中国《立法法》第二条规定:"法律、行政法规、地方性法规、自治条例和单行条例的制定、修改和废止,适用本法。国务院部门规章和地方政府规章的制定、修改和废止,依照本法的有关规定执行。"因此,中国法律层次一般可分为四个层次:最高层次的法律是宪法;第二层次的法律是法律,即由全国人民代表大会及其常务委员会制定的法律;第三层次的法律是行政法规,即由国务院制定的法律;第四层次的法律是地方性和部门性法律,包括地方性法规、自治条例和单行条例、国务院部门规章和地方政府规章。

法律层次的划定，其目的在于规范和协调不同立法机关的立法行为和解决法律冲突问题，进而保障国家整个法律体系的统一性。法律层次越高其法律效力越大，层次低的法律不能与层次高的法律相抵触。在立法层面上，如果层次低的法律与层次高的法律相抵触，那么层次低的法律就是无效的；在司法层面上，如果层次低的法律与层次高的法律相冲突，就应适用层次高的法律。《立法法》第八十七条规定："宪法具有最高的法律效力，一切法律、行政法规、地方性法规、自治条例和单行条例、规章都不得同宪法相抵触。"第八十八条规定："法律的效力高于行政法规、地方性法规、规章。行政法规的效力高于地方性法规、规章。"

基本法律与普通法律的提法是对狭义上的法律作进一步的区分。《立法法》第七条规定："全国人民代表大会和全国人民代表大会常务委员会行使国家立法权。全国人民代表大会制定和修改刑事、民事、国家机构的和其他的基本法律。全国人民代表大会常务委员会制定和修改除应当由全国人民代表大会制定的法律以外的其他法律；在全国人民代表大会闭会期间，对全国人民代表大会制定的法律进行部分补充和修改，但是不得同该法律的基本原则相抵触。"也就是说，基本法律就是由全国人民代表大会制定和修改的法律；普通法律就是由全国人民代表大会常务委员会制定和修改的法律。在法律效力上，基本法律高于普通法律。

(二) 特别行政区基本法是基本法律

首先，特别行政区基本法是直接依据《宪法》，并由全国人民代表大会制定的。《宪法》第三十一条："国家在必要时得设立特别行政区。在特别行政区内实行的制度按照具体情况由全国人民代表大会以法律规定。"第六十二条规定了"全国人民代表大会行使的职权"，其第十四项规定："(全国人民代表大会)决定特别行政区的设立及其制度。"1990年4月4日，《中华人民共和国香港特别行政区基本法》(以下简称《香港特别行政区基本法》)在第七届全国人民代表大会第三次会议上通过；1993年3月31日，《中华人民共和国澳门特别行政区基本法》(以下简称《澳门特别行政区基本法》)在第八届全国人民代表大会第一次会议上通过。

其次，特别行政区基本法规定的，都是在中国对香港和澳门恢复行使主权后，国家对香港、澳门实行的基本方针政策，都是根本性、指导性的法律规范。如《澳门特别行政区基本法》序言中就提到："全国人民代表大会特制定中华人民共和国澳门特别行政区基本法，规定澳门特别行政区实行的制度，以保障国家对澳门的基本方针政策的实施。"这里指的"基本方针政策"包括"一国两制""高度自治""港(澳)人治港(澳)"等基本原则。再如《香港特别行政区基本法》第三条规定"香港特别行政区的行政机关和立法机关由香港永久性居民依照本法有关规定组成",就表明了"港人治港"的基本原则。

最后,特别行政区基本法由全国人民代表大会制定和修改,具有很高的权威性和稳定性。特别行政区基本法的权威性,体现为特别行政区基本法是特别行政区成立和实际运行制度的法律依据,对特别行政区而言,特别行政区基本法的规定具有法律效力至上性。如《澳门特别行政区基本法》第十一条规定:"澳门特别行政区的制度和政策,包括社会、经济制度,有关保障居民的基本权利和自由的制度,行政管理、立法和司法方面的制度,以及有关政策,均以本法的规定为依据。"特别行政区基本法的稳定性,一方面体现为特别行政区基本法自身就规定了明确的修改和修改提案权主体、绝对的修改限制条件和严格的修改程序。如《澳门特别行政区基本法》第一百四十四条规定:"本法的修改权属于全国人民代表大会……本法的任何修改,均不得同中华人民共和国对澳门既定的基本方针政策相抵触。"另一方面,从实践上看,自特别行政区基本法颁布和实施以来,除了对附件作适时修改外,主体部分的内容并没有作任何修改,可以说,这也是"五十年不变"原则的一种具体体现。

二、特别行政区基本法是特别行政区的宪法性法律

(一) 宪法性法律的含义

宪法性法律,一般是指有宪法规范存在其中,但形式上又不具备最高法律效力以及严格制定和修改程序的法律文件。在中国,《选举法》《国旗法》《集会游行示威法》《民族区域自治法》等都是宪法性法律。

宪法性法律是法律而不是《宪法》,它们与其他法律一样都是对《宪法》的"规则化",但又与其他法律明显不同:宪法性法律是"宪法"法,是"国家"法,是"权力"法和"权利"法。它通过将《宪法》内容具体化、程序化来保障《宪法》的实施。在成文宪法的国家,宪法性法律对《宪法》起补充作用。在不成文宪法的国家,宪法性法律是不成文宪法结构中的成文形式,是绝大多数宪法规范、宪法原则、宪法指导思想的载体。

与《宪法》相比较而言，宪法性法律主要有以下三个特点：首先，宪法性法律是由国家立法机关制定的法律文件，不同于宪法惯例；其次，宪法性法律规定的内容是国家根本问题，但不是根本问题的全部，只是某一个或某一方面的根本问题；最后，它的法律效力低于《宪法》。

(二) 特别行政区基本法是宪法性法律

首先，特别行政区基本法是依据《宪法》，从总体和全局上确定了特别行政区实行的基本制度和政策，在微观上把中央对香港、澳门实行"一国两制"基本方针政策具体化。在香港(澳门)特别行政区基本法的序言第二段提到，国家决定，在对香港(澳门)恢复行使主权时，根据《宪法》第三十一条的规定，设立香港(澳门)特别行政区，并按照"一个国家，两种制度"的方针，不在香港(澳门)实行社会主义的制度和政策。紧接着在序言第三段有这样的表述，根据《宪法》全国人民代表大会特制定中华人民共和国香港(澳门)特别行政区基本法，规定香港(澳门)特别行政区实行的制度，以保障国家对香港(澳门)的基本方针政策的实施。随后在香港(澳门)特别行政区基本法第十一条有这样的表述，根据《宪法》第三十一条，香港(澳门)特别行政区的制度和政策，包括社会、经济制度，有关保障居民的基本权利和自由的制度，行政管理、立法和司法方面的制度，以及有关政策，均以本法的规定为依据。

其次，特别行政区基本法的制定运用了特别立法程序。全国人民代表大会专门分别成立了香港与澳门特别行政区基本法起草委员会，作为全国人民代表大会下设的工作委员会，负责特别行政区基本法的起草工作。1985年7月1日，由59名委员(内地委员36名，香港委员23名)组成的香港特别行政区基本法起草委员会成立，到1990年4月4日第七届全国人民代表大会第三次全体会议通过《香港特别行政区基本法》，历时4年9个月。1988年9月5日，由48名委员(内地委员29名，澳门委员19名)组成的澳门特别行政区基本法起草委员会成立，到1993年3月31日第八届全国人民代表大会第一次全体会议通过《澳门特别行政区基本法》，历时4年6个月。从表决方式看，特别行政区基本法不仅采取逐条表决的方式，比如《香港特别行政区基本法》由序言、160条法条和三个附件组成，所以在通过《香港特别行政区基本法》时，起草委员会要进行164次投票；而且，有别于中国内地一般法律采用的简单多数原则，特别行政区基本法表决还采用绝对多数原则,即起草委员会全体委员 2/3 以上同意才通过。在特别行政区基本法起草过程中,还成立了基本法咨询委员会,其中,香港基本法咨询委员会成立于 1985 年 12 月 18 日,180 名委员全部由香港居民组成;澳门基本法咨询委员会成立于 1989 年 5 月 28 日,90 名委员全部由澳门居民组成。基本法咨询委员会是港澳地区为配合基本法起草而组建的民间性咨询机构,它成为香港(澳门)各界人士与基本法起草委员会联系沟通的桥梁,是香港(澳门)各界人士对基本法起草工作反映意见和建议的重要渠道。总之,特别行政区基本法的起草采用了特别的、类似起草《宪法》的立法程序,充分地显示了其具有非普通法律可比的法律地位。

再次,特别行政区基本法在结构体例方面具有宪法性法律的共同特征。特别行政区基本法由序言、正文和附件三大部分组成。第一部分为序言。序言的第一段交代了香港、澳门问题的由来及解决的历史背景和回归的具体时间;第二段叙述了中央对香港、澳门实施"一个国家,两种制度"基本方针政策的目的和法律依据;第三段讲明了制定特别行政区基本法的《宪法》依据、主体和目的。第二部分为正文。《香港特别行政区基本法》正文共有法条 160 条,其内容由九章构成,包括:总则;中央和特别行政区的关系;居民的基本权利和义务;政治体制;经济;教育、科学、文化、体育、宗教、劳工和社会服务;对外事务;本法的解释和修改;附则。《澳门特别行政区基本法》正文共有法条 145 条,其内容由九章构成,包括:总则;中央和特别行政区的关系;居民的基本权利和义务;政治体制;经济;文化和社会事务;对外事务;本法的解释和修改;附则。第三部分为附件。附件由三部分组成。《香港特别行政区基本法》有附件一《香港特别行政区行政长官的产生办法》,附件二《香港特别行政区立法会的产生办法和表决程序》,附件三《在香港特别行政区实施的全国性法律》。《澳门特别行政区基本法》有附件一《澳门特别行政区行政长官的产生办法》,附件二《澳门特别行政区立法会的产生办法》,附件三《在澳门特别行政区实施的全国性法律》。特别行政区基本法的结构不仅与《宪法》的结构(由"序言""总纲""公民的基本权利和义务""国家机构""国旗、国歌、国徽、首都"组成)十分相似,也与其他国家的成文宪法的结构相似。例如,葡萄牙现行宪法分别由序言、基本原则、基本权利与义务、经济组织、政治权力机构(包括总统、议会、政府、法院、检察院等)、宪法的保证与修改等部分组成。

最后,特别行政区基本法规定和确认的,都是在特别行政区实行的制度和政策，其法律地位高于在特别行政区实施的其他任何法律。《香港特别行政区基本法》第二条规定："全国人民代表大会授权香港特别行政区依照本法的规定实行高度自治，享有行政管理权、立法权、独立的司法权和终审权。"第三条规定："香港特别行政区的行政机关和立法机关由香港永久性居民依照本法有关规定组成。""依照本法的规定"的表述，一方面表明特别行政区基本法是特别行政区拥有和行使高度自治权的法律依据，另一方面也表明特别行政区基本法对特别行政区拥有和行使高度自治权的限定。《香港特别行政区基本法》第八条规定："香港原有法律，即普通法、衡平法、条例、附属立法和习惯法，除同本法相抵触或经香港特别行政区的立法机关作出修改者外，予以保留。"第十一条第二款规定："香港特别行政区立法机关制定的任何法律，均不得同本法相抵触。"第一百六十条规定："香港特别行政区成立时，香港原有法律除由全国人民代表大会常务委员会宣布为同本法抵触者外，采用为香港特别行政区法律，如以后发现有的法律与本法抵触，可依照本法规定的程序修改或停止生效。"以上规定表明，特别行政区法律不管是新制定的还是原有的，只要与特别行政区基本法相抵触就无效或停止生效，也就是说，特别行政区基本法在法律效力上高于特别行政区的其他法律。

第二节　特别行政区基本法与《宪法》的关系

《宪法》与特别行政区基本法的关系是"母法"与"子法"的关系，《宪法》是制定特别行政区基本法的法律依据，特别行政区基本法是《宪法》关于特别行政区规定的具体化。而且，特别行政区基本法的颁布和实施是《宪法》理论的一个重大发展。对于《宪法》在特别行政区的法律效力问题，要分两个层面来看：在整体上，《宪法》在特别行政区当然有效力，是特别行政区的根本大法；在具体规定上，根据"一国两制"的基本精神和特别行政区基本法的具体规定，《宪法》有部分条文不会在特别行政区实施。

一、《宪法》是制定特别行政区基本法的法律依据

《宪法》序言最后一段规定："本宪法以法律的形式确认了中国各族人民奋斗的成果，规定了国家的根本制度和根本任务，是国家的根本法，具有最高的法律效力。"也就是说，《宪法》是中国的根本法，具有最高的法律效力，其他法律的制

定必须以《宪法》为依据。因此，特别行政区基本法的制定也必须以《宪法》为依据。

《宪法》第三十一条规定："国家在必要时得设立特别行政区。在特别行政区内实行的制度按照具体情况由全国人民代表大会以法律规定。"这条规定实际上已经授予全国人民代表大会两项权力：一是可以设立特别行政区，这种特别行政区是中国的一级行政区划；二是可以另外制定法律，在特别行政区实行一种不同于其他行政区域的制度，即也可以实行资本主义制度。

特别行政区基本法就是根据这一规范制定的，《香港(澳门)特别行政区基本法》在序言第二段提到："根据中华人民共和国宪法第三十一条的规定，设立香港(澳门)特别行政区，并按照'一个国家，两种制度'的方针，不在香港(澳门)实行社会主义的制度和政策。"在序言第三段提到："根据中华人民共和国宪法，全国人民代表大会特制定中华人民共和国香港(澳门)特别行政区基本法。"这就说明了《宪法》是制定特别行政区基本法的立法依据，《宪法》与特别行政区基本法的关系是母法与子法的关系。

二、《宪法》在特别行政区的效力

《宪法》以法律的形式，象征和代表着国家的主权，维系着国家的统一，在全国范围内具有最高的法律效力。《宪法》序言最后一段规定："全国各族人民、一切国家机关和武装力量、各政党和各社会团体、各企业事业组织，都必须以宪法为根本的活动准则，并且负有维护宪法尊严、保证宪法实施的职责。"第五条第三款规定："一切法律、行政法规和地方性法规都不得同宪法相抵触。"第四款规定："一切国家机关和武装力量、各政党和各社会团体、各企业事业组织都必须遵守宪法和法律。一切违反宪法和法律的行为，必须予以追究。"因此，从整体而言，《宪法》在特别行政区范围内，同样具有根本法的地位。但由于特别行政区的特殊性，《宪法》在特别行政区的适用也有其特点。

首先，《宪法》中有关确认和体现国家主权、统一的规定，理应在特别行政区适用。《宪法》和特别行政区基本法都没有明确规定《宪法》的哪些条款适用于特别行政区，但根据"一国两制"的"一国"原则可推出，《宪法》中有关确认和体现国家主权、统一的规定适用于特别行政区，包括关于国家机构的组成和职权、国家标志、公民资格、国防和外交权规定，以及其他一些有关国家统一和领土完整的规定。《宪法》的以上这些规定都和特别行政区发生直接关系，因而对特别行政区是有效的、适用的。如在《香港(澳门)特别行政区基本法》第二章"中央和香港(澳门)特别行政区的关系"中的"中央"包括全国人民代表大会、国家主席、国务院、中央军委等，是因为《宪法》中的如下规定：第五十七条规定"中华人民共和国全国人民代表大会是最高国家权力机关"；第八十一条规定"中华人民共和国主席代表中华人民共和国，进行国事活动，接受外国使节；根据全国人民代表大会常务委员会的决定，派遣和召回驻外全权代表，批准和废除同外国缔结的条约和重要协定"；第八十五条规定"中华人民共和国国务院，即中央人民政府，是最高国家权力机关的执行机关，是最高国家行政机关"；第九十三条规定"中华人民共和国中央军事委员会领导全国武装力量"。《宪法》对国家标志如国旗、国歌、国徽的规定对特别行政区是有效的，也正基于此，特别行政区基本法附件三把《关于中华人民共和国国庆日的决议》《中华人民共和国国旗法》《中华人民共和国国徽法》《中华人民共和国国歌法》作为在特别行政区实施的全国性法律。宪法对有关公民资格，即国籍的规定对特别行政区是有效的，《中华人民共和国国籍法》作为在特别行政区实施的全国性法律。同样，也正因为宪法对外交权的规定对特别行政区是有效的，《中华人民共和国领海及毗连区法》《中华人民共和国外交特权与豁免条例》《中华人民共和国领事特权与豁免条例》作为在特别行政区实施的全国性法律。

其次，在确认《宪法》作为一个整体，在全国范围内，包括特别行政区具有根本大法地位和约束力的前提下，《宪法》中有部分条文不会在特别行政区实施。《宪法》和特别行政区基本法都没有明确规定《宪法》哪些条款不适用于特别行政区，但根据"一国两制"的基本精神和特别行政区基本法的具体规定来看，包括但不限于如下条款：第一，《宪法》关于社会主义国家的性质。《宪法》第一条规定："中华人民共和国是工人阶级领导的、以工农联盟为基础的人民民主专政的社会主义国家。社会主义制度是中华人民共和国的根本制度。"在《香港(澳门)特别行政区基本法》序言的第二段有"不在香港(澳门)实行社会主义的制度和政策"的表述。与此同时，《香港(澳门)特别行政区基本法》在第五条规定："香港(澳门)特别行政区不实行社会主义制度和政策，保持原有的资本主义制度和生活方式，五十年不变。"第二，《宪法》关于地方国家权力机关的规定。《宪法》第九十六条规定："地方各级人民代表大会是地方国家权力机关。"第一百零一条规定："地方各级人民代表大会分别选举并且有权罢免本级人民政府的省长和副省长、市长和副市长、县长和副县长、区长和副区长、乡长和副乡长、镇长和副镇长。"而特别行政区的地方立法机关是立法会，但特别行政区的行政长官不是由立法会选举产生的。第三，《宪法》关于国家审判机关的规定。《宪法》第一百三十二条规定："最高人民法院是最高审判机关。最高人民法院监督地方各级人民法院和专门人民法院的审判工作，上级人民法院监督下级人民法院的审判工作。"但按特别行政区基本法规定，特别行政区拥有"独立的司法权和终审权"，也就是说，《宪法》关于"最高人民法院是最高审判机关"规定并不适用于特别行政区。

三、特别行政区基本法的制定是对中国宪法理论的发展

第一，具有最高法律效力的《宪法》可以拥有高度的灵活性，这在特别行政区基本法中得到具体体现。《宪法》具有最高法律效力，对特别行政区也不例外。但是，《宪法》的特点之一在于它又有高度的灵活性。《宪法》的一部分条文和原则可以不适用于特别行政区，在坚持国家统一、主权和领土完整的原则下，许多问题可以高度灵活处理。也就是说，在特殊情况下，《宪法》可以根据需要准许最高国家权力机关制定具有高度灵活性的法律，这种高度达到可以在局部地区实行与一般地区完全不同的政治法律、社会经济制度，享有比一般地区甚至比联邦制国家中的州(邦或加盟共和国)更大的权力，充分表现了《宪法》的高度灵活性。当然，这种灵活性不是无限的，即不允许实行地区的完全自治与独立。

第二，发展了中国的地方政权形式和国家结构形式的理论。特别行政区基本法规定的政权形式是"一个国家，两种制度"下的、符合特别行政区实际情况的地方政权形式，它既不是内地采用的人民代表大会制，也不是西方国家采用的三权分立制，其政治体制的原则是：司法独立，行政机关与立法机关互相制衡又互相配合。另外，在坚持《宪法》规定的单一制国家结构的前提下，特别行政区基本法还赋予特别行政区高度自治权，此种自治权比联邦制下的成员单位的自治权还大，突破了联邦国家成员单位的权力远大于单一制国家地方行政区的理论，从而发展了《宪法》关于国家结构形式的理论。

第三，允许"一个国家，两种制度"下法律的多样性，解决了不同法律体系的差异问题。由于在特别行政区内的法律基本不变，内地的法律基本上不适用于特别行政区，这样在一个国家的法律将发生多样性，特别是香港与内地相比较而言更是如此。内地法律属于大陆法系(成文法系)，而香港原有法律属于英美法系(不成文法

系),由于法系的不同,许多法律观念和实践就必然存在很大的差别,比如法官能不能创造法律、法官的任职资格等,这就产生了如何妥善解决这些不同法律体系的差异问题。特别行政区基本法较好地处理了这一问题,对于少数全国性法律必须适用于特别行政区,在原则上应当适用于特别行政区;但是考虑到两种不同的法律体系,在遇到两种法律所规定的内容不一致时,又尽可能地采用原在特别行政区实行的法律的一些内容,使两种法律内容能在特别行政区基本法的条文中结合和统一起来。

第三节 特别行政区基本法与"一国两制"

"一国两制"是中国政府解决历史遗留的台湾、香港、澳门问题时所奉行的基本方针、基本国策,也是制定特别行政区基本法的指导方针。正确认识"一国两制"方针的含义及内容,有助于理解和认识特别行政区基本法是如何体现和贯彻这一基本方针的。

一、"一国两制"的基本内涵

"一国两制",即"一个国家,两种制度",其基本含义是,在一个中国的前提下,国家的主体坚持社会主义制度,香港、澳门、台湾保持原有的资本主义制度长期不变。其基本内涵包括以下几点。

第一,"一国两制"的基础是"一个中国"。世界上只有一个中国,即中华人民共和国。台湾、香港、澳门都是中华人民共和国领土不可分割的组成部分,都是中国的一个地方行政区域,在国际上代表中国的只能是中华人民共和国。"一国两制"的提出首先是为了实现和维护国家统一的。因此,"一个国家"是"一国两制"基本方针的核心、政治前提和根本保证。正如国家主席习近平在庆祝香港回归祖国20周年大会上的讲话中指出的,"一国"是根,根深才能叶茂;"一国"是本,本固才能枝荣。因此,在贯彻"一国两制"的具体实践中,必须牢固树立"一国"意识,坚守"一国"原则,也就是要正确处理特别行政区和中央的关系。与之相对应的是,任何危害国家主权安全、挑战中央权力和特别行政区基本法权威、利用特别行政区对内地进行渗透破坏的活动,都是对底线的触碰,都是绝不能允许的。

第二,"两种制度",是指在"一国"之内,国家主体实行社会主义制度,台湾、香港、澳门地区实行资本主义制度。要强调的是,"一国"是实行"两制"的前提和基础,"两制"从属和派生于"一国",并统一于"一国"之内。"一国"之内的"两制"并非等量齐观,国家的主体必须实行社会主义制度,是不会改变的。在这个前提下,从实际出发,充分照顾到台湾、香港、澳门地区的历史和现实情况,允许其保持资本主义制度长期不变。因此,国家主体坚持社会主义制度,是香港、澳门等地区实行资本主义制度,保持繁荣稳定的前提和保障。当然,内地在坚持社会主义制度的同时,要尊重和包容香港、澳门等地区实行的资本主义制度,还可以借鉴香港、澳门等地区在经济发展和社会管理等方面的成功经验。在"一国"之内,"两种制度"只有相互尊重、相互借鉴,才能和谐并存、共同发展。

第三,实行高度自治。祖国统一后,依法在台湾、香港、澳门设立特别行政区。特别行政区享有高度自治权,除在外交等方面服从中央外,享有包括行政管理权、立法权、独立的司法权和终审权,保持财政独立,法定货币继续流通。正如国家主席习近平在庆祝香港回归祖国 20 周年大会上的讲话中指出的,在"一国"的基础之上,"两制"的关系应该也完全可以做到和谐相处、相互促进。也就是说,要把坚持"一国"原则和尊重"两制"差异,维护中央权力和保障特别行政区高度自治权,发挥祖国内地坚强后盾作用和提高香港、澳门自身竞争力有机结合起来,任何时候都不能偏废。只有这样,"一国两制"这艘航船才能劈波斩浪、行稳致远。

第四,实行"一国两制"长期不变。邓小平多次讲到,按照"一国两制"的方针解决统一问题,对香港、澳门、台湾地区的政策五十年不变,五十年之后还会不变。他说:"社会主义国家里允许一些特殊地区搞资本主义,不是搞一段时间,而是搞几十年,成百年。""实际上,五十年只是一个形象的讲法,五十年后也不会变。前五十年是不能变,五十年之后是不需要变。所以,这不是信口开河。""我们在协议中说五十年不变,就是五十年不变。我们这一代不会变,下一代也不会变。到了五十年以后,大陆发展起来了,那时还会小里小气地处理这些问题吗?所以不要担心变,变不了。"也就是说,"一国两制"绝不是权宜之策,而是中国政府要长期坚持的基本方针,《宪法》和法律保障了"一国两制"的长期性和稳定性,中央政府将依法调整各方面的关系,保证内地地区和特别行政区的和平、稳定和繁荣发展。正如国家主席习近平在庆祝香港回归祖国 20 周年大会上的讲话中指出的,中央贯彻"一国两制"方针要做到"坚定不移,不会变、不动摇"。

二、在香港、澳门回归后实施"一国两制"的原因

中央政府在香港、澳门回归后实施"一国两制"的原因,特别行政区基本法在序言的第二段有着完整的表述。《香港特别行政区基本法》序言中提及:"为了维护国家的统一和领土完整,保持香港的繁荣和稳定,并考虑到香港的历史和现实情况,国家决定,在对香港恢复行使主权时,根据中华人民共和国宪法第三十一条的规定,设立香港特别行政区,并按照'一个国家,两种制度'的方针,不在香港实行社会主义的制度和政策。"《澳门特别行政区基本法》序言中提及:"为了维护国家的统一和领土完整,有利于澳门的社会稳定和经济发展,考虑到澳门的历史和现实情况,国家决定,在对澳门恢复行使主权时,根据中华人民共和国宪法第三十一条的规定,设立澳门特别行政区,并按照'一个国家,两种制度'的方针,不在澳门实行社会主义的制度和政策。"我们可以从以下三点来进一步了解其原因。

第一,实施"一国两制"的终极目标在于维护中国的国家统一和领土完整。香港、澳门自古以来就是中国的领土,因为历史的原因被外国占领,但恢复对香港、澳门行使主权,是长期以来中国人民的共同愿望。只要能保证"一国两制"中"一国"方针在特别行政区的全面、正确实施,保障中央对特别行政区拥有行使全面管治权,包括组建特别行政区政权机关、支持和指导特别行政区行政长官和政府依法施政、管理特别行政区的防务和与特别行政区有关的外交事务、行使《宪法》和特别行政区基本法赋予全国人民代表大会常务委员会的职权。那么,中央政府维护国家统一和领土完整的目的就能很好地实现。

第二,实施"一国两制"的直接目标在于保持香港、澳门的稳定和繁荣。在香港、澳门实行"一国两制"基本方针,是中央为了努力使香港、澳门在回归后能保持持续的繁荣和稳定。这是因为,港澳地区人民长期生活在资本主义制度下,在思想、道德、意识、生活方式、行为习惯等方面与内地存在着明显的差异,再加上港澳地区与内地的长期分离,客观上两者之间确实也存在着不少的误解和疑虑,这就是"香港(澳门)的历史和现实情况"所指的主要方面。基于这样的"历史和现实情况",如果简单地采用"一制"而不是实行"两制",香港、澳门在回归后可能出现许多不确定、不稳定的因素,香港、澳门的稳定和繁荣可能不会持续。显然,保持回归后的港澳地区的社会、经济等方面的稳定与繁荣,一方面有利于

中国内地经济建设,另一方面使得国家统一和领土完整有了民心保障,特别是得到港澳地区人民的拥护和支持。

第三,实施"一国两制"的现实考量还在于和平收回香港和澳门,尽量处理好国际关系。"香港(澳门)的历史和现实情况"所指的另一个方面就是香港(澳门)长期被外国殖民统治。香港被英国殖民统治了一个半世纪,英国在香港拥有巨大的政治经济利益,同时香港又是国际金融中心,美国、日本、西欧等在香港有着大量的投资。澳门的问题也与香港类似。因此,港澳问题牵涉到中英、中葡、中美等关系,处理不好不仅会影响到中国同这些国家的关系,而且可能成为国际争端的热点,造成国际局势的紧张。显然,通过和平方式解决香港、澳门回归的问题是最优选择。实行了"一国两制",回归后的港澳地区就能继续保持社会、经济等方面的持续和稳定的发展和繁荣,美国、英国、葡萄牙及其他国家在这些地区的利益也能得到保障,中国才有可能在和平的大前提下分别与英国、葡萄牙进行收回香港和澳门的谈判,并最终签订联合声明。

综上所述,以"一国两制"方案统一中国,既体现了维护国家主权的原则性,又充分照顾了有关国家在港澳地区的利益,充分尊重港澳地区长期实行资本主义制度、人民习惯于资本主义生活方式这一现实,体现了高度的灵活性,有利于该地区社会稳定、经济繁荣和居民安居乐业。因而,采用以"一国两制"方案统一中国,是一条损失最小、最得人心的国家统一的最佳方案。

香港、澳门回归以来的实践也充分证明:"一国两制"是历史遗留的香港(澳门)问题的最佳解决方案,也是香港(澳门)回归后保持长期繁荣稳定的最佳制度安排,是行得通、办得到、得人心的。国家主席习近平在庆祝香港回归祖国20周年大会上的讲话中指出,回到祖国怀抱的香港继续保持繁荣稳定。回归后,香港自身特色和优势得以保持,中西合璧的风采浪漫依然,活力之都的魅力更胜往昔。在"一国两制"之下,香港原有资本主义制度和生活方式保持不变,法律基本不变。香港同胞当家作主,自行管理特别行政区自治范围内事务,香港居民享有比历史上任何时候都更广泛的民主权利和自由。香港成功抵御了亚洲金融危机、SARS疫情、国际金融危机的冲击,巩固了国际金融、航运、贸易中心地位,继续被众多国际机构评选为全球最自由经济体和最具竞争力的地区之一。香港各项事业取得长足进步,对外交往日益活跃,国际影响进一步扩大。

习近平主席"回到祖国怀抱的香港继续保持繁荣稳定"的结论是有充分事实

作支撑的。根据2014年6月发布《"一国两制"在香港特别行政区的实践》白皮书附录中的"香港经济社会发展有关情况"显示：香港本地生产总值由1997年的1.37万亿港元增长至2013年的2.12万亿港元，年均实质增长3.4%。香港特别行政区政府财政储备由1997年底的4575亿港元增长至2014年3月底的7557亿港元，增长65.2%。香港外汇储备由1997年底的928亿美元增长至2013年底的3112亿美元，增长了2.35倍。2013年香港对外商品贸易总额达7.62万亿港元，比1997年的3.07万亿港元增长1.48倍。香港是全球最重要的外来直接投资目的地之一。根据联合国贸易和发展会议《2013年世界投资报告》，香港在吸收外来直接投资方面位居全球第三位。截至2013年底，在香港注册的海外公司有9258家，比1997年底增加83%；截至2013年6月，外资驻港地区总部有1379家，比1997年增加52.7%；截至2013年6月，外资驻港地区办事处有2456家，比1997年增加52.5%。香港是全球最大的集装箱运输港口之一，2013年共处理标准集装箱2228.8万个，比1997年增长52.9%。香港国际机场是世界最繁忙的航空港之一，全球超过100家航空公司在此运营，客运量位居全球第五位，货运量多年高居全球首位，2013年航空货运、客运量分别比1998年增长1.53倍和1.18倍。

回到祖国怀抱的澳门也同样继续保持繁荣稳定。统计显示：从1999年至2013年，是澳门历史上发展最快的时期；同时，澳门也是同期世界上经济增长最快的地区之一。澳门经济生产总值从1999年的约60亿美元增至2013年的500多亿美元，增长了7.3倍，本地生产总值年均实际增长12.7%，其中有3年增速超过两成；人均GDP由1999年的1.5万美元增至2013年的8.7万美元，位列亚洲第二、世界第四；财政收入由1999年的169.43亿澳门元增至2013年的1759.49亿澳门元，增长9.4倍，年均增长18.2%；财政盈余从1999年的3.04亿澳门元上升至2013年的1245.6亿澳门元，增长了407倍；2013年澳门旅客市场的容量增加至近3000万人，是1999年的4倍；2013年零售业销售总额508亿元人民币，是2000年的14倍。

(数据来源：陈小愿，《特区官员"数"说澳门回归15周年之变》，《中国新闻网》，2014年12月08日)

三、特别行政区基本法使"一国两制"方针具体化、法律化、制度化

香港和澳门特别行政区基本法是具有宪制性地位的法律，它们把国家对香港、澳门的基本方针政策和特别行政区制度确定下来，明确了特别行政区在"一国"之下的法律地位，明确了中央与特别行政区的权力关系，规定了特别行政区居民

的基本权利和义务，规定了特别行政区的政治体制以及经济、教育、科学、文化、体育、宗教、劳工和社会服务等方面的制度和政策，与《宪法》一起构成了特别行政区政权建构、政治运作、社会治理体系的宪制基础。

首先，特别行政区基本法正确处理了"一国"与"两制"的关系。"一国"是实行"两制"的前提和基础，"两制"从属和派生于"一国"，并统一于"一国"之内。所以，特别行政区基本法明确规定：香港(澳门)特别行政区是中华人民共和国不可分离的部分；特别行政区所享有的高度自治来源于全国人民代表大会的授权；特别行政区是中华人民共和国的一个享有高度自治权的地方行政区域，直辖于中央人民政府；特别行政区内的土地和自然资源属于国家所有；特别行政区要悬挂中华人民共和国国旗和国徽，行政机关、立法机关和司法机关要使用中文等。

其次，特别行政区基本法保证了在一国范围内两种制度的并存与共处。特别行政区基本法明确规定：特别行政区不实行社会主义制度和政策，保持原有的资本主义制度和生活方式，五十年不变；特别行政区境内的土地和自然资源属于国家所有，但是由特别行政区政府负责管理、使用、开发、出租或批给个人、法人或团体使用或开发，其收入全归特别行政区政府支配；特别行政区的行政机关、立法机关和司法机关，除使用中文外，在香港英文、在澳门葡文也是正式语言；特别行政区除了要悬挂中华人民共和国国旗和国徽，还可使用特别行政区区旗和区徽；中央人民政府派驻特别行政区负责防务的军队不干预特别行政区的地方事务，但特别行政区政府在必要时，可向中央人民政府请求驻军协助维持社会治安和救助灾害；对于中国尚未参加但已适用于香港、澳门地区的国际协议，仍然可以在香港、澳门特别行政区适用；特别行政区的教育、科学、技术、文化、艺术、体育、专业、医疗卫生、劳工、社会福利、社会工作等方面的民间团体和宗教组织同内地相应的团体和组织的关系，应以互不隶属、互不干涉和互相尊重的原则为基础。

再次，特别行政区基本法确保中央对特别行政区行使主权，集中体现了"一国"。特别行政区基本法规定，中央直接行使的权力并不限于外交权、防务权，还包括：特别行政区的创制权，特别行政区基本法的制定权、修改权、解释权，行政长官和主要官员的任免权，对特别行政区制定的法律的监督权，对特别行政区财政预算和决算的备案权，对特别行政区终审法院法官和高等法院首席法官任免的备案权，特别行政区进入紧急状态的决定权，对特别行政区作出新授权的权力，全国性法律在特别行政区实施的决定权，向行政长官发出指令等权力。

最后，特别行政区基本法授予特别行政区享有高度自治权，集中体现了"两制"。高度自治是"一国两制"方针的最重要体现。特别行政区基本法体现"两制"的主要内容包括：一是自治权力上的程度高，即特别行政区比一般地方行政区域拥有高得多的行政管理权和立法权，以及独立的司法权和终审权。其中的许多权力，如自行制定货币金融政策、自行实施出入境管理、根据中央授权依法自行处理有关对外事务以及享有独立的司法权和终审权等，都是内地地方行政区域所没有的，不仅超过了一些联邦制国家成员单位所拥有的权力，有的甚至是主权国家才能拥有的权力。二是行政机关及立法机关由当地人组成，即"港人治港""澳人治澳"，中央不派人到特别行政区担任任何职务。三是特别行政区保持了财政、税收和货币的独立。特别行政区保持财政独立，特别行政区的财政收入全部用于自身需要，不上缴中央人民政府；特别行政区实行独立的税收制度，自行立法规定税种、税率、税收宽免和其他税务事项；特别行政区拥有自己的法定货币和独立的货币发行制度。四是特别行政区在对外关系上拥有经济、文化等方面的独立主体地位。特别行政区的教育、科学、技术、文化、新闻、出版、体育、专业、医疗卫生、劳工、社会福利、社会工作等方面的民间团体和宗教组织可同世界各国、各地区及国际有关团体和组织保持和发展关系，各该团体和组织可根据需要冠用"中国香港(澳门)"的名义，参与有关活动；可在经济、贸易、金融、航运、通讯、旅游、文化、科技、体育等领域以"中国香港(澳门)"的名义，单独地同世界各国、各地区及有关国际组织保持和发展关系，签订和履行有关协议。

拓展阅读

1.《香港特别行政区基本法》起草委员会名单

《香港特别行政区基本法》起草委员会由59人组成。36名内地委员包括：有关部门负责人15人，各界知名人士10人，法律界人士11人。23名香港委员包括工商、文化教育、法律、工会、宗教等方面人士，其中香港工业、商业、金融、地产、航运界中的8位知名人士参加，还有香港行政、立法两局的议员和香港法院的按察司，他们是以个人的身份参加起草委员会工作的。

——整理主要参考文献：《中华人民共和国国务院公报》，一九八五年第十八号

2. 《澳门特别行政区基本法》起草委员会名单

《澳门特别行政区基本法》起草委员会由48人组成。29名内地委员包括：有关部门负责人14人，各界知名人士6人，法律界人士6人，中央驻澳机构负责人3人。19名澳门委员包括：工商界、法律界、教育界、新闻界、宗教界、劳工界等各方面人士及两位有葡萄牙血统的澳门居民。

——整理主要参考文献：《中华人民共和国国务院公报》，1988年第19号

3. 香港、澳门回归时间的由来

英国政府通过1842年《南京条约》、1860年《北京条约》和1898年《展拓香港界址专条》三个不平等条约占领了香港。其中，《展拓香港界址专条》强租新界，租期为99年，至1997年6月30日结束。所以，1984年12月19日，中英两国政府签署了关于香港问题的联合声明，确认中国政府于1997年7月1日恢复对香港行使主权。

澳门，包括澳门半岛、氹仔岛和路环岛，自古以来就是中国的领土。1887年12月1日，葡萄牙与清朝政府签订《中葡会议草约》和《中葡和好通商条约》，正式通过外交文书的手续占领澳门。1986年，中葡两国政府开始为澳门问题展开了四轮谈判。葡方在谈判中曾一度提出，要求把交还澳门的时间推迟到21世纪。对于葡方关于澳门回归时间的这一提议，中方坚决反对。邓小平明确指出，澳门问题必须在20世纪内解决，决不能把殖民主义的尾巴拖到21世纪。

随后，葡方向中方提出，希望在1999年的最后一天，即12月31日交还澳门。中方表示，这太靠近新年了，何况澳门当地居民都有过圣诞节的习惯，政权交接还是与圣诞节和新年的假期错开来为好。就这样，为了让澳门同胞过一个安安稳稳的假期，葡方最后同意了中方的主张：在圣诞节前的12月20日(周一)实现交接。

1987年4月13日，中葡两国政府总理在北京签订《中华人民共和国政府和葡萄牙共和国政府关于澳门问题的联合声明》及两个附件。联合声明规定，澳门地区(包括澳门半岛、氹仔岛和路环岛)是中国的领土，中国将于1999年12月20日对澳门恢复行使主权。

1987年6月23日，第六届全国人民代表大会常务委员会第二十一次会议通过决定，批准了《中葡联合声明》。1988年1月15日，中葡两国政府互换批准书，声明正式生效。

——整理主要参考文献：董会峰，《澳门回归日 从何而来？》，《视点》，1999年第12期

4. 在香港特别行政区实施的全国性法律

(1)《关于中华人民共和国国都、纪年、国歌、国旗的决议》

(2)《关于中华人民共和国国庆日的决议》

(3)《中华人民共和国国籍法》

(4)《中华人民共和国外交特权与豁免条例》

(5)《中华人民共和国领事特权与豁免条例》

(6)《中华人民共和国国旗法》

(7)《中华人民共和国国徽法》

(8)《中华人民共和国领海及毗连区法》

(9)《中华人民共和国专属经济区和大陆架法》

(10)《中华人民共和国香港特别行政区驻军法》

(11)《中华人民共和国外国中央银行财产司法强制措施豁免法》

(12)《中华人民共和国国歌法》

(13)《中华人民共和国香港特别行政区维护国家安全法》

5. 亚洲金融危机和香港金融保卫战

1997年下半年,美国著名金融家索罗斯旗下的对冲基金在亚洲各国和地区发起了连番狙击,并获得了极大成功,使泰国、马来西亚、印度尼西亚国家和地区几十年来积存的外汇瞬间化为乌有,由此引发了第二次世界大战后对这些国家的政治、经济和社会生活各层面冲击巨大的亚洲金融危机。

1998年6—7月,索罗斯把矛头对准了港元,开始有计划地向香港股市及期市发动冲击。国际金融炒家利用金融期货手段,用3个月或6个月的港元期货合约买入港元,然后迅速抛空,致使港币利率急升,恒生指数暴跌,从中获取暴利。

面对国际金融炒家的猖狂进攻,香港特别行政区政府决定予以反击。1998年8月,香港金融管理局动用外汇基金,在股票和期货市场投入庞大资金,准备与之一决雌雄。当时香港极其富裕,外汇储备960亿美元,居世界第三位。不仅如此,香港刚刚回到祖国怀抱,中国政府必须保证香港繁荣稳定。时任国务院总理朱镕基公开表示:如果香港有需要,中国政府将不惜一切代价维护香港的繁荣和稳定。这时中国有1400亿美元外储,居世界第二位。如果把香港和中国中央政府外汇储备两者相加,超过日本的2080亿美元,居当年世界第一位。

据传闻,在美国办公室喝咖啡的索罗斯听到朱镕基总理的表态,端着的咖啡杯掉落到地上。香港当局底气十足，高举高打，1998年8月24日当天，恒指从6610点暴涨至7820点，而国际炒家是在7500点卖空恒指的。最后，索罗斯亏了，据说损失了8亿美元。

有人总结，香港最终能在金融保卫战中艰难获胜，其基本经验有四条：第一，高度重视，全力迎战，不惜代价；第二，中央政府雄厚的财力支持；第三，国家队直接出动在市场上击垮对手；第四，修改政策法规让空头再无机可乘。

——整理主要参考文献：田刚，《激荡四十年·香港金融保卫战》，《环球网》，2018年7月25日

6. 粤港澳大湾区

粤港澳大湾区是指由香港、澳门两个特别行政区和广东省的广州、深圳、珠海、佛山、中山、东莞、肇庆、江门、惠州九市组成的城市群，是国家建设世界级城市群和参与全球竞争的重要空间载体，是与美国纽约湾区、旧金山湾区和日本东京湾区比肩的世界四大湾区之一。粤港澳大湾区面积达5.6万平方千米，覆盖人口达6600万人(2018年末达7000万人)。

2017年7月1日，香港特别行政区行政长官林郑月娥、澳门特别行政区行政长官崔世安、国家发展和改革委员会主任何立峰、广东省省长马兴瑞，在国家主席习近平的见证下，在香港共同签署了《深化粤港澳合作 推进大湾区建设框架协议》。

在粤港澳大湾区建设的国家发展战略指引下，粤、港、澳三地将在中央有关部门支持下，完善创新合作机制，促进互利共赢合作关系，共同将粤港澳大湾区建设成为"更具活力的经济区""宜居、宜业、宜游的优质生活圈"和"内地与港澳深度合作的示范区"，打造国际一流湾区和世界级城市群。

推进建设粤港澳大湾区，有利于深化内地和港、澳地区交流合作，对港、澳地区参与国家发展战略，提升竞争力，保持长期繁荣稳定具有重要意义。因此，有学者就认为："通过粤港澳的合作，在现代制造、现代金融、现代创新方面探索未来发展的合作模式。因此，粤港澳大湾区的规划，就是一个面向未来30年、40年的合作规划，把香港、澳门的优势和广东的优势在'一国两制'的框架下发挥，打造世界级城市群和世界级新增长极，以及世界级首位城市，成为全球经济格局和未来发展中最靓丽的一个湾区。"

香港特别行政区行政长官林郑月娥曾表示："'一国两制'是粤港澳大湾区的独特优势，粤港澳将发挥各自优势，形成互补，打造新的经济增长点。香港拥有

自己的经济、社会制度,加上优良的法治传统以及和国际标准高度接轨的营商环境,可以将国际企业引进大湾区,并助力内地企业'走出去'。"

——整理主要参考文献:徐豪,《粤港澳大湾区将如何实现"世界级"目标?》,《人民网》,2018年4月16日

思 考 题

1. 为什么说特别行政区基本法是特别行政区的宪法性法律?
2. 如何正确认识和把握"一国"和"两制"的辩证关系?
3. 为什么说在香港、澳门回归后实施"一国两制"是中央的理性选择和最好方案?

第二章

特别行政区的法律地位

不同国家会因历史、政治、文化等原因而采用不同的国家结构形式，也就导致了各个国家在"中央政权和地方政权""国家整体和部分"之间的关系不尽相同。因此，不能脱离中国的国家结构形式来抽象地探讨特别行政区的法律地位。中国在国家结构形式上采用的是单一制，这也决定了中央拥有对包括特别行政区在内的地方行政区域进行全面管治的权力。也就是说，不管特别行政区有多"特别"，它仍是中国具有特殊地位的省级地方行政区域。

第一节 国家结构形式

了解国家结构形式是理解特别行政区法律地位的基本前提。国家结构形式，是指一个国家内处理中央和地方、整体和部分之间相互关系所采取的制度形式。现代世界各国的国家结构形式，基本上可以分为单一制和复合制两种。

一、单一制

（一）单一制的基本内涵

单一制，是指一个国家划分为各个地方行政区域，其划分是国家根据统治需要，按一定原则进行区域划分的结果，国家主权先于各个行政区域存在，地方行政区不是一个政治实体，不具有任何主权特征。

实行单一制的国家，其本身就是一个统一的整体，只是为了便于管理，才把领土划分成若干行政区域，并据以建立起地方政权，即各地方行使的权力来源于中央授权而非地方固有，地方的自主权或自治权是由国家整体通过《宪法》授予的，各地方政权一般没有单独退出该国的权力。英国、法国、日本、意大利、西班牙、韩国等都是比较典型的单一制国家。

(二) 单一制的分类

按照地方职权的大小进行细化，单一制国家可分为中央集权型和地方分权型两类。

在中央集权型单一制国家，地方政权在中央政权的严格控制下行使职权，由中央委派官员或由地方选出的官员代表中央管理地方行政事务，地方居民没有自治权或地方虽设有自治机关，但自治机关受中央政权的严格控制。法国是典型的中央集权型单一制国家。在法国，起主要作用的地方国家机关是地方行政机关，地方行政首长具有中央官员和地方官员双重身份。一方面，地方行政首长代表中央，依照中央的命令行事，对国家内政部负责；另一方面，地方行政首长作为地方官员，管理一切地方行政事务。而且，中央可撤换地方行政首长。

在地方分权型单一制国家，地方居民依法自主组织地方公共机关，并在中央监督下依法自主处理本地区事务，中央不得干涉地方具体事务。英国、日本是典型的地方分权型单一制国家。在英国，由各地区居民选举产生的地方议会依法自主处理本地区事务；中央政府依法监督地方议会的行为，以立法监督作为主要的监督形式，中央政府若发现地方议会有越权行为，可诉请相对独立的第三方——司法机关加以纠正。

(三) 单一制国家的基本特征

与复合制的国家相比较而言，单一制国家一般具有如下基本特征：第一，国家具有统一的中央政权机关，最高国家权力归中央掌握。第二，国家具有统一的宪法及其他基本法律。全国只有一部全国性的宪法，地方行政区域不再颁布宪法。第三，国家具有统一的立法、行政和司法体系。地方行政单位虽然也设有相应的权力机关或立法机关、行政机关和司法机关，但它们的权限有些是宪法授予的，有些是由中央政府直接授予或委托的，地方权力的大小完全取决于宪法的规定或中央的授予。第四，全国行政单位和自治单位按地域划分，各地域的地方权力必须受中央权力的统辖。各行政单位和自治单位都受中央的统一领导，没有脱离中央而独立的权力。第五，中央机关统一行使外交权。在它的领土上没有其他任何类似的国家组织存在，地方行政单位和自治单位对外不具有独立性，因而不具有独立的外交权。第六，国民具有统一的国籍。

二、复合制

(一) 复合制的概念

复合制，是指由两个或两个以上政治实体组成国家联盟的制度，是与单一制相对的国家结构形成。复合制国家通常是由原先独立的政治单元所构成有机整体，而这些政治单元将其主要权力交给整体政府，这个整体政府可能原来是其中一个政治单元的政府或是新成立的政府。按其联合的程度，复合制分为联邦制和邦联制。

(二) 联邦制

1. 联邦制的基本内涵

联邦制，是指由两个或两个以上成员单位(共和国、邦或州)联合组成一个统一国家的制度。联邦制国家由各个联邦成员单位组成，各成员单位先于联邦国家存在。联邦成员单位在联邦国家成立之前，是单独享有主权的政治实体；加入联邦之后，虽然不再有完全独立的主权，但在联邦宪法规定的范围内，联邦成员单位的主权仍受到法律的保护。联邦宪法明确界定了联邦政府统一行使的权力和各成员单位的中央政府所保留的权力，即联邦的权力来源于各成员单位的让与。

在组成联邦制国家时，联邦成员单位把各自权力交予联邦政府，同时又保留了部分管理内部事务的权力。联邦成员单位一般拥有如下权力(但不一定全部享有)：第一，制宪修法；第二，维持区域完整；第三，拥有各自的国籍；第四，加入和退出联邦的权利。

美国是世界上第一个建立现代联邦制的国家，另外还有澳大利亚、德国、印度、巴西、墨西哥等国也实行联邦制。

2. 联邦制国家的基本特征

(1) 在法律体系方面，除有联邦的宪法、法律外，各成员单位还有各自的宪法和法律，但联邦法律高于各成员单位的法律。宪法对中央政府和成员单位的权力划分主要有三种方式：一是联邦权力采取列举式，剩余权力归各成员单位，如美国；二是各成员单位的权力一一列举，剩余权力归联邦，如加拿大；三是宪法中写下三个立法项目表，分别列举中央、成员单位的立法项目，以及中央与成员单位的共同立法项目。

(2) 在国家机构组成方面，除设有联邦立法机关、行政机关和司法系统外，各成员单位还有各自的立法机关、行政机关和司法系统。

(3) 在权力划分方面，宪法明确规定了联邦政府与成员单位地方政府的权力范围，各级政府都被限制在自己的职权范围之内，成员单位和中央政府都无权擅自改变这种权力的划分。修改宪法要经过复杂的程序，有的国家还规定必须经过绝大多数联邦成员单位的同意。联邦中央政府与各成员单位的权力划分具有以下特征：一是成员单位与联邦中央在法律意义上互不从属，各成员单位在规定范围内相互平等；二是明确划分中央政府与成员单位政府的权力；三是中央政府与成员单位政府在宪法规定的事务上互相协调。

(4) 在权限争议方面，联邦国家均设有仲裁机关(最高法院或宪法法院)，对联邦与联邦成员单位就各自的宪法权力所发生的争议作出裁决。

(5) 在对外关系方面，联邦是国际交往的主体，联邦成员单位一般不具有独立的外交权力，但也有少数联邦制国家允许其成员单位就某些次要问题同外国签订条约。例如瑞士宪法规定，联邦与各州的权益在一致的前提下，各州有权同外国签订有关公共经济、睦邻关系事务方面的条约(但需经联邦委员会批准)；再如加拿大的魁北克省则有权与法国及其他法语国家签订有关文化方面的国际条约。

3. 单一制和联邦制的区别

单一制和联邦制的区别主要在于以下三个方面。

(1) 在单一制国家，地方政府是由中央政府设立的；在联邦制国家，联邦政府是由各成员单位协议建立的，各成员单位往往先于联邦政府而存在。

(2) 在单一制国家，地方政府的权力是中央政府授予的，中央政府可以单方面规定地方政府的权限，地方政府必须服从中央政府所代表的最高国家权力；在联邦制国家，联邦政府与联邦成员政府的权力划分由联邦宪法作出了明确的规定，双方都不能单方面任意变更，对宪法的修改必须经过双方的同意和批准。

(3) 在单一制国家，中央政府可以变更地方政府的疆界；在联邦制国家，联邦政府不能任意改变各成员单位的疆界。

(三) 邦联制

邦联制，是指由两个以上的完全主权国家为维持共同利益，根据缔结的国际条约建立的国家联合体，其存在以邦联国家的宪法为根据。在现代，邦联制一般是指一些国际间的区域组织。英联邦、非洲联盟、东南亚国家联盟以及一些由主权国家组成的地区性或跨地区性国家组织均属于此范畴。

值得一提的是欧盟，欧盟是当今世界最成功的国家间邦联组织，它越来越表现出超国家组织的倾向，甚至有些人认为欧盟在21世纪初更像是一个联邦，而非邦联。

邦联还可能存在于某一国家，比如波黑。历史上还有美国南北战争时期的南方邦联，也实行邦联制。苏联则比较特别，名义上是实行邦联制，而在实际操作上则更多地表现出联邦制甚至是单一制的国家特点。

三、中国国家结构形式是单一制

中国自秦汉以来，一直是实行中央集权制的统一的国家。从商至周，中国是一个部族国与分封制相混合的封建制国家，但从春秋时代起，逐渐完成了统一的民族国家进程。秦灭六国而建立一统天下的秦王朝以后，封建王国虽有兴衰分合，但统一是主要的，而分裂状态则是短暂的。其间少数民族不仅建立过许多地区性国家政权，而且几次入主中原。但无论是汉族还是边疆民族建立的王朝，都以封建中国正统自居，把中华各民族纳入其封建版图之内。历代封建王朝对边疆少数民族还采取不同于中原的治理方法，在中原由皇帝直接派官吏治理，在少数民族地区则由皇帝加封少数民族统治者加以治理，如明清的"土司制度"。也就是说，自秦以后，中国一直是中央集权制的国家，从未出现过复合制的国家结构形式。

(一) 《宪法》关于国家结构形式的规定

《宪法》关于中央与地方关系的规定表明，中国是单一制国家。《宪法》第三十条规定："中华人民共和国的行政区域划分如下：(一)全国分为省、自治区、直辖市；(二)省、自治区分为自治州、县、自治县、市；(三)县、自治县分为乡、民族乡、镇。直辖市和较大的市分为区、县。自治州分为县、自治县、市。自治区、自治州、自治县都是民族自治地方。"第六十二条规定："全国人民代表大会行使下列职权：……(十三)批准省、自治区和直辖市的建置；(十四)决定特别行政区的设立及其制度……"第八十九条规定："国务院行使下列职权：……(十五)批准省、自治区、直辖市的区域划分，批准自治州、县、自治县、市的建置和区域划分……"综合以上《宪法》条款规定可见，中国的行政区不是自然形成的，而是中央政府基于特定意图划分出来的，并且是在行政区划的基础上由中央政府向地方政府授权。最典型就如：原属于四川省的重庆市在1997年改为直辖市。中央政府基于特定意图划分出来的地方行政区域，这是单一制国家结构形式中最为基础的内容，是其质的规定性的具体表征。

中央与地方的领导与被领导关系模式，从制度属性上表明中国是单一制国家。中国的根本政治制度是人民代表大会制度，《宪法》第二条第二款规定："人民行使国家权力的机关是全国人民代表大会和地方各级人民代表大会。"作为国家权力机关，地方各级人民代表大会选举和组织同级的行政和司法机关，并对其进行监督，而行政与司法机关必须对同级人大负责。但是这种权力关系中的横向从属并不意味着地方国家机关在纵向上独立于中央政府的领导之外。《宪法》第三条第四款规定："中央和地方的国家机构职权的划分，遵循在中央的统一领导下，充分发挥地方的主动性、积极性的原则。"这一《宪法》规范表明，地方国家机关接受中央政府的领导是第一位的，横向从属的权力关系必须以此为前提和准则。正是"中央统一领导"的国家权力架构原则，彰显出了中国单一制国家结构形式的本质属性。

中国是单一制国家还体现在《宪法》的唯一性和法制的统一性。中国只有一部宪法，即《中华人民共和国宪法》，省、直辖市人民代表大会及其常务委员会可以在不与宪法、法律、行政法规相抵触的前提下制定地方性法规，但须报全国人民代表大会常务委员会备案，自治区人民代表大会有权制定自治条例和单行条例，但须报全国人民代表大会常务委员会批准后生效，全国人民代表大会常务委员会有权撤销省、自治区、直辖市国家权力机关制定的地方性法规和决议，国务院有权改变或撤销地方各级国家行政机关的决定和命令。

(二) 中国单一制国家结构形式的两大特色

中国虽是单一制国家结构形式，但不同于单一民族建立的单一制。基于历史和现实的状况，中国单一制国家结构形式有自己的特点，属于复杂的单一制，它有两大特色："统一的多民族"下的民族区域自治制度和"一国两制"下的特别行政区制度。

1. 民族区域自治制度

《宪法》第四条第三款规定:"各少数民族聚居的地方实行区域自治,设立自治机关,行使自治权。各民族自治地方都是中华人民共和国不可分离的部分。"实行民族区域自治是中国解决民族问题的基本政策和重要政治制度,也是中国单一制国家结构形式的一大特色。

中国的民族区域自治制度有其显著的特色:第一,民族区域自治是在国家统一领导下的自治,各民族自治地方都是中国不可分离的部分,各民族自治地方的自治机关都是中央政府领导下的一级地方政权,都必须服从中央集中统一的领导。第二,民族自治地方的自治权是通过自治机关来行使。民族自治地方的自治机关既行使同级一般地方国家机关的职权,同时又拥有大于其他地方国家机关的职权。第三,民族区域自治不只是单纯的民族自治或地方自治,它是以少数民族聚居区为基础,以少数民族为主体建立的。第四,它既有利于国家统一、社会稳定和民族团结,又有利于实行自治的民族发展和进步。

2. 特别行政区制度

特别行政区制度安排及其实践表明,特别行政区的高度自治权不但远大于中国一般行政区和民族自治地方的自治权,而且在某些方面也超过了美国、加拿大、瑞士、德国等分权程度较高的联邦制国家成员单位的自治权,如特别行政区享有的终审权和货币发行权。

需要说明的是,一个国家实行的是单一制还是联邦制,并不是由其地方政府拥有的权力种类和权力总量决定的,不能说哪个国家地方政府拥有的权力大它就是联邦制,相反就是单一制。实际上两者的根本区别在于,地方政府的权力是固有的还是被授予的,地方政府权力行使的地域原本就是一个独立的政治地域单元,还是中央政府依据自己的意图划分出来的行政区,即地方政府的权力来源的差异才是区分单一制与联邦制的基本标准。

中国特别行政区的高度自治权来源于中央。不仅如此,这种高度自治权行使地域的行政层级也是由中央政府决定的,如历史上的香港只是中国广东省新安县的一部分,而澳门则是在一个小渔村的基础上发展起来的。但它们在回归之后却被擢升为国家的省级行政区。也就是说,从过去到现在它们都不是一个自然形成的独立政治地域单元,而是中央政府依法划分出来的行政区域和行政层级,这正是单一制而不是联邦制的典型表现。

实施特别行政区制度的意义，不是中国具有某些联邦制的特点或者走向了联邦制，而在于我们坚守了单一制，且在形式上丰富和发展了单一制国家中央与地方关系的内容，使中国单一制的实践范式更具多样化、弹性化。总之，特别行政区的出现和地方政府权力的扩展并不表明中国实行的是联邦制。

第二节 单一制与中央全面管治权

中央对特别行政区的全面管治权，是在2014年才提出的一个概念。在权力内容上，中央所拥有的权力已体现在特别行政区基本法之中，中央并没有增加权力，特别行政区也没有减少权力。也就是说，中央拥有对特别行政区的全面管治权，没有也不会降低特别行政区自治权的高度和范围，全面管治权不是"全面接管权"。

一、全面管治权相关的概念辨析

全面管治权，是在中国政府2014年6月发表的《"一国两制"在香港特别行政区的实践》白皮书中首次提出的。要讲明全面管治权的概念内涵，就要厘清管治权与主权及其他类似概念的区别。

（一）主权

主权的概念最早是法国的让·博丹提出的，他将主权定义为："凌驾于公民和臣民之上的共同体所有的最高和绝对的权力。"[①]1648年的《威斯特伐利亚和约》以主权概念为基础，重新划分了欧洲各国的边界，创立了以国际会议解决国际争端的先例，从而使得主权成为当代国际法体系的基石。

主权，即为国家主权，是国家最重要的属性，是国家在国际法上所固有的独立处理对内对外事务的权力。主权是国家最主要、最基本的权力，是国家所固有的，并非由国际法所赋予的。国际法中的国家主权原则只是对这一权力予以确认和保护。主权作为国家的固有权力，表现为三个方面：对内的最高权、对外的独立权和防止侵略的自卫权。

---

① 让·博丹. 主权论[M]. 李卫海，钱俊文，译. 北京：北京大学出版社，2008.

所谓对内最高权,是指国家行使最高统治权,国内的一切中央和地方的行政、立法和司法机关都必须服从国家的管辖。对内最高权还指国家的属人优越权和属地优越权。

所谓对外独立权,是指按照国际法原则,在国际关系中享有独立权,即独立自主、不受任何外力干涉地处理国内外一切事务,如国家有权按照自己的意志,根据本国的情况,自由选择自己的社会制度、国家形式、组织政府,制定国家法律,决定国家对内对外政策等。对外独立权体现了国家行使主权权力的自主性和排他性。

所谓自卫权,是指国家为了防止外来侵略和武力攻击而进行国防建设,在国家已经遭到外来侵略和武力攻击时,进行单独的或集体的自卫权力。

(二) 政权与治权

孙中山曾提出了政权和治权的划分理论。政权,是指人民管理政府的权力,包括选举、罢免、创制和复决四种权力。治权,是指政府管理社会的权力,包括立法、行政、司法、考试和监察五种权力。1928年国民党中央常务委员会通过的《训政纲领》和1946年《中华民国宪法》都采用了这种划分理论。

(三) 管制权

《联合国海洋法公约》中有"管制权"的概念。《联合国海洋法公约》将沿海国领海以外邻接领海的一带海域称为毗连区,并承认沿海国对毗连区内某些事项实行必要的管制,包括以下内容。

(1) 防止在其领土或领海内违反其海关、财政、移民或卫生的法律和规章;
(2) 惩治在其领土内违反上述法律和规章的行为。

沿海国对毗连区的管制权不同于其对领海的主权,领海是国家领土的组成部分,受国家主权的支配和管辖,而沿海国对毗连区本身没有主权。因此,毗连区只是为了保护国家某些利益而设置的特殊区域,本身不属于该国的领海。相应地,管制权只有控制的意思,并没有治理的内涵。

(四) 管治权

管治权毫无疑问是基于主权产生的,主权是治权的基础和前提,没有主权就没有治权，有了主权才谈得上治权。

管治权，就是一个国家基于主权而对其所属领土行使管辖和治理的权力。主权要求国家对其国内所有地方和所有事务都有一种绝对和最高的权力，即管辖的权力。管辖的本义是管理、统辖。只有主权国对其国土内所有的事务有管辖权，才谈得上对这些社会事务的治理权。这种治理权本身还包含治理模式的选择。主权的最高性决定了国家有权自行决定内外政策，采取它认为合适的和必要的措施来保护自身的利益并实现既定的管理目标。

管辖和治理既有联系也有区别。管辖侧重于法律意义，是指国家统治权力所及的对象和范围；治理是指国家统治权力的运用方式，是对单纯管辖的政治升华。管治是管辖和治理的结合，管治权是管辖权和治理权力的统一。

香港与澳门的主权属于中国，这为代表国家主权的中央行使对香港和澳门特别行政区的管治权提供了正当性。据此，有学者将中央管治权称为"主权性管治权"。香港与澳门的主权一直就是属于中国，其表现以下三个方面。

(1) 中国政府坚决不承认英国、葡萄牙与晚清政府签订的不平等条约的效力，这直接否定了英国、葡萄牙政府对香港、澳门主权主张的正当性。

(2) 1997年6月28日，国务院发布的《中华人民共和国国务院关于授权香港特别行政区政府接收原香港政府资产的决定》规定："国务院决定：授权中华人民共和国香港特别行政区政府自1997年7月1日起接收和负责核对港英政府的全部资产和债务，并根据香港特别行政区的有关法律自主地进行管理。"1999年12月18日，国务院发布的《中华人民共和国国务院关于授权澳门特别行政区政府接收原澳门政府资产的决定》规定："国务院决定：授权中华人民共和国澳门特别行政区政府自1999年12月20日起接收和负责核对原澳门政府的全部资产和债务，并根据澳门特别行政区有关法律自主地进行管理。"这说明港英和澳葡政府的资产是先转移给中国政府，然后由代表国家主权的中央人民政府授权港澳特别行政区政府进行接收，而在香港特别行政区政府与港英政府之间、澳门特别行政区政府与澳葡政府之间并不存在私相授受的关系。

(3) 特别行政区基本法中存在着诸多关于香港与澳门的主权属于中国的规定，其中既有原则性规定，也有具体的权力分配规定。前者如特别行政区基本法序言载明香港、澳门自古以来就是中国的领土；后者如特别行政区基本法规定中央人民政府对港澳特别行政区行政长官享有任命权等。

（五）全面管治权

中央政府对主权范围内的领域拥有管治权，并不代表一个国家的中央政府对其主权范围内的行政区域拥有全面管治权。中央政府能否拥有全面管治权，还与国家结构形式有关联。

在联邦制国家，联邦的组成单位通过宪法授予联邦有限的主权权力，联邦也只有在这些有限的主权权力范围之内才能对各组成单位进行管辖和治理。如美国宪法明确规定了联邦的权力范围，并且规定凡未授予联邦的权力由各州保留。也就是说，美国联邦只能在宪法所规定的权力范围之内，对各州和美国公民进行管辖和治理，否则就可能违宪。在准国家的政治体——欧盟，其成员国通过相关条约授予欧盟若干主权权力，欧盟也只能在这些主权权力的范围之内，才能够对其成员国及其公民进行管辖和治理。

但在单一制国家，主权在中央，中央的权力是本源性、全面性的。单一制国家的地方没有任何固有权力，地方权力来自中央授权，并且这种授权也仅是权力行使的转移，而非权力本身的转移。在授权之后，中央对授予地方的权力仍享有监督、变更和取消之权。正是这种主权权力的本源性、全面性，决定了单一制国家的中央对地方的管治权必然是全面的。

中国是单一制国家，在"一国两制"下，港澳特别行政区没有任何固有的权力，其所享有的高度自治权来自代表国家主权的中央的授权。中央对港澳特别行政区的主权权力具有全面性、本源性，同时，在授权之后，中央仍然有权监督、变更和取消特别行政区的高度自治权。基于香港和澳门特别行政区的主权属于中国，而中国又是单一制国家，所以中央对香港和澳门特别行政区的管治权具有全面性。

综上所述，全面管治权在一般意义上，是指在单一制国家结构形式下中央对所有地方的所有事务进行管辖和治理的权力。在特别行政区基本法的范畴内，中央对特别行政区的全面管治权，是指中央基于对香港与澳门恢复行使主权而产生的对特别行政区进行管辖和治理的权力。

二、中央对特别行政区全面管治权的内容

(一) 中央在特别行政区直接行使的权力

中央直接行使的权力，顾名思义，就是中央可以直接对特别行政区行使的权力，也是没有授予特别行政区的权力。

在"一国两制"环境下，根据特别行政区基本法的规定，中央行使不同管治权作出的不同决定，有的可以直接在特别行政区实施，有的则必须借助于特别行政区自治权才能在特别行政区实施。据此，可以将中央直接行使的权力分为以下两类。

(1) 所作决定可以直接在特别行政区实施的权力。例如，特别行政区的国防和外交事务由中央人民政府负责，特别行政区在这两类事务中非经授权则不享有任何权力。中央作出的国防和外交行为可以直接在特别行政区生效实施。

(2) 所作决定需要借助于特别行政区自治权才能实施的权力。例如，相关全国性法律可以通过列于特别行政区基本法附件三中，在特别行政区实施。在此过程中，全国人民代表大会常务委员会和特别行政区均享有相应权力。其中，全国人民代表大会常务委员会可以直接增列于特别行政区基本法附件三的全国性法律。但全国人民代表大会常务委员会在将相关全国性法律列于特别行政区基本法附件三之后，这些全国性法律并非立即在特别行政区实施，而是要待特别行政区在当地公布或者立法之后才能实施。

(二) 中央授予特别行政区高度自治权

中央除了直接行使一些权力外，还把其他管治权力授权给特别行政区行使，使其形成高度自治，享有行政管理权、立法权、独立的司法权和终审权。这种高度自治权使其和中央自身保留行使的权力构成了中央对特别行政区的全面管治权。这种授权仅是"权力行使的转移，而非权力本身的转移"。基于中央与特别行政区的授权框架，中央在授予特别行政区高度自治权之后，在法理上仍然可以凭借其所享有的管治权来变更甚至取消特别行政区的高度自治权，将授予特别行政区的高度自治权重新收回中央。

（三）中央对特别行政区高度自治权的监督权

中央监督权，是指对特别行政区的高度自治权发挥着监督作用的中央管治权。中央对特别行政区的高度自治权有监督权，这是授权理论本身决定的。中央监督权属于中央直接行使的权力。在行使时间点上，通常是特别行政区高度自治权行使在先，中央监督权行使在后，中央监督权对特别行政区高度自治权的运行状况进行监督。如在立法方面，特别行政区立法会制定的法律须报全国人民代表大会常务委员会备案，全国人民代表大会常务委员会若认为该法律不符合特别行政区基本法关于中央管理的事务及中央和特别行政区关系的条款，可将有关法律发回，使其立即失效。中央监督权与特别行政区高度自治权组成一个权力束，共同完成一个权力使命，即确保特别行政区的高度自治权始终在特别行政区基本法规定的轨道上运行。

三、全面管治权与高度自治权的关系

有一种意见认为，《"一国两制"在香港特别行政区的实践》白皮书提出了"全面管治权"就意味着中央要全面接管香港特别行政区，特别行政区的高度自治将不复存在。这就提出一个问题：全面管治权和高度自治权是否自相矛盾？

全面管治权是对中央对特别行政区所拥有的所有权力的一种总体性概括，这种权力是基于中国单一制国家结构形式而形成的，是对中央权力在《宪法》上的概括表达。而高度自治权是对特别行政区所行使的行政管理权、立法权、独立的司法权和终审权的一种总体性概括。全面管治权与特别行政区的高度自治权不仅不矛盾，反而恰恰说明特别行政区高度自治权来源于中央的全面管治权。两者相辅相成，共同构成特别行政区治理体系的整体。

（一）全面管治权与高度自治权是密切联系的

全面管治权与高度自治权的密切联系，表现在全面管治权与高度自治权所涉及的管辖范围构成了一个管理事项的完整性。比如，对外事务在本质上与外交事务不能截然分开，所以特别行政区基本法在同一个法条里就有规定，中央人民政府负责管理与特别行政区有关的外交事务并在特别行政区设立机构处理外交事务，而中央人民政府授权特别行政区依照本法自行处理有关的对外事务。再如，防务可以分为外部防务和内部防务，所以特别行政区基本法也是在同一法条里就有规定，中央人民政府负责管理特别行政区防务，而内部防务即社会治安由特别行政区政府负责维持。

全面管治权与高度自治权的密切联系，还表现在中央有些直接行使的权力要与特别行政区的高度自治权结合在一起，才能构成一个整体制度。如行政长官的选举制度——在特别行政区通过选举或协商产生并由中央人民政府任命。这就是说，行政长官的产生办法，是由两部分构成的，先在当地通过选举或协商产生，在此基础上再报中央人民政府任命，在正常情况下缺乏其中一个环节，行政长官便无法产生。

(二) 全面管治权与特别行政区高度自治权的区别

全面管治权与特别行政区高度自治权的区别在于：特别行政区高度自治权是根据特别行政区基本法形成的，而中央的全面管治权是先于特别行政区基本法的权力，是基于主权恢复行使而形成的权力。特别行政区的高度自治权本身就源于全面管治权，全面管治权有对高度自治权依法进行监督的权力。这两种权力是相辅相成的，不能将两者对立起来。

特别行政区政治体制之所以不能被称为是一种"三权分立"的政治体制，其核心在于这里不止"三权"，还有中央的权力。如特别行政区基本法就规定立法会在两种情况下有权迫使行政长官辞职：①因两次拒绝签署立法会通过的法案而解散立法会，重选的立法会仍以全体议员三分之二多数通过所争议的原案，而行政长官仍拒绝签署；②因立法会拒绝通过财政预算案或其他重要法案而解散立法会，重选的立法会继续拒绝通过所争议的原案。但是，如果出现这两种情况而行政长官坚持不辞职，那怎么办？那就需要中央介入，免去行政长官职务。这就是说，特别行政区的行政管理权、立法权、独立的司法权和终审权，是基于中央授权而来而并非本身所固有，是有限的，而且离开了中央的权力介入，无法达成孟德斯鸠所说的"权力互相制约"。总之，特别行政区的高度自治权本身就是在中央全面管治权的范围下运作的。

(三) 全面管治权与特别行政区的高度自治权都必须依法行使

特别行政区的某种具体权力必须依照特别行政区基本法的有关规定进行运作

和行使，而不能利用高度自治权的概念对特别行政区的某种权力作无限扩大理解；同样，全面管治权是对中央对特别行政区享有的权力在宪制上的一种抽象表达，具体行使权力时，要落实到某项条文、某个机构、某种职权及某种程序。也就是说，中央对特别行政区拥有全面管治权，必须严格按照宪法和特别行政区基本法的有关规定及其精神行使全面管治权，即应当也只能依法行使全面管治权。

同时，中央对于已经授予特别行政区行使的权力，非经法定的撤销或变更程序，不能随意中止、废止和干预此项权力的运作。如全国人民代表大会常务委员会在征询其所属的特别行政区基本法委员会和特别行政区政府的意见后，可对列于特别行政区基本法附件三的法律作出增减，列入附件三的法律应限于有关国防、外交和其他依照本法规定不属于特别行政区自治范围的法律。也就是说，全国人民代表大会常务委员会有增减法律的权力，但这种权力也要有所依据地行使，如属于特别行政区自治范围的法律不能添加到特别行政区基本法附件三中。再如，特别行政区基本法的修改权属于全国人民代表大会，但全国人民代表大会也不可以随意修改，因为任何修改"均不得同中华人民共和国对香港(澳门)既定的基本方针政策相抵触"。

第三节 特别行政区是中国具有特殊地位的省级地方行政区域

香港特别行政区与澳门特别行政区作为中国的地方行政区域，既具有与中国各省、自治区、直辖市等一般省级行政区域相同的法律地位，也具有与其自身地位相适应的、特殊的法律地位。

一、中国行政区域的划分

行政区划是行政区域划分的简称，是国家对其所管辖地区进行有效和方便的管理而作出的多级行政区的划分。国家除了全国性的中央级的管理机构外，还需要对其各级地方进行分区管理，各级行政区都设有相应的地方行政机构。

根据《宪法》第三十条规定："中华人民共和国的行政区域划分如下：(一)全国分为省、自治区、直辖市；(二)省、自治区分为自治州、县、自治县、市；(三)县、自治县分为乡、民族乡、镇。直辖市和较大的市分为区、县。自治州分为县、自治县、市。自治区、自治州、自治县都是民族自治地方。"按《宪法》的规定，中国实行的是"三级制"行政区域划分，即中国行政区划分为省级行政区、县级行政区、乡级行政区三个级别，但在实践上却是采用了"四级制"行政区域划分，即省级行政区、地级行政区、县级行政区、乡级行政区四个级别。省级行政区(一级行政区)政府机构名称包括省人民政府、自治区人民政府、直辖市人民政府、特别行政区政府；地级行政区(二级行政区)政府机构名称包括地区行政公署、盟行政公署、自治州人民政府、地级市人民政府；县级行政区(三级行政区)政府机构名称包括县人民政府、自治县人民政府、旗人民政府、自治旗人民政府、县级市人民政府、市辖区人民政府、林区人民政府、特区人民政府；乡级行政区(四级行政区)政府机构名称包括乡人民政府、民族乡人民政府、镇人民政府、街道办事处、苏木人民政府、民族苏木人民政府、县辖区公所人民政府、县辖市政府(台湾地区专设)。

截至2019年1月9日，全国共有(省以下行政区划单位统计不包括港澳台)：一级行政区(省级行政区)：34个(23个省、5个自治区、4个直辖市、2个特别行政区)；二级行政区(地级行政区)：333个(293个地级市、7个地区、30个自治州、3个盟)；三级行政区(县级行政区)：2851个(970个市辖区、375个县级市、1335个县、117个自治县、49个旗、3个自治旗、1个特区、1个林区)；四级行政区(乡级行政区)：39888个(2个区公所、8241个街道、21116个镇、9392个乡、984个民族乡、152个苏木、1个民族苏木)。

二、特别行政区是中国的省级地方行政区域

省级地方行政区域，是中国的一级行政区划，是地方最高行政区域名，源于古代中国的省制。在古代中国，"省"原指天子所居之所，即宫禁。唐设有三省六部，"尚书省"为其一。金国在重要的地方设置行中书省，简称行省。元代把中央行政机关叫"中书省"，又于各路(各行政区)设"行中书省"(中书省派出的机关)，简称"行省"，最后简称为"省"。现代的"省"由此发展而来。

(一) 法律对"特别行政区是中国省级地方行政区域"没有明文规定

第一，《宪法》没有明确规定特别行政区的地方行政区域级别。从《宪法》第三十条第一项"全国分为省、自治区、直辖市"的规定上看，《宪法》第三十条第

一项就是对中国省级地方行政区域的列举，但没把特别行政区列进去。如果说是因现行《宪法》是1982年12月颁布的，当时香港、澳门还没有回归，特别行政区还没有正式设立，《宪法》没有把特别行政区列进第三十条第一项，这是可以理解的。但"八二宪法"已进行了五次修改(1988年4月、1993年3月、1999年3月、2004年3月、2018年3月)，也就是说香港回归后有3次宪法修改、澳门回归后也有2次宪法修改，历次的《宪法修正案》仍没把特别行政区列入《宪法》第三十条第一项。

第二，特别行政区基本法也没有明确规定特别行政区的地方行政区域级别。香港(澳门)特别行政区基本法第一条规定："香港(澳门)特别行政区是中华人民共和国不可分离的部分。"第十二条规定："香港(澳门)特别行政区是中华人民共和国的一个享有高度自治权的地方行政区域，直辖于中央人民政府。"特别行政区基本法的规定只明确了特别行政区是中国的一个地方行政区域，但没明确指出特别行政区应属于哪一级别的地方行政区域。

(二) 特别行政区是中国省级地方行政区域的相关法律依据

第一，特别行政区的设立和省级地方行政区域建置的决定批准权同属全国人民代表大会，说明特别行政区是中国省级地方行政区域。《宪法》第六十二条规定了"全国人民代表大会行使的职权"，其中的第十三项规定了"批准省、自治区和直辖市的建置"；第十四项规定了"决定特别行政区的设立及其制度"。与此同时，《宪法》第八十九条规定了"国务院行使的职权"，其中第十五项规定了"批准省、自治区、直辖市的区域划分，批准自治州、县、自治县、市的建置和区域划分"。从《宪法》第六十二条和第八十九条具体规定的比较上看，决定批准特别行政区设立的机关与决定批准省、自治区和直辖市建置的机关(全国人民代表大会)相同，而与自治州、县、自治县、市建置的审批机关(国务院)相异。也就是说，特别行政区与自治州、县、自治县、市不属于同一行政级别，而应与省、自治区和直辖市同属一个行政级别。

第二，特别行政区与省级地方行政区域的全国人民代表大会代表团并列，说明特别行政区是中国省级地方行政区域。香港(澳门)特别行政区基本法第二十一条第二款规定，根据全国人民代表大会确定的名额和代表产生办法，由香港(澳门)特别行政区居民中的中国公民在香港(澳门)选出香港(澳门)特别行政区的全国人民代表大会代表,参加最高国家权力机关的工作。"《宪法》第五十九条规定:"全国人民代表大会由省、自治区、直辖市、特别行政区和军队选出的代表组成。"把特别行政区基本法第二十一条第二款和《宪法》第五十九条规定结合来看,也很好地说明了特别行政区是与省、自治区、直辖市同属省级地方行政区域。从实践上,2018年3月召开的第十三届全国人民代表大会,就是由香港与澳门的全国人民代表大会代表分别单独组团,与其他32个省级地方行政区域的代表团和1个解放军代表团,总计35个代表团组成的。

第三,特别行政区基本法规定"特别行政区直辖于中央人民政府",说明特别行政区是中国的省级地方行政区域。香港(澳门)特别行政区基本法第十二条规定,香港(澳门)特别行政区是中华人民共和国的一个享有高度自治权的地方行政区域,直辖于中央人民政府。第二十二条第一款规定,中央人民政府所属各部门、各省、自治区、直辖市均不得干预香港(澳门)特别行政区根据(依照)本法自行管理的事务。按照一般的行政管理逻辑,如果特别行政区不是中国最高一级的地方行政区域,那么特别行政区应直辖于上一级的地方行政区,而不是"直辖于中央人民政府"。

第四,全国人民代表大会常务委员会对特别行政区和省级地方行政区域所制定的地方性法律行使同等的监督权,说明特别行政区是中国的省级地方行政区域。《宪法》第六十七条规定了"全国人民代表大会常务委员会行使的职权",其中第八项规定:"撤销省、自治区、直辖市国家权力机关制定的同宪法、法律和行政法规相抵触的地方性法规和决议"。香港(澳门)特别行政区基本法第十七条第二款、第三款分别规定,香港(澳门)特别行政区的立法机关制定的法律须报全国人民代表大会常务委员会备案。全国人民代表大会常务委员会在征询其所属的香港(澳门)特别行政区基本法委员会后,如认为香港(澳门)特别行政区立法机关制定的任何法律不符合本法关于中央管理的事务及中央和香港(澳门)特别行政区的关系的条款,可将有关法律发回,但不作修改。经全国人民代表大会常务委员会发回的法律立即失效。结合《宪法》第六十七条第八项和特别行政区基本法第十七条第二款、第三款的规定,说明全国人民代表大会常务委员会把特别行政区和省、自治区、直辖市按同一级别的地方行政区域对待,并对其所制定的地方性法律进行同等监督。

三、特别行政区是直辖于中央人民政府、享有高度自治权的地方行政区域

香港(澳门)特别行政区基本法第十二条规定,香港(澳门)特别行政区是中华人民共和国的一个享有高度自治权的地方行政区域,直辖于中央人民政府。

(一) 特别行政区是直辖于中央人民政府的地方行政区域

直辖,表明中国的最高国家权力机关、最高国家行政机关对特别行政区有直接管辖之权。中国的最高国家权力机关和最高国家行政机关,都有权依照特别行政区基本法的规定,对特别行政区行使相应的权力,如管理权(外交、防务)、监督权、基本法的解释权、修改权,在涉及中央行使权力的范围,不论特别行政区同意与否,都必须服从。

直辖,也表明特别行政区的权力来源是中央授予的,而不是与生俱来的,特别行政区只能在中央授权范围内行使权力。特别行政区及其居民,必须遵守特别行政区基本法的各项规定,必须在特别行政区基本法规定的范围内活动。

直辖,还表明在特别行政区与中央政府之间,没有任何中间层次。特别行政区直辖于中央人民政府,而不是直辖于中央人民政府的各部门,如部、委(如中国银行保险监督管理委员会)、局(如国家知识产权局)、署(如审计署)、办(如国务院办公厅)。特别行政区与中国各省、自治区、直辖市之间,没有隶属与管辖的关系。特别行政区与中国各省、自治区、直辖市的关系,应当以互相尊重、互不干预内部事务为原则。因此,香港(澳门)特别行政区基本法第二十二条第一款规定,中央人民政府所属各部门、各省、自治区、直辖市均不得干预香港(澳门)特别行政区根据(依照)本法自行管理的事务。

另外,中央人民政府各部门(部、委、局、署、办)与特别行政区政府各部门(司、局、署、处)之间的关系,也不同于中央人民政府各部门与一般的省级人民政府各部门的关系。在内地,省级人民政府各部门一般既受本级人民政府领导,也受国务院对应的部门领导,如北京市公安局既受北京市人民政府领导,也受国务院公安部领导。但是,特别行政区各部门与国务院各部门既没有上下级领导关系,也没有业务指导关系,完全是相互独立的系统。特别行政区政府各业务部门不实行双重领导制,只对特别行政区政府负责,不需要对中央政府的相应业

务部门汇报工作，它们之间没有行政上的隶属关系。也就是说，特别行政区的各级公务人员只对特别行政区政府负责，然后由特别行政区行政长官对中央人民政府和特别行政区负全责。中央人民政府各部门制定和推行的各种政策，对特别行政区政府各部门没有约束力，特别行政区政府各部门完全根据本地的情况制定自己的政策。

(二) 特别行政区是享有高度自治权的地方行政区域

香港(澳门)特别行政区基本法第二条规定，全国人民代表大会授权香港(澳门)特别行政区依照本法的规定实行高度自治，享有行政管理权、立法权、独立的司法权和终审权。

自治，是指依法设立的地方政权机关，有权在宪法和法律规定的权限范围内，实现对地方事务的管理。高度自治，在特别行政区基本法的范畴内是指特别行政区有权依据特别行政区基本法的规定，享有行政管理权、立法权、独立的司法权和终审权，以及享有中央授予的其他权力。

具体而言，特别行政区享有高度自治权包括：特别行政区可实行与中国内地不同的社会经济、政治和文化制度；全国人大及其常委会制定的法律，除了有关国防、外交，以及其他有关体现国家统一和领土完整，并且不属于特别行政区自治范围内的法律外，其他均不在特别行政区实施；中央政府所属各部门，各省、自治区、直辖市均不得干预特别行政区依法自行管理的事务；特别行政区的立法机关和政府机构由当地人组成；特别行政区的立法机关，在不与特别行政区基本法相抵触的前提下，可以制定、废除和修改法律；特别行政区享有司法终审权；特别行政区的财政收入不上缴中央政府，中央政府也不在特别行政区征税；特别行政区可以以中国香港(澳门)的名义单独同各国、各地区以及有关国际组织保持和发展经济、文化联系，签订双边和多边经济、文化、科技等协定，参加各种民间国际组织，自行签发出入本特别行政区的旅行证件。

由于特别行政区实行高度自治，所以中央负责管理的事务就相对要少得多。除有关特别行政区的外交事务以及防务应由中央负责管理之外，其他如财政、律政、民政、人事、治安、地政、环保、工商、运输、海关、出入境、工务、文康、传播、教育、卫生、房屋等事务的管理，均由特别行政区政府负责，并自行制定各项政策。

 **拓展阅读**

1. 剩余权力

剩余权力，是社会科学概念，指的是在联邦制国家中，宪法未能列举的权力。在联邦制国家，联邦的权力与各成员单位的权力通常由联邦宪法加以规定，宪法未能列举的就称为"剩余权力"。对于剩余权力的归属，有的国家推定由各成员单位保留(如美国)，有的国家推定为由联邦享有(如加拿大)。

1986年初，在《香港特别行政区基本法》的起草过程中，部分港方起草委员会委员就提出了"剩余权力"问题。其主要观点是：在即将建立的香港特别行政区制度下，由中央政府行使国防、外交事务的权力，国防、外交以外的其他权力作为"剩余权力"，应该概括地由特别行政区行使。特别行政区制度下的"剩余权力"问题由此肇端。

而自香港特别行政区成立及《香港特别行政区基本法》施行以来，当下香港市民观念中的"剩余权力"问题大致可以表述为：既然特别行政区基本法明确列举了属于中央和属于特别行政区的权力，那么特别行政区基本法未明确列举的权力，尤其是随着实践发展而新产生的权力，香港特别行政区是否可以不经过中央的同意或者授权而直接行使？对这一问题的解答，必然牵涉中央与特别行政区的权力界分。

《香港特别行政区基本法》确立了具有单一制国家特色的授权原则，即香港特别行政区享有的权力必须来自中央的授权，除此以外别无权力；授权必须是已经作出并生效的，否则不得行使。这一原则与中国的单一制国家结构形式和单一主权的原则相契合。换言之，《香港特别行政区基本法》不存在保留权力的问题，香港特别行政区享有的高度自治权不是完全自治，也不是分权，而是中央授予的地方事务管理权，高度自治权的限度在于中央授予多少权力，香港特别行政区就享有多少权力。

——整理主要参考文献：李元起、黄若谷，《论特别行政区制度下的"剩余权力"问题》，《北方法学》，2008年第2期

2.《"一国两制"在香港特别行政区的实践》白皮书

2014年6月10日，国务院新闻办公室发表了《"一国两制"在香港特别行政

区的实践》白皮书。白皮书由正文和附录两大部分组成，正文又由前言、五大主题、结束语三大部分组成。

- 前言部分。提出："一个国家，两种制度"是中国政府为实现国家和平统一而提出的基本国策；香港回归祖国后，"一国两制"由科学构想变成生动现实；"一国两制"作为一项新生事物，需要在实践中不断探索、开拓前进。

- 五大主题部分。第一，回顾了香港顺利回归祖国的历程。1997年7月1日，中国政府对香港恢复行使主权，香港特别行政区成立，基本法开始实施。香港进入了"一国两制""港人治港"、高度自治的历史新纪元。第二，特别行政区制度在香港的确立。主要阐述了中央拥有对香港特别行政区的全面管治权。中央拥有对香港特别行政区的全面管治权，既包括中央直接行使的权力，也包括授权香港特别行政区依法实行高度自治，还包括对香港特别行政区的高度自治权的监督权力。香港特别行政区依法实行高度自治权。第三，香港特别行政区各项事业取得全面进步。表现在：香港居民的基本权利和自由得到充分保护；民主政制依法稳步推进；经济保持平稳发展；各项社会事业迈上新台阶；对外交往和国际影响进一步扩大。第四，中央政府全力支持香港特别行政区繁荣发展。表现在：支持香港特别行政区应对风险和挑战；支持香港特别行政区巩固和提升竞争优势；支持香港特别行政区与内地加强各领域的交流合作；确保对香港基本生活物资的安全稳定供应。第五，全面准确理解和贯彻"一国两制"方针政策。提出：全面准确把握"一国两制"的含义；坚决维护宪法和香港基本法的权威；坚持以爱国者为主体的"港人治港"；坚定支持行政长官和特别行政区政府依法施政；继续推动内地与香港交流合作。

- 结束语。提出："一国两制"在香港特别行政区的实践，取得了举世公认的成功。在继续推进"一国两制"事业的新征程上，既要坚持全面准确地理解和贯彻"一国两制"方针政策，确保"一国两制"实践沿着正确的轨道前进，又要积极有效应对香港在发展中面临的困难和挑战。不断丰富和发展"一国两制"在香港特别行政区的实践，保持香港长期繁荣稳定，是中国梦的重要组成部分，也是完善和发展中国特色社会主义制度，推进国家治理体系和治理能力现代化的必然要求。

- 附录。具体罗列了香港经济社会发展和内地与香港交流合作的有关情况。

——整理主要参考文献：《"一国两制"在香港特别行政区的实践》，人民出版社，2014年6月

3. "香港城邦论"的内容与实质

2010年，香港学者陈云出版了《香港城邦论》一书，认为香港自受英国殖民统治以来，在统治的形式和实质上都是一个城邦的模式。书中提出："香港非国非市，而是欧洲状态的城邦。"

至于香港能成为一个城邦的理由，作者认为这是历史发展的必然结果。作者认为，英国统治香港150多年，造就了香港独特的国际城市地位和香港人现代市民的身份。书中写道："战后由于东西冷战关系，香港独立发展……形成整全的经济地理格局，香港存有大量农田及郊野绿地，发展工商贸易，并有自己的公共政策及各种制度。"而且作者还认为，在英国"管治"下，也保留了粤语、中文及岭南风俗。

回归以后，"一国两制""港人治港"和高度自治的原则，使香港传承了英治时期的"香港城邦"格局，香港人依然拥有"自由城邦"市民的身份。与此同时，香港政府财政独立，有自己的货币、护照、航权及国际身份。作者据此推断出"香港目前的'国中之国'地位，其文化根基来自香港的城邦历史"。也就是说，香港的典章文明、文化蕴藏、文化自主、经济自由及政治高度自治的特性，使得香港具备了"城邦性格"。

就《香港城邦论》一书的观点来看，且不说香港在英国殖民统治之前就是属于中国的领土，仅看英国占领香港后的统治方式，就知道在英国统治下的香港也并非是自治城邦。虽然由于香港与英国相距遥远，也由于19世纪已处于殖民史的晚期，英国对香港的统治由最初的高压态势逐渐转变为"怀柔"的管治策略。然而，"怀柔"并非是给予香港完全的自治权。香港总督不是香港人，更不是由香港人民主选举产生。港督由英国女王和国会直接任命，全面负责香港的立法、行政和司法事务，处于香港权力体系的金字塔尖。如今，作者不知是出于对历史的无知还是故意歪曲，竟然拿香港被殖民的历史来作为保留香港城邦地位的理由，显然没有合理的历史依据。

总之，《香港城邦论》在本质上就是用"城邦"的概念来否定、替代《香港特别行政区基本法》规定的"香港特别行政区是中华人民共和国的一个享有高度自

治权的地方行政区域,直辖于中央人民政府",为"港独"提供理论依据。

——整理主要参考文献:黄月细,《"香港城邦论""香港民族论"及其负面影响》,《新视野》,2016 年第 1 期

思 考 题

1. 为什么说中国的国家结构形式是单一制?
2. 中央对特别行政区全面管治权包括哪些权力?
3. 为什么说特别行政区是中国的省级地方行政区域?

第三章

中央享有和行使的权力

中央享有和行使的权力,是中央对特别行政区拥有全面管治权的重要组成部分,是中国对特别行政区拥有主权的直接体现,也是"一国两制"中的"一国"应有之义。与之相适应的是,中央享有和行使这些权力的目的在于维护国家的统一和领土完整。

第一节　中央负责管理与特别行政区有关的外交事务和防务

"中央",本意是指中心的地方,在法律上是指国家政权或政治团体的最高领导机构。按《宪法》第三章"国家机构"的规定,中国最高国家机构由以下机关组成:国家最高权力机关——全国人民代表大会及全国人民代表大会常务委员会,国家元首——国家主席,国家最高行政机关——国务院即中央人民政府,国家最高监察机关——国家监察委员会,国家最高审判机关——最高人民法院,国家最高检察机关——最高人民检察院,国家最高军事机关——中央军事委员会。由于实行"一国两制",在特别行政区基本法的范畴内,中央仅指全国人民代表大会及全国人民代表大会常务委员会、国家主席、国务院即中央人民政府、中央军事委员会。

一、中央负责管理与特别行政区有关的外交事务

(一) 主权与外交

外交,是主权国家为实现其对外政策而由获得授权的机关和人员(如国家元首、政府首脑、外交代表机构及外交人员)进行的活动。外交的活动形式多样,包

括：官员之间的互访，外交谈判、交涉，发出外交文件，缔结条约或协议、协定，参加国际组织和国际会议等。外交的主体包括主权国家和一些由主权国家组成的国际组织，如联合国的活动同各国外交密切相关，并影响、协调着各国外交。

外交是主权国家的事务，一个主权范围内的所有外交大权，只能由中央人民政府掌握。香港(澳门)特别行政区基本法第十三条第一款规定，中央人民政府负责管理与香港(澳门)特别行政区有关的外交事务。因此，与特别行政区有关的外交事务，都应由中央人民政府负责处理。如，特别行政区无权决定邀请外国国家元首、政府首脑、外交部部长等官员访问特别行政区；无权自行决定允许其他国家在特别行政区设立领事或官方代表机构等。

(二) 外交部派驻机构代表中央管理有关的外交事务

中国外交部是中央人民政府设立的处理外交事务的政府机关。外交部有权代表国家贯彻和推进中国的对外政策，协调处理中国与世界各国的友好关系。所以，香港(澳门)特别行政区基本法在第十三条第二款规定，中华人民共和国外交部在香港(澳门)设立机构处理外交事务。也就是说，与特别行政区有关的外交事务，是由中国外交部全权处理的。

为了方便外交部处理与特别行政区有关的外交事务，外交部在特别行政区设立机构，即外交部驻香港(澳门)特别行政区特派员公署，代表中央人民政府处理与香港、澳门有关的外交事务。

根据外交部驻澳门特别行政区特派员公署网站的介绍，其宗旨是：贯彻落实"一国两制""澳人治澳"、高度自治方针，严格按照基本法办事，执行中央人民政府的外交政策，维护国家主权和利益，保护澳门同胞的合法权益，促进澳门特别行政区的长期繁荣稳定和发展。其职责如下。

(1) 处理由中央人民政府负责管理的与澳门特别行政区有关的外交事务。

(2) 协调处理澳门特别行政区参加有关国际组织和国际会议事宜；协调处理国际组织和机构在澳门特别行政区设立办事机构问题；协调处理在澳门特别行政区举办政府间国际会议事宜。

(3) 处理有关国际公约在澳门特别行政区的适用问题；协助办理中央人民政府授权澳门特别行政区与外国谈判缔结有关双边协定的事宜。

(4) 协调处理外国在澳门特别行政区设立领事机构或其他官方、半官方机构的有关事宜,办理有关领事业务。

(5) 办理中央人民政府和外交部交办的其他有关事务。

根据外交部驻香港特别行政区特派员公署网站的介绍,其职责是:处理由中央人民政府负责管理的与香港特别行政区有关的外交事务;协助香港特别行政区政府依照基本法或经授权自行处理有关对外事务;办理中央人民政府和外交部交办的其他事务。具体包括以下内容。

(1) 协调处理香港特别行政区参加有关国际组织和国际会议事宜;协调处理国际组织和机构在香港特别行政区设立办事机构问题;协调处理在香港特别行政区举办政府间国际会议事宜。

(2) 处理有关国际公约在香港特别行政区的适用问题;协助办理须由中央人民政府授权香港特别行政区与外国谈判缔结的双边协定的有关事宜。

(3) 协调处理外国在香港特别行政区设立领事机构或其他官方、半官方机构的有关事宜。

(4) 承办外国国家航空器和外国军舰访问香港特别行政区等有关事宜。

二、中央负责管理特别行政区的防务

(一) 中央全权负责管理特别行政区的防务

国家安全是国家的基本利益,是一个国家处于没有危险的客观状态,即国家没有外部的威胁和侵害,也没有内部的混乱和疾患的客观状态。当代国家安全包括11个方面的基本内容,即国民安全、领土安全、主权安全、政治安全、军事安全、经济安全、文化安全、科技安全、生态安全、信息安全和核安全。

防务,是指有关国家安全防御的事务,也就是指与防止外敌入侵、维护国家主权和疆土完整有关的事务。一国使用武力或以武力相威胁,以及任何其他违反国际法的方法,侵犯他国主权、领土完整和政治独立,干涉他国内政的行为,就是一国对他国的侵略。为了防止外国的侵略、维护本国的主权,主权国家必须享有防务的权力。所以,防务权力是主权国家维护其独立、主权和领土完整的一项重要权力。

由于"防务"属于主权范围内的事务,作为中央政府管辖下的地方行政区域,特别行政区的防务只能由中央人民政府负责。这是中央人民政府直接在特别行政区行使的一项重要权力，也是中央对特别行政区管辖的体现。所以，香港(澳门)特别行政区基本法在第十四条规定，中央人民政府负责管理香港(澳门)特别行政区的防务。

中央对特别行政区的防务权主要由中央人民政府派驻特别行政区负责防务的军队来具体执行和实施。根据香港(澳门)特别行政区驻军法的规定，中国人民解放军驻香港(澳门)部队，简称香港(澳门)驻军，履行下列防务职责。

(1) 防备和抵抗侵略，保卫香港(澳门)特别行政区的安全。

(2) 担负防卫勤务。

(3) 管理军事设施。

(4) 承办有关的涉外军事事宜。

香港(澳门)驻军由中央军事委员会领导，其部队组成、员额根据特别行政区防务的需要确定，所需军费用由中央人民政府负担。

(二) 在特定状态下，香港(澳门)驻军执行在特别行政区实施全国性法律规定的职责

《中华人民共和国香港特别行政区驻军法》第六条规定："全国人民代表大会常务委员会决定宣布战争状态或者因香港特别行政区内发生香港特别行政区政府不能控制的危及国家统一或者安全的动乱而决定香港特别行政区进入紧急状态时，香港驻军根据中央人民政府决定在香港特别行政区实施的全国性法律的规定履行职责。"《中华人民共和国澳门特别行政区驻军法》第七条规定："全国人民代表大会常务委员会决定宣布战争状态或者因澳门特别行政区内发生澳门特别行政区政府不能控制的危及国家统一或者安全的动乱而决定澳门特别行政区进入紧急状态时，澳门驻军根据中央人民政府决定在澳门特别行政区实施的全国性法律的规定履行职责。"

香港(澳门)驻军在全国进入战争状态时应履行其职责。《宪法》第六十七条规定了全国人民代表大会常务委员会行使的职权，其中第十九项规定："在全国人民代表大会闭会期间，如果遇到国家遭受武装侵犯或者必须履行国际间共同防止侵略的条约的情况，决定战争状态的宣布。"在战争状态下，国家或是遭到了外敌入侵，或是要履行共同防止侵略的国际条约，全国各地方、各族人民都要全力以赴，共同对敌，特别行政区当然也不能例外。在这种情况下，为了赢得战争和保卫国

家安全的需要，中央人民政府可以发布命令将特别行政区基本法附件三以外的有关全国性法律，如动员、兵役、治安、戒严等法律，在特别行政区实施。军队是国家武装力量的主体，是进行战争、抵御外敌的主要力量。这些全国性法律与军队有着密切的关系，对军队的职责有明确的规定，为了保卫国家和特别行政区的安全，充分发挥军事力量在战争中的特殊、重要作用，香港(澳门)驻军应当根据在特别行政区实施的全国性法律的有关规定，切实履行自己的职责。

香港(澳门)驻军在特别行政区进入紧急状态时应履行其职责。当特别行政区发生另立武装、分裂国家、颠覆政府、制造香港(澳门)独立，妄图使香港(澳门)脱离中央人民政府管辖的动乱、暴乱活动，直接危及国家的统一或安全，而特别行政区政府又不能有效地制止动乱和控制局面，全国人民代表大会常务委员会决定特别行政区进入紧急状态时，中央人民政府可以发布命令将有关全国性法律，如有关维持社会治安秩序、打击刑事犯罪、实行戒严管制、进行平叛防暴等全国性法律，在特别行政区实施。特别行政区的驻军应当根据这些全国性法律的有关规定履行职责，制止动乱，维护国家的主权、统一和安全，恢复当地的正常社会秩序，维护香港(澳门)社会的稳定与繁荣，保证特别行政区的高度自治。

(三) 在一定条件下，香港(澳门)驻军要协助特别行政区政府维护社会治安或救助自然灾害

危及国家安全既包括外部的威胁和侵害，又包括内部的混乱和疾患。防止和消除来自外部的对特别行政区的威胁和侵害，即对外防务，是由中央全权负责管理的。而来自特别行政区内部的混乱和疾患，即社会治安和自然灾害，属于特别行政区内部的地方事务，是由特别行政区政府负责的。因此，《香港特别行政区基本法》第十四条第二款、第三款分别规定："香港特别行政区政府负责维持香港特别行政区的社会治安。""中央人民政府派驻香港特别行政区负责防务的军队不干预香港特别行政区的地方事务。"《澳门特别行政区基本法》第十四条第二款规定："澳门特别行政区政府负责维持澳门特别行政区的社会治安。"

特别行政区政府在一般情况下有能力维护好特别行政区的社会治安，也有能力应对日常出现的自然灾害。但如果在特别行政区出现特别严重的社会治安问题或自然灾害，超出了特别行政区政府能力范围，在这样的情况下，可能会出现危

及国家安全的情形,中央政府不能放任不管。因此,《香港特别行政区基本法》第十四条第三款规定:"香港特别行政区政府在必要时,可向中央人民政府请求驻军协助维持社会治安和救助灾害。"也就是说,香港驻军不会主动进行协助特别行政区政府维护社会治安或救助自然灾害,而是特别行政区政府认为"有必要时"才进行适当的协助,这跟"香港驻军不干预香港特别行政区的地方事务"规定是一致的。

另外,香港(澳门)驻军协助特别行政区政府维护社会治安或救助自然灾害,还必须遵循法定程序:①由特别行政区政府向中央人民政府提出请求。②特别行政区政府的请求必须得到中央人民政府的批准。③香港(澳门)驻军派出部队执行协助任务还必须有中央军事委员会的命令。

没有依次经过"请求→批准→命令"这三道程序,香港(澳门)驻军不得擅自行动。香港(澳门)驻军完成协助维持社会治安或救助灾害任务后,必须及时返回驻地。这既是香港(澳门)驻军履行防务职责的需要,也是维护特别行政区高度自治的需要。

第二节 任免权、审查权、决定权、批准权、备案权

由中央行使任免权、决定权、批准权,这是特别行政区行政权没有"独立"的体现。由中央行使审查权,这是特别行政区立法权没有"独立"的体现。由中央行使审查权与备案权,体现的是中央对特别行政区的监督权。

一、任免权

任免,是指依法享有任免权的机关按照法律规定,任命某人担任某项职务或免去某人所担任某项职务的行为。在特别行政区基本法范畴内,中央拥有的人事任免权是指中央有关机关依照特别行政区基本法的规定,任免特别行政区政府的主要官员。

(一) 中央对行政长官的任免权

《香港特别行政区基本法》第十五条规定:"中央人民政府依照本法第四章的规定任命香港特别行政区行政长官和行政机关的主要官员。"《澳门特别行政区基

本法》第十五条规定："中央人民政府依照本法有关规定任免澳门特别行政区行政长官、政府主要官员和检察长。"《香港特别行政区基本法》第四十五条和《澳门特别行政区基本法》第四十七条规定，香港(澳门)特别行政区行政长官在当地通过选举或协商产生，由中央人民政府任命。《澳门特别行政区行政长官的产生办法》第一条规定："行政长官由一个具有广泛代表性的选举委员会根据本法选出，由中央人民政府任命。"2021年3月修订的《香港特别行政区行政长官的产生办法》第一条规定："行政长官由一个具有广泛代表性、符合香港特别行政区实际情况、体现社会整体利益的选举委员会根据本法选出，由中央人民政府任命。"

中央人民政府对行政长官的任命权在特别行政区基本法里是非常明确的，这既是中央对特别行政区拥有管辖权的一种体现，也是行政长官须依法对中央人民政府负责的一种体现。按一般的法理，一个机构有权任命官员，原则上也应有权罢免由其任命的官员。行政长官由中央人民政府任命，也应当由中央人民政府予以免职。《澳门特别行政区基本法》第十五条明确规定了由中央人民政府"任免"行政长官，但《香港特别行政区基本法》没有规定行政长官的免职问题，应是立法技术上的原因，并不能由此而否定中央人民政府有免去香港特别行政区行政长官的权力。

（二）中央对主要官员的任免权

中央人民政府任免香港特别行政区行政机关的主要官员。《香港特别行政区基本法》第十五条规定："中央人民政府依照本法第四章的规定任命香港特别行政区行政长官和行政机关的主要官员。"根据《中英联合声明》附件一的规定，香港特别行政区政府的主要官员即相当于"司"级官员，《香港特别行政区基本法》第四十八条规定了香港特别行政区行政长官的职权，其中第五项规定："提名并报请中央人民政府任命下列主要官员：各司司长、副司长，各局局长，廉政专员，审计署署长，警务处处长，入境事务处处长，海关关长；建议中央人民政府免除上述官员职务。"另外，《香港特别行政区维护国家安全法》第十三条第二款规定："香港特别行政区维护国家安全委员会下设秘书处，由秘书长领导。秘书长由行政长官提名，报中央人民政府任命。"也就是，香港维护国家安全委员会秘书长属于"主要官员"范畴。

中央人民政府任免澳门特别行政区行政机关的主要官员。《澳门特别行政区基本法》第五十条规定了行政长官的职权,其中第六项规定:"提名并报请中央人民政府任命下列主要官员:各司司长、廉政专员、审计长、警察部门主要负责人和海关主要负责人;建议中央人民政府免除上述官员职务。"第十项规定:"依照法定程序提名并报请中央人民政府任命检察长,建议中央人民政府免除检察长的职务。"第九十条第二款规定:"澳门特别行政区检察长由澳门特别行政区永久性居民中的中国公民担任,由行政长官提名,报中央人民政府任命。"

需要说明的是,在香港特别行政区的政制架构中,没有检察院的设置,而是设置了律政司,负责主管香港特别行政区的刑事检察工作。律政司在性质上属行政机关,其负责人是行政机关的主要官员,依法应当由中央人民政府任免。澳门实行的是大陆法系模式的司法制度,设立了独立的检察院作为司法机关的一部分。在《中葡联合声明》附件一第二节中,明确规定检察长需由行政长官提名并报请中央人民政府任命。这是由于检察长在职权和地位上相当于特别行政区政府的主要官员。

(三) 中央任免权的性质

任免权在法律上有实质性和象征性之分。实质性的任免权,就是拥有任免权的主体可以自主地决定要不要对被任免人进行任免,简单来讲,就是拥有任免权的主体可以不任免被任免人。而象征性的任免权,就是拥有任免权的主体对被任免人的任免属于法定程序,任免权人不可以不任免被任免人。

特别行政区基本法对行政长官及其行政机关的主要官员的资格和产生办法作了规定,中央人民政府在决定是否任命行政长官及其行政机关的主要官员时,首先会审查候选人是否具备特别行政区基本法规定的法定条件,其次还要审查行政长官候选人是否符合特别行政区基本法附件中的相关规定。所以,中央人民政府在依法行使任免权时,所享有的权力是实质性的权力,也就是说,中央对于有关的候选人有权决定是否予以任命。

一种观点认为,中央对特别行政区实行的政策是"一国两制""港人治港""澳人治澳",因此,行政长官的出任者应以当地居民的意愿为准。而行政机关主要官员的提名权属于行政长官,中央人民政府也应以行政长官的意愿为准,否则即是干涉了特别行政区高度自治权中属于行政长官的行政管理权。这种观点恰恰是割裂了"一国"和"两制"的关系,以"两制"的原则来否认中央任免权的实质性。实际上,中央正是通过行使实质性的人事任免权实现对特别行政区进行管辖和监督,确保和体现了"一国"原则,也很好地表明特别行政区所拥有的行政权不是独立的。

二、审查权

审查,意为检查、分析、核对有关情况。审查权,是指有权机关对被审查对象的行为进行调查核实并评定是否正确、妥当。在特别行政区基本法范畴内,审查权是指全国人民代表大会常务委员会有权审查特别行政区立法机关制定的法律是否符合特别行政区基本法的有关规定。

特别行政区基本法在特别行政区具有最高的法律效力。在特别行政区颁布和实施的任何法律都不能与特别行政区基本法相抵触,特别行政区立法机关制定的法律也不例外。因此,《香港特别行政区基本法》第十一条第二款规定:"香港特别行政区立法机关制定的任何法律,均不得同本法相抵触。"《澳门特别行政区基本法》第十一条第二款规定:"澳门特别行政区的任何法律、法令、行政法规和其他规范性文件均不得同本法相抵触。"也就是,特别行政区基本法赋予了特别行政区立法机关自行制定地方自治范围内的相关法律。但与此同时,中央还要对特别行政区立法机关自行制定法律进行必要的监督,以防止其与特别行政区基本法相抵触。

《宪法》第六十七条规定了"全国人民代表大会常务委员会行使的职权",其中第八项规定:"撤销省、自治区、直辖市国家权力机关制定的同宪法、法律和行政法规相抵触的地方性法规和决议。"根据《宪法》规定,由全国人民代表大会常务委员会对省级地方行政区域权力机关制定的地方性法规进行审查。因此,特别行政区基本法也把对特别行政区立法机关制定法律审查权赋予全国人民代表大会常务委员会。

香港(澳门)特别行政区基本法第十七条第二款规定,香港(澳门)特别行政区的立法机关制定的法律须报全国人民代表大会常务委员会备案。备案不影响该法律的生效。第三款规定:"全国人民代表大会常务委员会在征询其所属的香港(澳门)特别行政区基本法委员会后,如认为香港(澳门)特别行政区立法机关制定的任何法律不符合本法关于中央管理的事务及中央和香港(澳门)特别行政区的关系的条款,可将有关法律发回,但不作修改。经全国人民代表大会常务委员会发回的法律立即失效。该法律的失效,除香港(澳门)特别行政区的法律另有规定外,无溯及力。"根据特别行政区基本法的规定,中央是通过法律的备案审查制度——"备案→审查→发回→失效"机制来保障对特别行政立法机关立法的有效监督。

备案，是指特别行政区的立法机关，须就其制定、通过的每一个法律，及时向全国人民代表大会常务委员会报告，并附上新制定的法律条文，以便全国人民代表大会常务委员会能及时了解特别行政区立法机关的立法情况，并留案备查。按特别行政区基本法"备案不影响该法律的生效"规定来看，备案不是特别行政区法律生效的必经程序。特别行政区立法机关通过法案后，一经行政长官签署、公布，就依法生效，并不是要待"备案"之后才生效。特别行政区立法机关只是把新制定的、已生效的法律，向全国人民代表大会常务委员会报告。如果新制定的法律还没生效，那就存在变更乃至不颁布实施的可能性，也就没有备案审查的必要性。所以，备案审查权属于事后监督权。

全国人民代表大会常务委员会只对特别行政区立法机关制定、涉及主权的法律内容进行审查。全国人民代表大会常务委员会只审查特别行政区立法机关制定的不符合特别行政区基本法关于中央管理的事务及中央和特别行政区的关系的条款。所以，全国人民代表大会常务委员会即使发现上报备案的法律不符合特别行政区基本法中高度自治权范围内的有关规定，也不会将有关法律发回，完全由特别行政区立法机关自行处理。这是因为，特别行政区享有高度自治权，享有立法权，凡是高度自治权范围内的事务，都由特别行政区自行处理，对于这方面的立法，中央是不予审查的。

在审查的过程中，对于特别行政区立法机关制定的法律，全国人民代表大会常务委员会只发回，不作修改。全国人民代表大会常务委员会如认为特别行政区立法机关制定的法律违反特别行政区基本法中的相关条款，也只是将其"发回"，但不作修改。这实际上是将法律交由特别行政区自行修改和处理，这是为了尊重和维护特别行政区的高度自治权。

当然，全国人民代表大会常务委员会"发回"法律的效力仍是刚性的，即一经发回的法律立即失效。法律的失效原则上无溯及力，除非特别行政区的法律另有规定，这仍然表明中央在最大程度上尊重特别行政区的高度自治权。而且，全国人民代表大会常务委员会在决定发回上报备案的法律前，须征询其下属的特别行政区基本法委员会的意见，这也是为了表示中央对特别行政区高度自治权的尊重和行使监督权的谨慎性。

三、决定权

决定权,是有权机关对具体事件进行讨论和决定的权力。在特别行政区基本法范畴内,决定权是指中央对与特别行政区有关的涉及主权范围内的重大事项作出最终决定的权力。

(一) 决定在特别行政区实施的全国性法律

香港(澳门)特别行政区基本法第十八条第二款规定,全国性法律除列于本法附件三者外,不在香港(澳门)特别行政区实施。也就是说,基于"一国两制"方针的要求,中国大部分的全国性法律不在特别行政区实施,只有已明确列于特别行政区基本法附件三的全国性法律才在特别行政区实施。

在1990年4月4日颁布的《香港特别行政区基本法》附件三中,只有六部全国性的法律:《关于中华人民共和国国都、纪年、国歌、国旗的决议》《关于中华人民共和国国庆日的决议》《中央人民政府公布中华人民共和国国徽的命令》(附:国徽图案、说明、使用办法)《中华人民共和国政府关于领海的声明》《中华人民共和国国籍法》《中华人民共和国外交特权与豁免条例》。

在1993年3月31日颁布的《澳门特别行政区基本法》附件三中,只有八部全国性的法律:《关于中华人民共和国国都、纪年、国歌、国旗的决议》《关于中华人民共和国国庆日的决议》《中华人民共和国国籍法》《中华人民共和国外交特权与豁免条例》《中华人民共和国领事特权与豁免条例》《中华人民共和国国旗法》《中华人民共和国国徽法》《中华人民共和国领海及毗连区法》。

特别行政区基本法在颁布时已列于附件三的全国性法律,体现的是国家最高权力机关的立法权。全国人民代表大会常务委员会有权决定对已列入基本法附件三中的全国性法律予以增减,这体现为中央的决定权。香港(澳门)特别行政区基本法在第十八条第三款规定,全国人民代表大会常务委员会在征询其所属的香港(澳门)特别行政区基本法委员会和香港(澳门)特别行政区政府的意见后,可对列于本法附件三的法律作出增减,任何列入附件三的法律,限于有关国防、外交和其他按本法规定不属于香港(澳门)特别行政区自治范围的法律。根据特别行政区基本法的规定,全国人民代表大会常务委员会增减在特别行政区实施的全国性法律的决定权不是任意行使的,而是依法进行:一是要事先征询其所属的香港(澳门)特别行政区基本法委员会和香港(澳门)特别行政区政府的意见;二是仅限于有关国防、外交和其他按本法规定不属于特别行政区自治范围的法律。

因为中央立法机关的立法活动一直在进行,会不断有新的涉及国防、外交等主权范围内事务的法律被制定出来。一旦制定出这些新的法律,全国人民代表大会常务委员会就有权决定将新制定的法律适用于特别行政区。1997年7月1日,全国人民代表大会常务委员会决定在《香港特别行政区基本法》附件三增列五部法律:《中华人民共和国国旗法》《中华人民共和国国徽法》《中华人民共和国领事特权与豁免条例》《中华人民共和国领海及毗连区法》和《中华人民共和国香港特别行政区驻军法》(该法已在1999年12月20日澳门回归时列入《澳门特别行政区基本法》附件三)。同时,由于《中华人民共和国国徽法》的颁布实施,《中央人民政府公布中华人民共和国国徽的命令》(附:国徽图案、说明、使用办法)在《香港特别行政区基本法》和《澳门特别行政区基本法》附件三中删除。1998年11月4日,全国人民代表大会常务委员在《香港特别行政区基本法》附件三增列《中华人民共和国专属经济区和大陆架法》(该法已在1999年12月20日澳门回归时列入《澳门特别行政区基本法》附件三)。后来,全国人民代表大会常务委员分别于2005年10月27日和2017年11月4日,决定在《香港特别行政区基本法》和《澳门特别行政区基本法》附件三分别增列《中华人民共和国外国中央银行财产司法强制措施豁免法》和《中华人民共和国国歌法》。2020年6月30日,全国人民代表大会常务委员决定把《中华人民共和国香港特别行政区维护国家安全法》增列入《香港特别行政区基本法》附件三。

(二) 决定特别行政区进入战争状态和紧急状态

战争状态,是指当国家安全受到严重威胁时,将军队处于最高级的备战准备,并向全国发布战争动员令的一种战斗紧张形势。一旦进入战争状态,交战国之间的外交关系、经济贸易等关系即告断绝,原签订的协议也告中止,双方将撤回外交人员和侨民。战争状态通常以签订停战或和平协定而告结束,也有战胜国单方面宣布结束战争状态的。

紧急状态,是指发生或者即将发生特别重大突发事件,需要国家机关行使紧急权力予以控制、消除其社会危害和威胁时,有关国家机关按照宪法、法律规定的权限决定并宣布局部地区或者全国实行的一种临时性的严重危急状态。实行紧急状态的目的是通过对国家一些权力的调整、对社会成员一些权利义务的重新确定，以及时、有效地控制、消除威胁和危害。换句话说，就是要对一些重要法律问题作出新的安排，而且这种新的安排赋予国家一种特别权力，可以对宪法和法律关于国家活动和个人权利的某些规定加以调整。实行紧急状态的条件和期限都要受到严格的限制，绝对不允许将紧急状态永久化，一旦实施紧急状态的条件不再存在，必须依照法定程序及时宣布解除。

《宪法》第六十七条规定了全国人民代表大会常务委员会行使的职权，其中第十九项规定："在全国人民代表大会闭会期间，如果遇到国家遭受武装侵犯或者必须履行国际间共同防止侵略的条约的情况，决定战争状态的宣布。"第二十一项规定："决定全国或者个别省、自治区、直辖市进入紧急状态。"按宪法的规定，宣布全国进入战争状态和全国、省级地方行政区域进入紧急状态的权限属于全国人民代表大会常务委员会。因此,香港(澳门)特别行政区基本法第十八条第四款规定,(在)全国人民代表大会常务委员会决定宣布战争状态或因香港(澳门)特别行政区内发生香港(澳门)特别行政区政府不能控制的危及国家统一或安全的动乱而决定香港(澳门)特别行政区进入紧急状态(时)，中央人民政府可发布命令将有关全国性法律在香港(澳门)特别行政区实施。

按特别行政区基本法的规定，全国人民代表大会常务委员会宣布特别行政区进入紧急状态，须具备以下条件：一是在特别行政区发生了严重的动乱；二是这些动乱直接危及国家的统一和安全，危害到国家对香港、澳门行使主权；三是特别行政区政府无力控制已经发生或正在发生的严重动乱。从这些条件可看出，宣布特别行政区进入紧急状态的目的是尽快恢复特别行政区的秩序和安全，维护国家的主权和统一。为了实现这一目的，中央人民政府有权发布命令，将处置紧急状态的全国性法律直接在特别行政区实施，以便处理或平息动乱。

(三) 决定特别行政区全国人民代表大会代表的选举事宜

《宪法》第五十九条第一款规定："全国人民代表大会由省、自治区、直辖市、特别行政区和军队选出的代表组成。"香港(澳门)特别行政区基本法在第二十一条规定，香港(澳门)特别行政区居民中的中国公民依法参与国家事务的管理。根据全国人民代表大会确定的(代表)名额和代表产生办法，由香港(澳门)特别行政区居民中的中国公民在香港(澳门)选出香港(澳门)特别行政区的全国人民代表大会代表，参加最高国家权力机关的工作。

中国《选举法》第二条第一款规定:"全国人民代表大会的代表,省、自治区、直辖市、设区的市、自治州的人民代表大会的代表,由下一级人民代表大会选举。"按《选举法》的一般规定,省级地方行政区域的全国人大代表要由下一级人民代表大会选举产生。但因为特别行政区不实行人民代表大会制度,不建立人民代表大会,所以特别行政区的全国人大代表必须由特别程序产生。为了做好在特别行政区选举产生全国人民代表大会代表的工作,全国人民代表大会常务委员会有权决定特别行政区分别产生的全国人民代表大会代表的名额及其选举办法。

在每届(五年一届)全国人民代表大会召开以前,都由全国人民代表大会常务委员会制定出《特别行政区选举全国人民代表大会代表的办法》草案,交全国人民代表大会进行表决通过。香港、澳门回归以来,全国人大已经分别制定了第九届至第十三届香港(澳门)特别行政区选举全国人大代表的办法,在香港(澳门)选举产生了五届全国人大代表。2017 年 3 月 15 日,由第十二届全国人民代表大会第五次会议通过《香港(澳门)特别行政区选举第十三届全国人民代表大会代表的办法》,据此规定:"香港特别行政区应选第十三届全国人民代表大会代表的名额为三十六名""澳门特别行政区应选第十三届全国人民代表大会代表的名额为十二名"。

(四) 决定国际协议是否适用于特别行政区

国际协议包括国际条约和国际契约。国际条约,是指国际法主体间缔结的相互权利义务关系的书面协议,是国际法的首要渊源。广义的条约,除以"条约"为名的协议外,还包括公约、宪章、盟约、规约、协定、议定书、换文、最后决定书、联合宣言等。狭义的条约,仅指重要的、以条约为名的国际协议,如同盟条约、边界条约、通商航海条约等。国际契约,是国家、地方政府、社会团体及法人在国际外事活动中与外国非政府的社会团体及法人之间订立的,用以规定相互之间权利和义务的协议性文书。其中,以涉外合同最为常见。国际契约与国际条约的区别在于,国际条约是由国家政府之间缔结的协议,而国际契约是非政府性的机构之间或政府与非政府机构之间缔结的协议。

从一般法理来讲,中国中央政府作为一方主体签署并生效的国际协议,在中国主权范围内有效力。但因为在特别行政区实行"一国两制"、高度自治的政策,中央政府签订的国际协议就不一定适用于特别行政区。《香港特别行政区基本法》第一百五十三条第一款规定："中华人民共和国缔结的国际协议，中央人民政府可根据香港特别行政区的情况和需要，在征询香港特别行政区政府的意见后，决定是否适用于香港特别行政区。"《澳门特别行政区基本法》第一百三十八条第一款规定："中华人民共和国缔结的国际协议，中央人民政府可根据情况和澳门特别行政区的需要，在征询澳门特别行政区政府的意见后，决定是否适用于澳门特别行政区。"按特别行政区基本法的规定，中央政府签订的国际协议哪些适用于特别行政区，其最终的决定权在中央人民政府。当然，中央人民政府并不任意行使决定权，作出决定的事实基础在于根据情况和香港(澳门)特别行政区的需要，在作出最终决定之前征询香港(澳门)特别行政区政府的意见。其背后的含义应是遵循"有利于特别行政区"的原则，即有利于特别行政区的国际协议就适用于特别行政区，不利于或无利于特别行政区的国际协议就不适用于特别行政区。

（五）决定内地公民定居特别行政区的人数

《中国公民往来内地与香港或者澳门特别行政区管理条例》第八条规定："内地居民有下列情形之一的，可以申请前往香港或者澳门定居：(一)夫妻一方定居香港或者澳门的；(二)第一项所列申请人的未满十八周岁的子女与父亲或者母亲同行赴香港或者澳门定居的；(三)在香港或者澳门特别行政区成立以前或者以后在香港或者澳门出生的中国公民在内地所生的中国籍子女；或者在香港或者澳门特别行政区成立以前或者以后在香港或者澳门通常居住连续七年以上的中国公民在其成为香港或者澳门永久性居民后在内地所生的中国籍子女；(四)需要前往照料在香港或者澳门定居的，年龄都在六十周岁以上且在香港或者澳门无子女的父母的；(五)未满十八周岁，需要投靠在香港或者澳门定居的父母的；(六)年龄在六十周岁以上且在内地无子女，需要投靠在香港或者澳门定居的子女的；(七)有其他特殊情况，需要前往香港或者澳门定居的。"

《中国公民往来内地与香港或者澳门特别行政区管理条例》规定的只是内地公民定居特别行政区的资格，但并不意味着只要符合条件的内地公民就一定能到特别行政区定居。这是因为香港和澳门都是人口密度很高的地区，短时间大量内地居民移居香港或澳门会给这两个城市的公共设施和公共资源带来很大的压力，不利于特别行政区本身的发展。据此，《香港特别行政区基本法》在第二十二条第四款规定:"中国其他地区的人进入香港特别行政区须办理批准手续,其中进入香港特别行政区定居的人数由中央人民政府主管部门征求香港特别行政区政府的意见后确定。"《澳门特别行政区基本法》在第二十二条第四款规定:"各省、自治区、直辖市的人进入澳门特别行政区须办理批准手续,其中进入澳门特别行政区定居的人数由中央人民政府主管部门征求澳门特别行政区政府的意见后确定。"《中国公民往来内地与香港或者澳门特别行政区管理条例》第六条规定:"内地居民前往香港或者澳门定居的人数,由中央人民政府主管部门征求香港或者澳门特别行政区政府的意见后确定。公安部每年根据定额和申请人数,确定受理申请的标准,安排受理审批的进度,并对外公布。"

(六) 决定是否弹劾行政长官

《香港特别行政区基本法》第七十三条规定了香港特别行政区立法会的职权,其中第九项规定:"如立法会全体议员的四分之一联合动议,指控行政长官有严重违法或渎职行为而不辞职,经立法会通过进行调查,立法会可委托终审法院首席法官负责组成独立的调查委员会,并担任主席。调查委员会负责进行调查,并向立法会提出报告。如该调查委员会认为有足够证据构成上述指控,立法会以全体议员三分之二多数通过,可提出弹劾案,报请中央人民政府决定。"《澳门特别行政区基本法》第七十一条规定了澳门特别行政区立法会的职权,其中第七项规定:"如立法会全体议员三分之一联合动议,指控行政长官有严重违法或渎职行为而不辞职,经立法会通过决议,可委托终审法院院长负责组成独立的调查委员会进行调查。调查委员会如认为有足够证据构成上述指控,立法会以全体议员三分之二多数通过,可提出弹劾案,报请中央人民政府决定。"

按特别行政区基本法的规定,弹劾行政长官的法定程序是"议员联合动议→调查委员会调查→立法会提出弹劾案→中央人民政府决定"。从弹劾行政长官法定程序的设定来看,中央不能主动去弹劾行政长官,而特别行政区立法会也只是拥有弹劾行政长官的动议权,中央则对是否弹劾行政长官拥有最终的决定权。

四、批准权

批准权,是指有权主体对特定事情认可和同意的权力。批准权针对的是"特定事情",所以批准权一般采用"一事一批"的原则。在特别行政区基本法范畴内,批准权是指与特别行政区有关的并涉及外交、防务或国家主权范围内的事务,能否施行须经中央人民政府同意或允许。

(一) 批准外国在特别行政区设立领事机构

领事,是指一国根据协议派驻他国某城市或某地区的代表。领事一般有总领事、领事、副领事和领事代理人。领事机构,是领事代表机关的总称。根据《维也纳领事关系公约》,领馆分为总领事馆、领事馆、副领事馆和领事代理处。

领事机构(以下简称"领馆")与外交机构(以下简称"使馆")的主要区别有:第一,领馆一般只在接受国的领区内,执行各种由相关条约和法律所规定或依国际惯例所实行的领事职务;使馆在接受国中"代表派遣国",处理与接受国间的全部外交事务。第二,领馆一般只能与领区内的地方主管当局联系或办理交涉;使馆有权"与接受国政府办理交涉"。第三,领馆一般仅限于保护本馆辖区内的派遣国及其国民的利益;使馆保护接受国全境内的派遣国及其国民的利益。第四,领馆和使馆虽均有促进两国友好关系的职务,但两者在性质和层次上有差别。第五,领事官员只有在一定条件下得准予承办外交事务,而外交代表可同时执行领事职务。

在特别行政区设立领事机构或其他官方或半官方的机构,属于外交方面的事务,处理此等事务的权限,应由中央人民政府负责,即外国在特别行政区设立领事机构等必须得到中央人民政府的批准。因此,《香港特别行政区基本法》第一百五十七条和《澳门特别行政区基本法》第一百四十二条都在第一款规定:"外国在香港(澳门)特别行政区设立领事机构或其他官方、半官方机构,须经中央人民政府批准。"

(二) 批准外国军用船只进入特别行政区

《中华人民共和国领海及毗连区法》第六条规定:"外国非军用船舶,享有依法无害通过中华人民共和国领海的权利。外国军用船舶进入中华人民共和国领海,须经中华人民共和国政府批准。"《香港特别行政区基本法》第一百二十六条和《澳门特别行政区基本法》第一百一十六条第三款规定:"除外国军用船只进入香港(澳门)特别行政区须经中央人民政府特别许可外,其他船舶可根据香港(澳门)特别行政区法律进出其港口。"

(三) 批准各省市在特别行政区设立机构

香港(澳门)特别行政区基本法在第二十二条第二款规定,中央各部门、各省、自治区、直辖市如需在香港(澳门)特别行政区设立机构,须征得香港(澳门)特别行政区政府同意并经中央人民政府批准。也就是说,中央各部门、各省、自治区、直辖市不能任意在特别行政区设立机构。如需设置,不仅要征得特别行政区政府同意,还要经中央人民政府批准,这体现了"尊重特别行政区自治权"的立法意图,也进一步确保了香港(澳门)特别行政区基本法第二十二条第一款规定"中央人民政府所属各部门、各省、自治区、直辖市均不得干预香港(澳门)特别行政区根据本法自行管理的事务"的实现。

(四) 批准澳门行政长官的代理

《澳门特别行政区基本法》第五十五条规定:"澳门特别行政区行政长官短期不能履行职务时,由各司司长按各司的排列顺序临时代理其职务。各司的排列顺序由法律规定。行政长官出缺时,应在一百二十日内依照本法第四十七条的规定产生新的行政长官。行政长官出缺期间的职务代理,依照本条第一款规定办理,并报中央人民政府批准。代理行政长官应遵守本法第四十九条的规定。"《香港特别行政区基本法》第五十三条规定:"香港特别行政区行政长官短期不能履行职务时,由政务司长、财政司长、律政司长依次临时代理其职务。行政长官缺位时,应在六个月内依本法第四十五条的规定产生新的行政长官。行政长官缺位期间的职务代理,依照上款规定办理。"

行政长官出缺,即行政长官辞职、亡故或其他原因出现的行政长官缺位。这样需重新推选行政长官,在新的行政长官没有产生前,由各司司长临时代理行政长官的职务。按《澳门特别行政区基本法》的规定,澳门特别行政区行政长官的代理人选要经过中央的批准。但是,香港特别行政区行政长官的代理人选未规定需要经过中央的批准。

(五) 批准澳门行政长官选举办法的变更

《澳门特别行政区行政长官的产生办法》第七条规定:"二〇〇九年及以后各任行政长官的产生办法如需修改,须经立法会全体议员三分之二多数通过,行政长官同意,并报全国人民代表大会常务委员会批准。"按 2011 年 12 月 31 日全国人民代表大会常务委员会对以上条款解释的规定,《澳门特别行政区行政长官的产生办法》修改法定程序是"行政长官提请→全国人民代表大会常务委员会同意→立法会通过→行政长官同意→全国人民代表大会常务委员会批准"。

按原《香港特别行政区行政长官的产生办法》第七条规定,中央同样对香港行政长官选举办法的变更拥有批准权,但按 2021 年 3 月 30 日修改后的《香港特别行政区行政长官的产生办法》第十条的规定,中央对香港特别行政区行政长官选举办法拥有修改权,而不再是选举办法修改的批准权。

五、备案权

备案,是指向主管机关报告事由存案以备查考。在特别行政区基本法范畴内,备案权是指特别行政区在作出某些行为后,要履行向中央告知的义务,中央有权知悉其具体情况,以作为中央下一步行动的基础。特别行政区需要向中央备案的事项包括以下几个方面。

(1) 财政预算、决算须报中央人民政府备案。《香港特别行政区基本法》第四十八条和《澳门特别行政区基本法》第五十条规定了行政长官行使的职权,都在其中的第三项第二目规定:"签署立法会通过的财政预算案,将财政预算、决算报中央人民政府备案。"

(2) 特定法官任免须报全国人民代表大会常务委员会备案。《香港特别行政区基本法》第九十条第二款规定:"除本法第八十八条和第八十九条规定的程序外,香港特别行政区终审法院的法官和高等法院首席法官的任命或免职,还须由行政长官征得立法会同意,并报全国人民代表大会常务委员会备案。"《澳门特别行政区基本法》第八十七条第四款规定:"终审法院法官的任命和免职须报全国人民代表大会常务委员会备案。"第八十八条第三款规定:"终审法院院长的任命和免职须报全国人民代表大会常务委员会备案。"

(3) 在外国设立官方或半官方的经济和贸易机构须报中央人民政府备案。《香港特别行政区基本法》第一百五十六条和《澳门特别行政区基本法》第一百四十一条规定:"香港(澳门)特别行政区可根据需要在外国设立官方或半官方的经济和贸易机构,报中央人民政府备案。"

(4) 澳门立法会产生办法改变须报全国人民代表大会常务委员会备案。《澳门特别行政区立法会的产生办法》第三条规定:"二〇〇九年及以后澳门特别行政区立法会的产生办法如需修改,须经立法会全体议员三分之二多数通过,行政长官同意,并报全国人民代表大会常务委员会备案。"按 2011 年 12 月 31 日全国人民代表大会常务委员会对以上条款解释的规定,《澳门特别行政区立法会的产生办法》修改法定程序是"行政长官提请→全国人民代表大会常务委员会同意→立法会通过→行政长官同意→全国人民代表大会常务委员会备案"。按原《香港特别行政区立法会的产生办法和表决程序》第三条规定,中央同样对香港特别行政区立法会选举办法的变更拥有备案权,但按 2021 年 3 月 30 日修改后的《香港特别行政区立法会的产生办法和表决程序》第八条的规定,中央对香港特别行政区立法会选举办法拥有修改权,而不再是选举办法修改的备案权。

第三节 特别行政区基本法的解释权与修改权

虽然特别行政区基本法授权特别行政区法院可以对特别行政区基本法进行解释,但特别行政区基本法的最终解释权归全国人民代表大会常务委员会拥有。在实践上,全国人民代表大会常务委员会共对《香港特别行政区基本法》作了五次解释,对《澳门特别行政区基本法》作了一次解释。特别行政区基本法是由全国人民代表大会通过颁布的,只有全国人民代表大会才有权修改特别行政区基本法。

一、特别行政区基本法的解释权

法律解释,是指一定的解释主体根据法定权限和程序,按照一定的标准和原则,对法律的含义以及法律所使用的概念、术语等进行进一步说明的活动。根据解释主体的不同,法律解释可以分为立法解释、行政解释和司法解释。

中国的法律,包括特别行政区基本法的解释权,是由全国人民代表大会常务委员会行使的。《宪法》第六十七条规定了全国人民代表大会常务委员会行使的职权,其中的第四项规定:"解释法律。"中国《立法法》第四十五条规定:"法律解释权属于全国人民代表大会常务委员会。法律有以下情况之一的,由全国人民代表大会常务委员会解释:(一)法律的规定需要进一步明确具体含义的;(二)法律制定后出现新的情况,需要明确适用法律依据的。"中国法律解释权由全国人民代表大会常务委员会行使,特别行政区基本法的解释权也不例外。所以,《香港特别行政区基本法》第一百五十八条和《澳门特别行政区基本法》第一百四十三条都在第一款规定:"本法的解释权属于全国人民代表大会常务委员会。"

全国人民代表大会常务委员会对"特别行政区基本法关于特别行政区自治范围内的条款"的解释权完全授权给特别行政区法院。《香港特别行政区基本法》第一百五十八条和《澳门特别行政区基本法》第一百四十三条都在第二款规定,全国人民代表大会常务委员会授权香港(澳门)特别行政区法院在审理案件时对本法关于香港(澳门)特别行政区自治范围内的条款自行解释。以上规定,强调了特别行政区法院拥有的解释权源于全国人民代表大会常务委员会的授权,即特别行政区基本法的解释权本应全部归属全国人民代表大会常务委员会,但为了体现和维护特别行政区高度自治权,全国人民代表大会常务委员会把本应归属自身的解释权部分授权给特别行政区法院行使。

从授权范围来看,只要是关于特别行政区自治范围内的条款,特别行政区法院都拥有解释权;从授权程度上看,对"特别行政区基本法关于特别行政区自治范围内的条款"的解释权,全国人民代表大会常务委员会全部授权给特别行政区法院,即全国人民代表大会常务委员会对特别行政区法院解释"特别行政区基本法关于特别行政区自治范围内的条款"的行为不加任何限制。

全国人民代表大会常务委员会对"特别行政区基本法关于特别行政区自治范围以外的条款"的解释权,在一定限制内也授权给了特别行政区法院。《香港特别行政区基本法》第一百五十八条和《澳门特别行政区基本法》第一百四十三条都在第三款规定,香港(澳门)特别行政区法院在审理案件时对本法的其他条款也可解释。但如香港(澳门)特别行政区法院在审理案件时需要对本法关于中央人民政府管理的事务或中央和香港(澳门)特别行政区关系的条款进行解释,而该条款的解释又影响到案件的判决,在对该案件作出不可上诉的终局判决前,应由香港(澳门)特别行政区终审法院(提)请全国人民代表大会常务委员会对有关条款作出解释。如全国人民代表大会常务委员会作出解释,香港(澳门)特别行政区法院在引用该条款时,应以全国人民代表大会常务委员会的解释为准。但在此以前作出的判决不受影响。以上规定中的"本法的其他条款",是指特别行政区基本法中"关于特别行政区自治范围内的条款"以外的法律条款;"也可解释",是指特别行政区法院也被授权拥有"特别行政区基本法关于特别行政区自治范围以外的条款"的解释权。

特别行政区法院对"特别行政区基本法关于特别行政区自治范围以外的条

款"的解释权是不完全的。有别于对"特别行政区基本法关于特别行政区自治范围内的条款"解释权的完整性，特别行政区法院对"特别行政区基本法关于特别行政区自治范围以外的条款"的解释权是受到一定限制的。这样的限制，体现在对"中央人民政府管理的事务或中央和香港(澳门)特别行政区关系的条款"的解释方面。如果全国人民代表大会常务委员会和特别行政区法院都对"中央人民政府管理的事务或中央和香港(澳门)特别行政区关系的条款"作了解释，那么，全国人民代表大会常务委员会解释的效力高于特别行政区法院的解释，即如果全国人民代表大会常务委员会已对"中央人民政府管理的事务或中央和香港(澳门)特别行政区关系的条款"作出解释，特别行政区法院在引用该条款时，应以全国人民代表大会常务委员会的解释为准。

全国人民代表大会常务委员会在对特别行政区基本法作出解释前，需征询特别行政区基本法委员会的意见。特别行政区基本法委员会是全国人民代表大会常务委员会下设的工作委员会，其任务是针对有关特别行政区基本法在实施中的问题进行研究，并向全国人民代表大会常务委员会提供意见。特别行政区基本法委员会由内地和特别行政区委员组成(香港基本法委员会由12名委员组成，内地和香港委员各6人；澳门基本法委员会由10名组成，内地和澳门委员各5人)。香港委员，由在外国无居留权的香港特别行政区永久性居民中的中国公民担任，经香港特别行政区行政长官、立法会主席和终审法院首席法官联合提名，报全国人民代表大会常务委员会任命；澳门委员，由在外国无居留权的澳门特别行政区永久性居民中的中国公民担任，经澳门特别行政区行政长官、立法会主席和终审法院院长联合提名，报全国人民代表大会常务委员会任命。为了使全国人民代表大会常务委员会对特别行政区基本法的解释更具科学性和可接受性，以及能充分听取香港和澳门人士的意见，《香港特别行政区基本法》第一百五十八条和《澳门特别行政区基本法》第一百四十三条都在第四款规定，全国人民代表大会常务委员会在对本法进行解释前，征询其所属的香港(澳门)特别行政区基本法委员会的意见。

二、全国人民代表大会常务委员会对《香港特别行政区基本法》的五次解释

(一) 居港权问题与1999年对第二十二条第四款和第二十四条第二款第(三)项的解释

《香港特别行政区基本法》第二十二条第四款规定:"中国其他地区的人进入香港特别行政区须办理批准手续,其中进入香港特别行政区定居的人数由中央人民政府主管部门征求香港特别行政区政府的意见后确定。"第二十四条第二款规定了"成为香港永久性居民的条件",其中第三项规定:"第(一)(在香港特别行政区成立以前或以后在香港出生的中国公民)、(二)(在香港特别行政区成立以前或以后在香港通常居住连续七年以上的中国公民)两项所列居民在香港以外所生的中国籍子女。"这两个法条合在一起产生了两个问题:一是香港永久性居民在内地所生的中国籍子女拥有香港永久性居民资格后,他们进入香港还要不要办理相关申请手续;二是香港永久性居民在内地所生的中国籍子女,在其出生的时候,其父母的一方或双方是否必须具有香港永久性居民的身份(因为存在内地所生的中国籍子女先出生,其父母的一方或双方是其出生后才取得香港永久性居民身份的情形)。

1999年6月26日,第九届全国人民代表大会常务委员会第十次会议通过了国务院《关于提请解释〈中华人民共和国香港特别行政区基本法〉第二十二条第四款和第二十四条第二款第(三)项的议案》,对第二十二条第四款和第二十四条第二款第(三)项作如下解释:

第一,《香港特别行政区基本法》第二十二条第四款关于"中国其他地区的人进入香港特别行政区须办理批准手续"的规定,是指各省、自治区、直辖市的人,包括香港永久性居民在内地所生的中国籍子女,不论以何种事由要求进入香港特别行政区,均须依照国家有关法律、行政法规的规定,向其所在地区的有关机关申请办理批准手续,并须持有关机关制发的有效证件方能进入香港特别行政区。各省、自治区、直辖市的人,包括香港永久性居民在内地所生的中国籍子女,进入香港特别行政区,如未按国家有关法律、行政法规的规定办理相应的批准手续,

是不合法的。

第二，《香港特别行政区基本法》第二十四条第二款前三项规定："香港特别行政区永久性居民为：(一)在香港特别行政区成立以前或以后在香港出生的中国公民；(二)在香港特别行政区成立以前或以后在香港通常居住连续七年以上的中国公民；(三)第(一)、(二)两项所列居民在香港以外所生的中国籍子女。"其中第三项关于"第(一)、(二)两项所列居民在香港以外所生的中国籍子女"的规定，是指无论本人是在香港特别行政区成立以前或以后出生，在其出生时，其父母双方或一方须是符合《中华人民共和国香港特别行政区基本法》第二十四条第二款第(一)项或第(二)项规定条件的人。

(二) 香港政制发展与2004年对附件一第七条和附件二第三条的解释

《香港特别行政区基本法》附件一《香港特别行政区行政长官的产生办法》第七条规定："二〇〇七年以后各任行政长官的产生办法如需修改，须经立法会全体议员三分之二多数通过，行政长官同意，并报全国人民代表大会常务委员会批准。"附件二《香港特别行政区立法会的产生办法和表决程序》第三条规定："二〇〇七年以后香港特别行政区立法会的产生办法和法案、议案的表决程序，如需对本附件的规定进行修改，须经立法会全体议员三分之二多数通过，行政长官同意，并报全国人民代表大会常务委员会备案。"

香港社会对《香港特别行政区基本法》附件一第七条和附件二第三条的规定，存在着不同的理解和认识，主要集中在四个问题上：①"二〇〇七年以后"是否含二〇〇七年；②"如需"修改是否必须修改；③由谁确定需要修改及由谁提出修改法案；④如不修改是否继续适用现行规定。

2004年4月6日，第十届全国人民代表大会常务委员会第八次会议审议通过了《全国人民代表大会常务委员会关于〈中华人民共和国香港特别行政区基本法〉附件一第七条和附件二第三条的解释》的议案，作如下解释：

第一，上述两个附件中规定的"二〇〇七年以后"，含二〇〇七年。

第二，上述两个附件中规定的二〇〇七年以后各任行政长官的产生办法、立法会的产生办法和法案、议案的表决程序"如需"修改，是指可以进行修改，也可以不进行修改。

第三，上述两个附件中规定的须经立法会全体议员三分之二多数通过，行政长官同意,并报全国人民代表大会常务委员会批准或者备案,是指行政长官的产生办法和立法会的产生办法及立法会法案、议案的表决程序修改时必经的法律程序。只有经过上述程序,包括最后全国人民代表大会常务委员会依法批准或者备案,该修改方可生效。是否需要进行修改,香港特别行政区行政长官应向全国人民代表大会常务委员会提出报告,由全国人民代表大会常务委员会依照《香港特别行政区基本法》第四十五条和第六十八条规定,根据香港特别行政区的实际情况和循序渐进的原则确定。修改行政长官产生办法和立法会产生办法及立法会法案、议案表决程序的法案及其修正案,应由香港特别行政区政府向立法会提出。

第四,行政长官的产生办法、立法会的产生办法和法案、议案的表决程序如果不作修改,行政长官的产生办法仍适用附件一关于行政长官产生办法的规定;立法会的产生办法和法案、议案的表决程序仍适用附件二关于第三届立法会产生办法的规定和附件二关于法案、议案的表决程序的规定。

(三) 补选行政长官的任期与2005年对第五十三条第二款的解释

2005年3月12日,董建华以"健康为由"辞去行政长官职务,曾荫权于2005年6月24日经补选成为新的行政长官。因为《香港特别行政区基本法》第五十三条第二款规定:"行政长官缺位时,应在六个月内依本法第四十五条的规定产生新的行政长官。"这时就出现一个问题:曾荫权补选的行政长官任期是五年(行政长官一届的任期是五年),还是董建华第二任行政长官剩余的任期(董建华第二任行政长官的任期是2002年7月1日至2007年6月30日)。

2005年4月27日,第十届全国人民代表大会常务委员会第十五次会议通过了国务院《关于提请解释〈中华人民共和国香港特别行政区基本法〉第五十三条第二款的议案》,作如下解释:

《香港特别行政区基本法》第五十三条第二款规定:"行政长官缺位时,应在六个月内依本法第四十五条的规定产生新的行政长官。"其中"依本法第四十五条的规定产生新的行政官",既包括新的行政长官应依据《香港特别行政区基本法》第四十五条规定的产生办法产生,也包括新的行政长官的任期应依据《香港特别行政区基本法》第四十五条规定的产生办法确定。

《香港特别行政区基本法》第四十五条第三款规定:"行政长官产生的具体办法由附件一《香港特别行政区行政长官的产生办法》规定。"附件一第一条规定:

"行政长官由一个具有广泛代表性的选举委员会根据本法选出,由中央人民政府任命。"第二条规定:"选举委员会每届任期五年。"第七条规定:"二〇〇七年以后各任行政长官的产生办法如需修改,须经立法会全体议员三分之二多数通过,行政长官同意,并报全国人民代表大会常务委员会批准。"上述规定表明,二〇〇七年以前,在行政长官由任期五年的选举委员会选出的制度安排下,如出现行政长官未任满《香港特别行政区基本法》第四十六条规定的五年任期导致行政长官缺位的情况,新的行政长官的任期应为原行政长官的剩余任期;二〇〇七年以后,如对上述行政长官产生办法作出修改,届时出现行政长官缺位的情况,新的行政长官的任期应根据修改后的行政长官具体产生办法确定。

(四) 国家对外事务和香港法院管辖范围与 2011 年对第十三条第一款和第十九条的解释

《香港特别行政区基本法》第十三条第一款规定:"中央人民政府负责管理与香港特别行政区有关的外交事务。"第十九条规定:"香港特别行政区享有独立的司法权和终审权。香港特别行政区法院除继续保持香港原有法律制度和原则对法院审判权所作的限制外,对香港特别行政区所有的案件均有审判权。香港特别行政区法院对国防、外交等国家行为无管辖权。香港特别行政区法院在审理案件中遇有涉及国防、外交等国家行为的事实问题,应取得行政长官就该等问题发出的证明文件,上述文件对法院有约束力。行政长官在发出证明文件前,须取得中央人民政府的证明书。"

香港特别行政区终审法院在审理一起与刚果民主共和国有关的案件时,涉及香港特别行政区是否应适用中央人民政府决定采取的国家豁免规则或政策的问题。为此,香港特别行政区终审法院依据《香港特别行政区基本法》第一百五十八条第三款的规定,提请全国人民代表大会常务委员会解释如下问题:

(1) 根据第十三条第一款的真正解释,中央人民政府是否有权力决定中华人民共和国的国家豁免规则或政策。

(2) 如有此权力的话,根据第十三条第一款和第十九条的真正解释,香港特别行政区(以下简称"香港特区")(包括香港特区的法院)是否:①有责任援用或实施中央人民政府根据第十三条第一款所决定的国家豁免规则或政策;或②反之,可随意偏离中央人民政府根据第十三条第一款所决定的国家豁免规则或政策,并采取一项不同的规则。

(3) 中央人民政府决定国家豁免规则或政策是否属于《香港特别行政区基本法》第十九条第三款第一句中所说的"国防、外交等国家行为"。

(4) 香港特区成立后,第十三条第一款、第十九条和香港作为中华人民共和国的特别行政区的地位,对香港原有(即1997年7月1日之前)的有关国家豁免的普通法(如果这些法律与中央人民政府根据第十三条第一款所决定的国家豁免规则或政策有抵触)所带来的影响,是否令到这些普通法法律,须按照《香港特别行政区基本法》第八条和第一百六十条及于1997年2月23日根据第一百六十条作出的《全国人民代表大会常务委员会的决定》的规定,在适用时作出必要的变更、适应、限制或例外,以确保关于这方面的普通法符合中央人民政府所决定的国家豁免规则或政策。

香港特别行政区终审法院上述提请解释的做法符合《香港特别行政区基本法》第一百五十八条第三款的规定。

2011年8月26日,第十一届全国人民代表大会常务委员会第二十二次会议审议并通过了《全国人民代表大会常务委员会关于〈中华人民共和国香港特别行政区基本法〉第十三条第一款和第十九条的解释》的议案,作如下解释:

第一,关于香港特别行政区终审法院提请解释的第1个问题。依照《宪法》第八十九条第(九)项的规定,国务院即中央人民政府行使管理国家对外事务的职权,国家豁免规则或政策属于国家对外事务中的外交事务范畴,中央人民政府有权决定中华人民共和国的国家豁免规则或政策,在中华人民共和国领域内统一实施。基于上述,根据《香港特别行政区基本法》第十三条第一款关于"中央人民政府负责管理与香港特别行政区有关的外交事务"的规定,管理与香港特别行政区有关的外交事务属于中央人民政府的权力,中央人民政府有权决定在香港特别行政区适用的国家豁免规则或政策。

第二,关于香港特别行政区终审法院提请解释的第2个问题。依照《香港特别行政区基本法》第十三条第一款和本解释第一条的规定,中央人民政府有权决定在香港特别行政区适用的国家豁免规则或政策;依照《香港特别行政区基本法》第十九条和本解释第三条的规定,香港特别行政区法院对中央人民政府决定国家豁免规则或政策的行为无管辖权。因此,香港特别行政区法院在审理案件时遇有外国国家及其财产管辖豁免和执行豁免问题,须适用和实施中央人民政府决定适用于香港特别行政区的国家豁免规则或政策。基于上述,根据《香港特别行政区基本法》第十三条第一款和第十九条的规定,香港特别行政区,包括香港特别行政区法院,有责任适用或实施中央人民政府决定采取的国家豁免规则或政策,不得偏离上述规则或政策,也不得采取与上述规则或政策不同的规则。

第三,关于香港特别行政区终审法院提请解释的第 3 个问题。国家豁免涉及一国法院对外国国家及其财产是否拥有管辖权,外国国家及其财产在一国法院是否享有豁免,直接关系到该国的对外关系和国际权利与义务。因此,决定国家豁免规则或政策是一种涉及外交的国家行为。基于上述,《香港特别行政区基本法》第十九条第三款规定的"国防、外交等国家行为"包括中央人民政府决定国家豁免规则或政策的行为。

第四,关于香港特别行政区终审法院提请解释的第 4 个问题。依照《香港特别行政区基本法》第八条和第一百六十条的规定,香港原有法律只有在不抵触《香港特别行政区基本法》的情况下才予以保留。根据《全国人民代表大会常务委员会关于根据〈中华人民共和国香港特别行政区基本法〉第一百六十条处理香港原有法律的决定》第四条的规定,采用为香港特别行政区法律的香港原有法律,自 1997 年 7 月 1 日起,在适用时,应作出必要的变更、适应、限制或例外,以符合中华人民共和国对香港恢复行使主权后香港的地位和《香港特别行政区基本法》的有关规定。香港特别行政区作为中华人民共和国一个享有高度自治权的地方行政区域,直辖于中央人民政府,必须执行中央人民政府决定的国家豁免规则或政策。香港原有法律中有关国家豁免的规则必须符合上述规定才能在 1997 年 7 月 1 日后继续适用。基于上述,根据《香港特别行政区基本法》第十三条第一款和第十九条的规定,依照《全国人民代表大会常务委员会关于根据〈中华人民共和国香港特别行政区基本法〉第一百六十条处理香港原有法律的决定》采用为香港特别行政区法律的香港原有法律中有关国家豁免的规则,从 1997 年 7 月 1 日起,在适用时,须作出必要的变更、适应、限制或例外,以符合中央人民政府决定采取的国家豁免规则或政策。

(五) 立法会宣誓风波与 2016 年对第一百零四条的解释

《香港特别行政区基本法》第一百零四条规定:"香港特别行政区行政长官、

主要官员、行政会议成员、立法会议员、各级法院法官和其他司法人员在就职时必须依法宣誓拥护中华人民共和国香港特别行政区基本法，效忠中华人民共和国香港特别行政区。"但在宣誓过程中，一些香港新当选议员作出超出《香港特别行政区基本法》第一百零四条规定的行为。

为了更加明确宣誓的程序和法律效力，2016年11月7日，第十二届全国人民代表大会常务委员会第二十四次会议通过《全国人民代表大会常务委员会关于〈中华人民共和国香港特别行政区基本法〉第一百零四条的解释》议案，其内容包括三大部分：

(1)《香港特别行政区基本法》第一百零四条规定的"拥护中华人民共和国香港特别行政区基本法，效忠中华人民共和国香港特别行政区"，既是该条规定的宣誓必须包含的法定内容，也是参选或者出任该条所列公职的法定要求和条件。

(2)《香港特别行政区基本法》第一百零四条规定相关公职人员"就职时必须依法宣誓"，具有以下含义：第一，宣誓是该条所列公职人员就职的法定条件和必经程序。未进行合法有效宣誓或者拒绝宣誓，不得就任相应公职，不得行使相应职权和享受相应待遇。第二，宣誓必须符合法定的形式和内容要求。宣誓人必须真诚、庄重地进行宣誓，必须准确、完整、庄重地宣读包括"拥护中华人民共和国香港特别行政区基本法，效忠中华人民共和国香港特别行政区"内容的法定誓言。第三，宣誓人拒绝宣誓，即丧失就任该条所列相应公职的资格。宣誓人故意宣读与法定誓言不一致的誓言或者以任何不真诚、不庄重的方式宣誓，也属于拒绝宣誓，所作宣誓无效，宣誓人即丧失就任该条所列相应公职的资格。第四，宣誓必须在法律规定的监誓人面前进行。监誓人负有确保宣誓合法进行的责任，对符合本解释和香港特别行政区法律规定的宣誓，应确定为有效宣誓；对不符合本解释和香港特别行政区法律规定的宣誓，应确定为无效宣誓，并不得重新安排宣誓。

(3)《香港特别行政区基本法》第一百零四条所规定的宣誓，是该条所列公职人员对中华人民共和国及其香港特别行政区作出的法律承诺，具有法律约束力。宣誓人必须真诚信奉并严格遵守法定誓言。宣誓人作虚假宣誓或者在宣誓之后从事违反誓言行为的，依法承担法律责任。

三、全国人民代表大会常务委员会对《澳门特别行政区基本法》的解释

全国人民代表大会常务委员会对《澳门特别行政区基本法》的解释只有一次，就是 2011 年 12 月 31 日，第十一届全国人民代表大会常务委员会第二十四次会议审议通过了《全国人民代表大会常务委员会关于〈中华人民共和国澳门特别行政区基本法〉附件一第七条和附件二第三条的解释》的议案。

《澳门特别行政区基本法》附件一《澳门特别行政区行政长官的产生办法》第七条规定："二〇〇九年及以后行政长官的产生办法如需修改，须经立法会全体议员三分之二多数通过，行政长官同意，并报全国人民代表大会常务委员会批准。"附件二《澳门特别行政区立法会的产生办法》第三条规定："二〇〇九年及以后澳门特别行政区立法会的产生办法如需修改，须经立法会全体议员三分之二多数通过，行政长官同意，并报全国人民代表大会常务委员会备案。"全国人民代表大会常务委员会对以上条款作如下解释：

第一，上述两个附件中规定的二〇〇九年及以后行政长官的产生办法、立法会的产生办法"如需修改"，是指可以进行修改，也可以不进行修改。

第二，上述两个附件中规定的须经立法会全体议员三分之二多数通过，行政长官同意，并报全国人民代表大会常务委员会批准或者备案，是指行政长官的产生办法和立法会的产生办法修改时必经的法律程序。只有经过上述程序，包括最后全国人民代表大会常务委员会依法批准或者备案，该修改方可生效。是否需要进行修改，澳门特别行政区行政长官应向全国人民代表大会常务委员会提出报告，由全国人民代表大会常务委员会依照《澳门特别行政区基本法》第四十七条和第六十八条规定，根据澳门特别行政区的实际情况确定。修改行政长官产生办法和立法会产生办法的法案，应由澳门特别行政区政府向立法会提出。

第三，上述两个附件中规定的行政长官的产生办法、立法会的产生办法如果不作修改，行政长官的产生办法仍适用附件一关于行政长官产生办法的规定；立法会的产生办法仍适用附件二关于立法会产生办法的规定。

四、特别行政区基本法的修改权

《宪法》第六十二条规定了"全国人民代表大会行使的职权",其中第三项规定:"制定和修改刑事、民事、国家机构的和其他的基本法律。"《立法法》第七条第二款规定:"全国人民代表大会制定和修改刑事、民事、国家机构的和其他的基本法律。"特别行政区基本法在中国的法律体系中属于基本法律的范畴,而且本身就是由全国人民代表大会制定的。因此,《香港特别行政区基本法》第一百五十九条和《澳门特别行政区基本法》第一百四十四条都在第一款规定:"本法的修改权属于全国人民代表大会。"当然,以上条款的"本法"仅指特别行政区基本法的正文部分,不包括特别行政区基本法的三个附件。

"五十年不变"原则的一个重要体现就是特别行政区基本法的稳定性。从实践上看,两部基本法的正文部分自实施以来没有进行任何修改。同时,为了维护特别行政区基本法的稳定性,也以此作为中央对特别行政区政策稳定性的保证,特别行政区基本法对修改权作了较为严格的规定。

首先,把修改提案权主体限定在全国人民代表大会常务委员会、国务院和特别行政区。《香港特别行政区基本法》第一百五十九条和《澳门特别行政区基本法》第一百四十四条都在第二款规定:"本法的修改提案权属于全国人民代表大会常务委员会、国务院和香港(澳门)特别行政区。"

其次,特别行政区提议修改特别行政区基本法也有严格的程序。《香港特别行政区基本法》第一百五十九条和《澳门特别行政区基本法》第一百四十四条都在第二款规定:"香港(澳门)特别行政区的修改议案,须经香港(澳门)特别行政区的全国人民代表大会代表三分之二多数、香港(澳门)特别行政区立法会全体议员三分之二多数和香港(澳门)特别行政区行政长官同意后,交由香港(澳门)特别行政区出席全国人民代表大会的代表团向全国人民代表大会提出。"以上规定体现了对基本法修改提案的提出采取从严的精神。一般而言,一个提案如果得到三个方面的同意,说明该议案已得到大多数人的同意,意见应是比较一致的。

再次,修改议案在列入全国人民代表大会的议程前,要先由特别行政区基本法委员会研究并提出意见。《香港特别行政区基本法》第一百五十九条和《澳门特别行政区基本法》第一百四十四条都在第三款规定:"本法的修改议案在列入全国人民代表大会的议程前,先由香港(澳门)特别行政区基本法委员会研究并提出意见。"修改特别行政区基本法议案要进入表决前还要听取基本法委员会的意见,也说明中央对特别行政区基本法修改持非常慎重的态度。

最后,特别行政区基本法的修改,均不得同中央对特别行政区既定的基本方针政策相抵触。《香港特别行政区基本法》第一百五十九条和《澳门特别行政区基本法》第一百四十四条都在第四款规定:"本法的任何修改,均不得同中华人民共和国对香港(澳门)既定的基本方针政策相抵触。""中央对特别行政区既定的基本方针政策",是指特别行政区基本法序言所讲的"一个国家,两种制度"。也就是说,特别行政区基本法是可以修改的,但不能任意修改,对特别行政区基本法的任何条文的增加、减少和改变都不能同"一国两制"基本方针相抵触。

拓展阅读

1. 中英关于香港驻军问题的谈判

从1984年4月第十三轮会谈开始,中英两国关于香港问题谈判的议题转入过渡时期的安排。香港驻军问题是中英存在严重分歧的一个原则问题。

中方坚持"香港回归后,国防、外交必须由中央直接管理"。英方说:"不要驻军,驻军了以后,老百姓就吓坏了,都要移民了。"参加过谈判的中国代表团团长、新华社香港分社社长周南说:"哪有这样的事,你们能驻军,我们为什么不能驻军?"英方说:"我们不一样啊!英国离香港十万八千里,万一有什么事,我们来不了,可你们就在旁边啊!你们不需要在香港驻军。你们在广州、深圳有军队就行了,万一发生香港受到外国侵略的事情,得事先征求港府的意见,立法会同意了,你可以暂时来一下,没有任务了就马上回去。"周南气愤地说:"这简直是荒唐逻辑!"

在驻军这个问题上,邓小平的态度始终是坚定的、一贯的。早在1982年9月,邓小平在人民大会堂福建厅面对来访的英国首相撒切尔夫人就提出:"我国政府有权在香港驻军。"并强调,这是中国政府在香港恢复行使主权的象征。1984年4月18日,接受邓小平会见的英国外交大臣杰弗里·豪毫不掩饰自己反对驻军的立场,称"中国有责任保卫香港,但不见得非驻军不可""只是遇到外部危险时,才由中央政府派兵去香港"。邓小平当即表示:"1997年后,我们派一支小部队去香港。这不仅象征中国恢复对香港行使主权,对香港来说,更大的好处是一个稳定的因素。"

——整理主要参考文献:凤凰卫视出版中心,《我的中国心》,重庆出版社,2011年6月

2. 中央政府批准解放军驻澳门部队介入强台风"天鸽"灾后清理、救援工作

2017年8月,澳门遭受几十年未遇之强台风"天鸽"袭击,造成人员伤亡和财产损失。行政长官崔世安根据《澳门特别行政区基本法》和《澳门特别行政区驻军法》的规定,提请中央政府批准澳门驻军协助澳门救灾。中央人民政府依据《澳门特别行政区驻军法》第十四条规定,及时批准了澳门特别行政区政府的请求。

2017年8月25日9时45分,解放军驻澳部队官兵约千人根据中央军委命令由军营出发,到达受灾最严重区域——澳门半岛十月初五街和冰仔广东大马路附近,进行灾后清理工作,协助澳门特别行政区政府救助台风"天鸽"带来的重大灾害。中央政府批准解放军驻特别行政区部队介入特别行政区自然灾害救助工作,是中国恢复对香港及澳门行使主权以来的首次。

——整理主要参考文献:《解放军首次在澳门地区救灾纪实:祖国始终是坚强后盾》,人民网,2017年8月29日

3. 中国拒绝让美国航母停靠香港

五角大楼发言人在2016年4月29日透露,美国"斯滕尼斯"号航空母舰及其4艘随行战舰原定从5月3日开始停靠香港5天的请求,28日已经遭到中方的拒绝。美国海军官员引述中国外交部驻港特派员公署指出,中方认为"时间不便"。

这是2014年8月份以来,中国首次拒绝美军舰停靠香港,那时美军"哈雷"号导弹驱逐舰被拒访港。更早的2007年,美军"小鹰"号航母和"鲁本·詹姆斯"号护卫舰访港请求亦被拒绝。

——整理主要参考文献:《中国拒绝美国航母停靠香港》,《参考消息》,2016年5月3日

4. 美国FG Hemisphere Associates LLC公司诉刚果(金)案

2008年,刚果民主共和国[以下称刚果(金)]向中国中铁股份有限公司(国有公司)提供开矿权,换取后者于刚果(金)投资大量基建,却遭一个美国基金公司FG Hemisphere Associates LLC(以下简称美国FG公司)以刚果(金)债主身份,向香港法院起诉要求截取中国中铁1.02亿美元(约8亿港元)基建投资费抵债。被告刚果(金)政府认为其与中国中铁等公司的商业交易属"国家行为",依照特别行政区基本法

的有关规定,香港特别行政区法院无管辖权;即使香港特别行政区法院有管辖权,依照绝对豁免原则,刚果(金)也享有管辖豁免和执行豁免。

香港初审法院一审判决认为,刚果(金)政府的行为不属于特别行政区基本法第十九条规定的"国防、外交等国家行为",香港法院有管辖权;因中国中铁股份有限公司将向刚果(金)政府支付的费用不具有商业性质,所以刚果(金)政府享有绝对豁免。

一审判决后,美国 FG 公司不服,上诉到香港高等法院。香港高等法院上诉庭于 2010 年 2 月作出裁判,同样认为香港法院对该案有管辖权,理由与初审法院认定的一样,即刚果(金)政府的行为不属于特别行政区基本法第十九条规定的"国防、外交等国家行为";同时,认定刚果政府与中铁等公司的交易属于商业性质。二审法官认为相对豁免原则已经成为习惯国际法的一部分,且普通法系国家普遍将商业交易行为排斥在绝对豁免之外,因而判决撤销一审判决,维持冻结被告资金的禁令。

二审判决后,被告上诉到香港终审法院,要求香港终审法院就外交豁免权提请人大释法。2011 年 6 月 8 日,香港终审法院决定就美国 FG 公司诉刚果(金)案提请全国人民代表大会常务委员会释法,这是香港特别行政区终审法院第一次提请释法。

——整理主要参考文献:郭玉军、刘元元,《评 FG Hemisphere Associates LLC 诉刚果民主共和国及其他人案》,《时代法学》,2012 年第 2 期

5. 内地居民赴港澳地区定居夫妻团聚类审批分数线

公安机关出入境管理部门根据定居名额和审批分数线,依法审批内地居民赴港澳地区定居。而申请者所获得的审批分值来源于《内地居民前往香港或者澳门定居审批管理工作规范》附件一《内地居民前往香港或者澳门定居打分标准》。

《内地居民前往香港或者澳门定居打分标准》规定如下。

夫妻团聚类分值:夫妻每分居一天得 0.1 分;子女照顾父母类分值:父母平均年龄;子女投靠父母类分值:18-申请人年龄;父母投靠子女类分值:申请人年龄-59。

2018年,内地居民赴港澳地区定居夫妻团聚类审批分数线为146.1分,即2014年12月31日之前夫妻分居;子女照顾父母类审批分数线为60分,即申请人年龄为18~59周岁,在香港或者澳门定居的父母年龄均为60周岁以上且在香港或者澳门无子女;子女投靠父母类审批分数线为1分,即申请人未满18周岁,父母均在香港或者澳门定居;父母投靠子女类审批分数线为1分,即申请人年龄为60周岁以上且在内地无子女,需要投靠在香港或者澳门定居的18周岁以上子女。

——整理主要参考文献:《公安部公布2018年内地居民赴港澳定居审批分数线》,中国新闻网,2017年12月29日

思 考 题

1. 香港(澳门)驻军协助特别行政区政府维护社会治安必须遵循的法定程序包括哪些?

2. 全国人民代表大会常务委员会审查特别行政区立法机关制定法律的程序包括哪些?

3. 对特别行政区基本法修改权的严格限定体现在哪些方面?

第四章

特别行政区享有的高度自治权

"一国两制"中的"两制"主要体现为特别行政区享有高度自治权。高度自治权的"高度"是与中国一般地方行政区域和联邦制国家成员单位的自治权比较而言的,但不能等同于"完全"。特别行政区自治范围也是全方位的,除了拥有独立的司法权、终审权、货币发行权、税收管理权、文化教育管理权等权力,还拥有高度自主性但不完全独立的行政管理权、立法权等权力。

第一节 特别行政区享有高度自治权概述

不管是基于授权和分权,作为一个国家组成部分的地方行政区域,总具有一定程度的自治权,只是受制度设计、法律规定、地方行政区域级别高低等因素的影响,地方所享有自治权的程度也有高低之分。因此,特别行政区作为中国的一个地方行政区域,其所享有自治权的"高度"是在与其他地方行政区域比较得出来的概念和范畴。

一、高度自治权的基本内涵

(一) 自治的含义

自治,其原义为自行管理或处理。在特别行政区基本法的范畴内,自治是指特别行政区在被授权的权限内,自行管理特别行政区范围内的地方行政区域性质的事务。其基本含义包括:第一,自行管理,即由特别行政区来管理;第二,管理本地区的事务,即特别行政区区域范围内的事务;第三,管理地方事务,即属于特别行政区这一地方行政区域性质的、不是属于全国性的事务;第四,依法管理，特别行政区行使自治权必须依据特别行政区基本法来行使。

（二）高度自治

高度自治，顾名思义就是比一般自治程度还要高的自治。在特别行政区基本法的范畴内，高度自治是指特别行政区享有高度的自治权，除外交和国防事务属中央人民政府管理外，特别行政区享有行政管理权、立法权、独立的司法权和终审权。

高度自治的"高度"是比较而言的，是指特别行政区享有的高度自治权，比中国少数民族自治地区的自治权大，比联邦制国家成员单位的某些权力大。

高度自治不是完全自治，"高度"与"完全"是两个不同的概念。"完全自治"意味着与特别行政区有关的一切事务都不受国家管辖，都进行自主管理，这就意味着特别行政区可以独立，可以脱离国家，成为一个独立的政治实体。把"高度自治"理解成"完全自治"，这是不符合特别行政区基本法的精神，也不符合"一国两制"基本方针。如果特别行政区拥有了完全自治权，这样的制度设计已是"两个国家，两种制度"，而不是"一个国家，两种制度"。

二、特别行政区与少数民族省级自治区的自治程度比较

中国的民族区域自治，是指在中华人民共和国领土范围内，在中央政府集中统一领导下，遵循国家宪法的规定，各少数民族以聚居区为基础，建立自治地方，设立自治机关，行使自治权利，享有当家作主，管理本地区本民族内部事务的自治制度。中国的少数民族省级自治区共有五个，分别是内蒙古自治区、广西壮族自治区、西藏自治区、新疆维吾尔自治区、宁夏回族自治区。特别行政区比少数民族省级自治区拥有更高程度的自治，主要体现在以下几个方面。

第一，特别行政区拥有比少数民族省级自治区更高的立法权限。《民族区域自治法》第十九条规定："民族自治地方的人民代表大会有权依照当地民族的政治、经济和文化的特点，制定自治条例和单行条例。自治区的自治条例和单行条例，报全国人民代表大会常务委员会批准后生效。"少数民族省级自治区能制定自治条例和单行条例，这是一项最重要的自治权，一般的省级行政区都不拥有这一权力。但少数民族省级自治区行使这项权力时，还需报全国人民代表大会常务委员会批准后才能实现。而特别行政区立法机关制定的法律不需要全国人民代表大会常务

委员会批准，只需报全国人民代表大会常务委员会备案。

第二，特别行政区拥有比少数民族省级自治区更高的行政管理权限。《民族区域自治法》第二十条规定："上级国家机关的决议、决定、命令和指示，如有不适合民族自治地方实际情况的，自治机关可以报经该上级国家机关批准，变通执行或者停止执行。"少数民族省级自治区可以变通执行上级国家机关的决议、决定、命令和指示，这也是区别于其他省级行政区的一项自治权。少数民族省级自治区行使这些权力要经上级国家机关(国务院)批准。而特别行政区政府对立法会负责，执行立法会制定的法律，定期向立法会作施政报告，中央人民政府及所属各部门不得干预特别行政区基本法赋予特别行政区政府的各项自行管理的权限。

第三，特别行政区拥有比少数民族省级自治区更高的财政权限。《民族区域自治法》第三十二条规定："民族自治地方的财政是一级财政，是国家财政的组成部分。民族自治地方的自治机关有管理地方财政的自治权。凡是依照国家财政体制属于民族自治地方的财政收入，都应当由民族自治地方的自治机关自主地安排使用。民族自治地方在全国统一的财政体制下，通过国家实行的规范的财政转移支付制度，享受上级财政的照顾。民族自治地方的财政预算支出，按照国家规定，设机动资金，预备费在预算中所占比例高于一般地区。民族自治地方的自治机关在执行财政预算过程中，自行安排使用收入的超收和支出的节余资金。"少数民族省级自治区在财政管理方面拥有比一般地方更多的自主权，但少数民族省级自治区财政是"国家财政的组成部分"，即不拥有独立的财政权。而特别行政区保持财政独立，收入全部用于自身需要，不上缴中央人民政府。

第四，特别行政区拥有比少数民族省级自治区更高的对外事务方面权限。《民族区域自治法》第三十一条规定："民族自治地方依照国家规定，可以开展对外经济贸易活动，经国务院批准，可以开辟对外贸易口岸。与外国接壤的民族自治地方经国务院批准，开展边境贸易。民族自治地方在对外经济贸易活动中，享受国家的优惠政策。"少数民族省级自治区可以开展对外经济贸易活动，经国务院批准可以开辟对外贸易口岸、开展边境贸易，在对外经济贸易活动中外汇留成等方面享受国家的优待，但必须服从国家统一的对外贸易体制。而特别行政区可在经济、贸易、金融、航运、通讯、旅游、文化、体育等领域中以"中国香港(澳门)"的名义，单独地同世界各国、各地区及有关国家组织保持和发展关系，签订和履行有关协议。

第五，特别行政区拥有比少数民族省级自治区更高的司法权限。《民族区域自治法》第四十六条第二款规定："民族自治地方人民法院的审判工作，受最高人民法院和上级人民法院监督。民族自治地方的人民检察院的工作，受最高人民检察院和上级人民检察院领导。"以上规定表明，少数民族省级自治区不具有独立的司法权。而特别行政区拥有独立的司法权。

三、特别行政区与联邦制国家地方组成单位的自治程度比较

由于国家结构形式决定了中央与地方的权力分配模式，一般而言，单一制更强调中央集权，联邦制更强调中央与地方的分权。所以，联邦制下的地方行政区域的自治权一般要高于单一制下的地方行政区域。但在中国采用单一制的大前提下，特别行政区拥有一些联邦制国家地方组成单位没有的自治权，这就说明了特别行政区自治权具有很高的"高度"。我们以德国的邦为参照系，看看特别行政区拥有哪些高程度的自治权。

第一，特别行政区拥有比联邦制国家地方组成单位更高的立法权限。德国宪法——《德意志联邦共和国基本法》第七十一条规定："联邦专属立法事项，各邦惟经联邦法律明白授权并在其授权范围内，始有立法权。"第七十三条规定："联邦关于下列事项有专属立法权：(一)外交及国防，包括平民保护。(二)联邦国籍。(三)迁徙自由、护照、移民及引渡。(四)通货、货币及铸币、度量衡及时间与历法之规定。(五)关税与通商区域之划一、通商与航海协议、货物之自由流通及国外贸易之支付，包括关税保护与边界保护。(六)航空运输。(六)之一完全或大部分属联邦所有财产之铁路(联邦铁路)之运输，联邦铁路之铺设、保养或经营，以及使用联邦铁路费用之征收。(七)邮政及电讯。(八)联邦与联邦政府直辖公法团体服务人员之律地位。(九)工业财产权、版权及发行权……"第一百零五条第一款规定："联邦对关税及财政专卖有专属之立法权"。也就是说，德国的邦对"货币、关税、财政、航空运输、工业财产权、版权及发行权"没有立法权，而根据特别行政区基本法规定，特别行政区对以上事项是有立法权的。另外，《德意志联邦共和国基本法》第七十二条第一款规定："竞合立法事项，各邦仅于联邦不制定法律以行使其立法权，并就其未行使之范围内，始有立法权。"第七十四条第一款规定："下列事项属于共同立法范围：(一)民法、刑法及判决执行、法院组织、司法程序、律师、公证及法律咨询。(二)人口状况事项。(三)集会、结社。(四)外侨居留、居

住权。(四)之一武器法及炸药法。(五)(一九九四年十月二十七日废止)(六)难民及被逐人之事项。(七)公共福利。(八)(一九九四年十月二十七日废止)(九)战争损害及回复。(十)战争伤患及战争遗族之扶助以及以往战俘之照顾。(十)之一军人墓地、其它战争受害者及暴政受害者之墓地。(十一)有关经济(矿业、工业、能源供应、手工业、贸易、商业、银行与证券交易、民间保险)之法律。(十一)之一为和平目的核能之生产与利用，为满足上述目的装备之设立与操作，因核能或放射线外泄及放射性物料处理所生危险之防护。(十二)劳动法，包括企业组织、劳工保护与职业介绍，及社会保险，包括失业保险。(十三)学术补助之整顿及科学研究之促进。(十四)有关本基本法第七十三、七十四两条列举各事项之公用征收法律。(十五)土地、地产、天然资源与生产工具之转移公有或其它形式之公营经济。(十六)经济权力滥用之防止。(十七)农林生产之促进、粮食供应之保障、农林产品之输出输入、远洋与海洋渔业及海岸防御。(十八)地产交易、土地法(但不含拓路受益费法)与农地租佃制度、住宅制度、政府给予垦殖与家园制度。(十九)防止人畜传染疾病之措施，医师与其它医疗业及医疗商执照之许可，药品、麻醉药品、毒药之贩卖。(十九)之一、医院之经济保障及医院病人看护规则之整顿。(二十)食品、刺激性饮料、生活必需品、饲料、与农林苗种交易之保护，树木植物病害之防止，及动物之保护。(二一)远洋与沿海航运、航业补助、内陆航运、气象服务、海洋航路，及用于一般运输之内陆水道。(二二)陆路交通、汽车运输及长途运输公路之修建保养。(二三)非属联邦之铁路，但山岳铁路不在此限。(二四)垃圾处理、防止空气污染及防止噪音。(二五)国家责任。(二六)人工受精，遗传讯息之研究与人为改变及器官与组织之移植。"以上规定表明，对于民法、刑法及判决执行、法院组织、司法程序、律师、公证及法律咨询、集会结社、公共福利、有关经济之法律、劳动法、学术补助之整顿及科学研究之促进、地产交易、土地法、住宅制度、医师与其他医疗业及医疗商执照之许可等方面立法，相比较于邦而言，德国联邦具有优先立法权。而以上这些相同或相似事项的立法权，在特别行政区基本法里都赋予了特别行政区。

　　第二，特别行政区拥有比联邦制国家地方组成单位更高的司法权限。《德意志联邦共和国基本法》第九十三条第一款规定："联邦宪法法院审判左列案件：(一)遇有联邦最高机关或本基本法或联邦最高机关处务规程赋予独立权利之其它关系人之权利义务范围发生争议时，解释本基本法。(二)关于联邦法律或各邦法律与本基本法在形式上及实质上有无抵触或各邦法律与其它联邦法律有无抵触、发生歧见或疑义时,经联邦政府、邦政府或联邦议会议员三分之一之请求受理之案件。(二)之一关于法律是否符合本基本法第七十二条第二项之要件发生歧见,而由联邦参议院、邦政府或邦议会所提起之案件。(三)关于联邦与各邦之权利义务,尤其关于各邦执行联邦法律及联邦对各邦行使监督,发生歧见之案件。(四)关于联邦与各邦间、邦与邦间或一邦内之其它公法上争议,而无其它法律途径可循之案件。(四)之一任何人声请其基本权利或其依第二十条第四项、第三十三、三十八、一百零一、一百零三及一百零四条所享之权利遭公权力损害所提起违宪之诉愿。(四)之二乡镇及乡镇联合区由于依第二十八条之自治权遭法律损害而提起违宪之诉愿,该法律如系邦法,则须系无从在邦宪法法院提起者。(五)本基本法规定之其它案件。"第九十九条规定:"邦内之宪法争议,得由各邦立法交由联邦宪法法院审理,而关于各邦法律适用之终极审判,亦得藉此由第九十五条一项所称之各最高法院审理。"第一百条规定:"一、法院如认为某一法律违宪,而该法律之效力与其审判有关者,应停止审判程序。如系违反邦宪法,应请有权受理宪法争议之邦法院审判之;如系违反本基本法,应请联邦宪法法院审判之。各邦法律违反本基本法或各邦法律抵触联邦法律时,亦同。二、诉讼进行中如关于国际法规则是否构成联邦法律一部分及其是否对个人产生直接权利义务(本基本法第二十五条)发生疑义时,法院应请联邦宪法法院审判之。三、某一邦宪法法院解释本基本法时,如欲背联邦宪法法院或他邦宪法法院原有之判决,该宪法法院应请联邦宪法法院审判之。"以上规定说明,德国的邦没有终审权,而特别行政区拥有终审权。

第三,特别行政区拥有比联邦制国家地方组成单位更高的经济方面行政管理权限。《德意志联邦共和国基本法》第八十七条之四第一项规定:"空运行政属联邦直接行政。"第八十八条规定:"联邦应设置一货币及发行币券之银行为联邦银行。其权限与任务于欧洲联合之范围内,得托付于具独立性,且以确保价格稳定为其优先目标之欧洲中央银行。"第八十七条之六第二项规定:"邮政与电讯领域内之高权任务,应由联邦直接行政履行。"第一百零六条第一款规定:"专卖收入及下列税收应归联邦:(一)关税。(二)未依第二项划归各邦、未依第三项划归联邦与各邦共有或未依第六条划归乡镇之消费税。(三)运输税。(四)资本交易税、保险税及汇票税。(五)一次财产税及为平衡财政负担而课征之平衡税。(六)所得税与法人税之附加税捐。(七)欧洲共同市场范围内之税捐。"第三款规定:"所得税、法人税及加值型营业税归联邦与各邦共有(共有税),但以所得税之税收未依第五项、加值型营业税之税收未依第五项之一划归乡镇者为限。所得税与法人税之收入由联邦与各邦各分得二分之一。营业税应由经联邦参议院同意之联邦法律规定联邦与各邦划分之比例。"第一百零八条第一款规定:"关税、财政专卖、联邦法律所定之消费税包括输入营业税以及欧洲共同市场内之税捐,应由联邦财政机关管理之。"空运管理、货币的发行和管理、邮政与电信管理、部分税收的征收和管理,在德国都是由联邦政府来行使的。而以上这些行政权限,按特别行政区基本法的规定都由特别行政区政府行使。

第二节 特别行政区享有行政管理权

行政管理,在广义上是指一切社会组织、团体对有关事务的治理、管理和执行的社会活动;在狭义上是指国家行政机关对社会公共事务的管理,又称为公共行政。随着社会的发展,行政管理的对象日益广泛,包括经济建设、文化教育、市政建设、社会秩序、公共卫生、环境保护等方面。

行政管理权,是指运用国家权力对社会事务的一种管理活动权力。在特别行政区基本法的范畴内,行政管理权是以行政长官为首的特别行政区政府,在特别行政区范围内行使的主要权力,即按照特别行政区基本法规定,自行处理特别行政区行政事务的权力。《香港(澳门)特别行政区基本法》在第十六条规定:"香港(澳门)特别行政区享有行政管理权,依照本法的有关规定自行处理香港(澳门)特别行政区的行政事务。"特别行政区除了负责管理特别行政区范围内的社会治安,还享有管理特别行政区范围内的经济、文化教育、民政等方面的权力。

一、经济管理权

经济管理权,是国家行政机关对社会经济生活所实行的管理,包括对工业、农业、交通运输、财政金融、商业贸易以及环境保护和公用事业的管理。

(一) 财政管理权

《香港特别行政区基本法》第一百零六条规定:"香港特别行政区保持财政独立。香港特别行政区的财政收入全部用于自身需要,不上缴中央人民政府。中央人民政府不在香港特别行政区征税。"《澳门特别行政区基本法》第一百零四条规定:"澳门特别行政区保持财政独立。澳门特别行政区财政收入全部由澳门特别行政区自行支配,不上缴中央人民政府。中央人民政府不在澳门特别行政区征税。"特别行政区的财政预算、决算由政府编制,经立法会通过和行政长官签署后即生效。特别行政区生效的财政预算、决算要报中央人民政府备案,但中央人民政府没有否决权,即特别行政区拥有独立的财政管理权。

(二) 税收管理权

《香港特别行政区基本法》第一百零八条规定:"香港特别行政区实行独立的税收制度。香港特别行政区参照原在香港实行的低税政策,自行立法规定税种、税率、税收宽免和其他税务事项。"《澳门特别行政区基本法》第一百零六条规定:"澳门特别行政区实行独立的税收制度。澳门特别行政区参照原在澳门实行的低税政策,自行立法规定税种、税率、税收宽免和其他税务事项。专营税制由法律另作规定。"《香港特别行政区基本法》第一百一十四条和《澳门特别行政区基本法》第一百一十条规定:"香港(澳门)特别行政区保持自由港地位,除法律另有规定外,不征收关税。"《香港特别行政区基本法》第一百一十六条和《澳门特别行政区基本法》第一百一十二条都在第一款规定:"香港(澳门)特别行政区为单独的关税地区。"特别行政区拥有独立的税收管理权,本身就是一个完全独立的税区。最典型的表现就是对特别行政区与内地间进行的贸易开征的是关税。而关税,一般而言是指一国海关根据对通过其关境的进出口货物课征的一种税收。

(三) 金融管理权

第一,金融市场管理权。《香港特别行政区基本法》第一百一十条规定:"香港特别行政区的货币金融制度由法律规定。香港特别行政区政府自行制定货币金融政策,保障金融企业和金融市场的经营自由,并依法进行管理和监督。"《澳门特别行政区基本法》第一百零七条规定:"澳门特别行政区的货币金融制度由法律规定。澳门特别行政区政府自行制定货币金融政策,保障金融市场和各种金融机构的经营自由,并依法进行管理和监督。"

第二,货币发行权。《香港特别行政区基本法》第一百一十一条规定:"港元为香港特别行政区法定货币,继续流通。港币的发行权属于香港特别行政区政府。港币的发行须有百分之百的准备金。港币的发行制度和准备金制度,由法律规定。

香港特别行政区政府,在确知港币的发行基础健全和发行安排符合保持港币稳定的目的的条件下,可授权指定银行根据法定权限发行或继续发行港币。"《澳门特别行政区基本法》第一百零八条规定:"澳门元为澳门特别行政区的法定货币,继续流通。澳门货币发行权属于澳门特别行政区政府。澳门货币的发行须有百分之百的准备金。澳门货币的发行制度和准备金制度,由法律规定。澳门特别行政区政府可授权指定银行行使或继续行使发行澳门货币的代理职能。"

第三,外汇管理权。《香港特别行政区基本法》第一百一十二条规定:"香港特别行政区不实行外汇管制政策。港币自由兑换。继续开放外汇、黄金、证券、期货等市场。香港特别行政区政府保障资金的流动和进出自由。"第一百一十三条规定:"香港特别行政区的外汇基金,由香港特别行政区政府管理和支配,主要用于调节港元汇价。"《澳门特别行政区基本法》第一百零九条规定:"澳门特别行政区不实行外汇管制政策。澳门元自由兑换。澳门特别行政区的外汇储备由澳门特别行政区政府依法管理和支配。澳门特别行政区政府保障资金的流动和进出自由。"

(四) 贸易管理权

《香港特别行政区基本法》第一百一十四条和《澳门特别行政区基本法》第一百一十条规定:"香港(澳门)特别行政区保持自由港地位,除法律另有规定外,不征收关税。"《香港特别行政区基本法》第一百一十五条和《澳门特别行政区基本法》第一百一十一条规定:"香港(澳门)特别行政区实行自由贸易政策,保障货物、无形财产和资本的流动自由。"

(五) 产业发展规划和管理权

《香港特别行政区基本法》第一百一十八条规定:"香港特别行政区政府提供经济和法律环境,鼓励各项投资、技术进步并开发新兴产业。"第一百一十九条规定:"香港特别行政区政府制定适当政策,促进和协调制造业、商业、旅游业、房地产业、运输业、公用事业、服务性行业、渔农业等各行业的发展,并注意环境保护。"《澳门特别行政区基本法》第一百一十四条规定:"澳门特别行政区依法保护工商企业的自由经营,自行制定工商业的发展政策。澳门特别行政区改善经济环境和提供法律保障,以促进工商业的发展,鼓励投资和技术进步,并开发新产业和新市场。"

(六) 土地和自然资源的管理和收益权

《香港特别行政区基本法》在第七条规定:"香港特别行政区境内的土地和自然资源属于国家所有,由香港特别行政区政府负责管理、使用、开发、出租或批给个人、法人或团体使用或开发,其收入全归香港特别行政区政府支配。"《澳门特别行政区基本法》在第七条规定:"澳门特别行政区境内的土地和自然资源,除在澳门特别行政区成立前已依法确认的私有土地外,属于国家所有,由澳门特别行政区政府负责管理、使用、开发、出租或批给个人、法人使用或开发,其收入全部归澳门特别行政区政府支配。"《香港特别行政区基本法》第一百二十三条还进一步规定:"香港特别行政区成立以后满期而没有续期权利的土地契约,由香港特别行政区自行制定法律和政策处理。"《澳门特别行政区基本法》第一百二十条规定:"澳门特别行政区依法承认和保护澳门特别行政区成立前已批出或决定的年期超过一九九九年十二月十九日的合法土地契约和与土地契约有关的一切权利。澳门特别行政区成立后新批或续批土地,按照澳门特别行政区有关的土地法律及政策处理。"综上法律规定,特别行政区基本法对土地和自然资源管理,强调了所有权归国家,回归前原有的政策不变,管理权和收益权完全归特别行政区。

(七) 交通运输管理权

第一,航运管理权。《香港特别行政区基本法》第一百二十四条规定:"香港特别行政区保持原在香港实行的航运经营和管理体制,包括有关海员的管理制度。香港特别行政区政府自行规定在航运方面的具体职能和责任。"第一百二十五条规定:"香港特别行政区经中央人民政府授权继续进行船舶登记,并根据香港特别行政区的法律以'中国香港'的名义颁发有关证件。"第一百二十六条规定:"除外国军用船只进入香港特别行政区须经中央人民政府特别许可外,其他船舶可根据香港特别行政区法律进出其港口。"第一百二十七条规定:"香港特别行政区的私营航运及与航运有关的企业和私营集装箱码头,可继续自由经营。"《澳门特别行政区基本法》第一百一十六条规定:"澳门特别行政区保持和完善原在澳门实行的航运经营和管理体制,自行制定航运政策。澳门特别行政区经中央人民政府授权可进行船舶登记,并依照澳门特别行政区的法律以'中国澳门'的名义颁发有关证件。除外国军用船只进入澳门特别行政区须经中央人民政府特别许可外,其他船舶可依照澳门特别行政区的法律进出其港口。澳门特别行政区的私营的航运及与航运有关的企业和码头可继续自由经营。"

第二，民用航空管理权。《香港特别行政区基本法》第一百三十条规定："香港特别行政区自行负责民用航空的日常业务和技术管理，包括机场管理，在香港特别行政区飞行情报区内提供空中交通服务，和履行国际民用航空组织的区域性航行规划程序所规定的其他职责。"第一百三十三条规定："香港特别行政区政府经中央人民政府具体授权可：(一)续签或修改原有的民用航空运输协定和协议；(二)谈判签订新的民用航空运输协定，为在香港特别行政区注册并以香港为主要营业地的航空公司提供航线，以及过境和技术停降权利；(三)同没有签订民用航空运输协定的外国或地区谈判签订临时协议。不涉及往返、经停中国内地而只往返、经停香港的定期航班，均由本条所指的民用航空运输协定或临时协议予以规定。"第一百三十四条规定："中央人民政府授权香港特别行政区政府：(一)同其他当局商谈并签订有关执行本法第一百三十三条所指民用航空运输协定和临时协议的各项安排；(二)对在香港特别行政区注册并以香港为主要营业地的航空公司签发执照；(三)依照本法第一百三十三条所指民用航空运输协定和临时协议指定航空公司；(四)对外国航空公司除往返、经停中国内地的航班以外的其他航班签发许可证。"第一百三十五条规定："香港特别行政区成立前在香港注册并以香港为主要营业地的航空公司和与民用航空有关的行业，可继续经营。"《澳门特别行政区基本法》第一百一十七条规定"澳门特别行政区政府经中央人民政府具体授权可自行制定民用航空的各项管理制度。"

二、文化教育管理

香港(澳门)特别行政区基本法在第二十二条规定，中央人民政府所属各部门、各省、自治区、直辖市均不得干预香港(澳门)特别行政区根据(依照)本法自行管理的事务。《香港特别行政区基本法》第一百四十八条规定："香港特别行政区的教育、科学、技术、文化、艺术、体育、专业、医疗卫生、劳工、社会福利、社会工作等方面的民间团体和宗教组织同内地相应的团体和组织的关系，应以互不隶属、互不干涉和互相尊重的原则为基础。"《澳门特别行政区基本法》第一百三十三条规定："澳门特别行政区的教育、科学、技术、文化、新闻、出版、体育、康乐、专业、医疗卫生、劳工、妇女、青年、归侨、社会福利、社会工作等方面的民间团体和宗教组织同全国其他地区相应的团体和组织的关系，以互不隶属、互不干涉、互相尊重的原则为基础。"在教育、科学、技术、文化、艺术、体育、专业、医疗卫生等方面，在国家层面上都有对应政府主管部门——国务院下属的各部委，如教育部、科学技术部、文化和旅游部、国家卫生健康委员会等，但按特别行政区基本法的规定，中央人民政府各对应的主管部门与特别行政区相关的管理部门没有隶属关系，中央人民政府各对应的主管部门不对特别行政区的文化和社会事务进行管理，即特别行政区对特别行政区的文化和社会事务等具有独立的行政管理权。

（一）教育管理权

《香港特别行政区基本法》第一百三十六条规定："香港特别行政区政府在原有教育制度的基础上，自行制定有关教育的发展和改进的政策，包括教育体制和管理、教学语言、经费分配、考试制度、学位制度和承认学历等政策。"《澳门特别行政区基本法》第一百二十一条规定："澳门特别行政区政府自行制定教育政策，包括教育体制和管理、教学语言、经费分配、考试制度、承认学历和学位等政策，推动教育的发展。"特别行政区拥有独立的教育管理权，最明显的一个标志是：特别行政区与内地之间的高等教育学历和学位要经过"承认"的程序，才具有相应的法律效力。如 2004 年 7 月 11 日，中国教育部与香港特别行政区教育统筹局签署了《香港与内地关于相互承认高等教育学位证书的备忘录》。

（二）医疗管理权

《香港特别行政区基本法》第一百三十八条规定："香港特别行政区政府自行制定发展中西医药和促进医疗卫生服务的政策。社会团体和私人可依法提供各种医疗卫生服务。"《澳门特别行政区基本法》第一百二十三条规定："澳门特别行政区政府自行制定促进医疗卫生服务和发展中西医药的政策。社会团体和私人可依法提供各种医疗卫生服务。"也就是说，特别行政区拥有独立的医疗管理权。

（三）科技管理权

《香港特别行政区基本法》第一百三十九条规定："香港特别行政区政府自行制定科学技术政策，以法律保护科学技术的研究成果、专利和发明创造。香港特别行政区政府自行确定适用于香港的各类科学、技术标准和规格。"《澳门特别行政区基本法》第一百二十四条规定："澳门特别行政区政府自行制定科学技术政策，依法保护科学技术的研究成果、专利和发明创造。澳门特别行政区政府自行确定适用于澳门的各类科学技术标准和规格。"

(四) 文化事业管理权

《香港特别行政区基本法》第一百四十条规定："香港特别行政区政府自行制定文化政策，以法律保护作者在文学艺术创作中所获得的成果和合法权益。"《澳门特别行政区基本法》第一百二十五条规定："澳门特别行政区政府自行制定文化政策，包括文学艺术、广播、电影、电视等政策。澳门特别行政区政府依法保护作者的文学艺术及其他的创作成果和合法权益。澳门特别行政区政府依法保护名胜、古迹和其他历史文物，并保护文物所有者的合法权益。"第一百二十六条规定："澳门特别行政区政府自行制定新闻、出版政策。"

(五) 专业资格认定管理权

《香港特别行政区基本法》第一百四十二条规定："香港特别行政区政府在保留原有的专业制度的基础上，自行制定有关评审各种专业的执业资格的办法。在香港特别行政区成立前已取得专业和执业资格者，可依据有关规定和专业守则保留原有的资格。香港特别行政区政府继续承认在特别行政区成立前已承认的专业和专业团体，所承认的专业团体可自行审核和颁授专业资格。香港特别行政区政府可根据社会发展需要并咨询有关方面的意见，承认新的专业和专业团体。"《澳门特别行政区基本法》第一百二十九条规定："澳门特别行政区政府自行确定专业制度，根据公平合理的原则，制定有关评审和颁授各种专业和执业资格的办法。在澳门特别行政区成立以前已经取得专业资格和执业资格者，根据澳门特别行政区的有关规定可保留原有的资格。澳门特别行政区政府根据有关规定承认在澳门特别行政区成立以前已承认的专业和专业团体，并可根据社会发展需要，经咨询有关方面的意见，承认新的专业和专业团体。"

(六) 体育事业管理权

《香港特别行政区基本法》第一百四十三条和《澳门特别行政区基本法》第一百二十七条规定："香港(澳门)特别行政区政府自行制定体育政策。民间体育团体可依法继续存在和发展。"

三、民政管理

(一) 社会福利管理权

在社会福利管理权方面,特别行政区基本法除了规定特别行政区具有独立管理权之外,还强调了社会福利标准不低于回归之前的标准。

《香港特别行政区基本法》第一百四十五条规定:"香港特别行政区政府在原有社会福利制度的基础上,根据经济条件和社会需要,自行制定其发展、改进的政策。"《澳门特别行政区基本法》第一百三十条规定:"澳门特别行政区政府在原有社会福利制度的基础上,根据经济条件和社会需要自行制定有关社会福利的发展和改进的政策。"《香港特别行政区基本法》第三十六条和《澳门特别行政区基本法》第三十九条规定:"香港(澳门)居民有依法享受社会福利的权利。劳工的福利待遇和退休保障受法律保护。"《香港特别行政区基本法》第九十三条还规定:"香港特别行政区成立前在香港任职的法官和其他司法人员均可留用,其年资予以保留,薪金、津贴、福利待遇和服务条件不低于原来的标准。对退休或符合规定离职的法官和其他司法人员,包括香港特别行政区成立前已退休或离职者,不论其所属国籍或居住地点,香港特别行政区政府按不低于原来的标准,向他们或其家属支付应得的退休金、酬金、津贴和福利费。"第一百条规定:"香港特别行政区成立前在香港政府各部门,包括警察部门任职的公务人员均可留用,其年资予以保留,薪金、津贴、福利待遇和服务条件不低于原来的标准。"第一百零二条规定:"对退休或符合规定离职的公务人员,包括香港特别行政区成立前退休或符合规定离职的公务人员,不论其所属国籍或居住地点,香港特别行政区政府按不低于原来的标准向他们或其家属支付应得的退休金、酬金、津贴和福利费。"《澳门特别行政区基本法》第九十八条规定:"澳门特别行政区成立时,原在澳门任职的公务人员,包括警务人员和司法辅助人员,均可留用,继续工作,其薪金、津贴、福利待遇不低于原来的标准,原来享有的年资予以保留。依照澳门原有法律享有退休金和赡养费待遇的留用公务人员,在澳门特别行政区成立后退休的,不论其所属国籍或居住地点,澳门特别行政区向他们或其家属支付不低于原来标准的应得的退休金和赡养费。"

(二) 劳工管理权

《香港特别行政区基本法》第一百四十七条规定:"香港特别行政区自行制定

有关劳工的法律和政策。"《澳门特别行政区基本法》第一百一十五条规定："澳门特别行政区根据经济发展的情况,自行制定劳工政策,完善劳工法律。澳门特别行政区设立由政府、雇主团体、雇员团体的代表组成的咨询性的协调组织。"

第三节 特别行政区享有立法权、司法权、终审权和对外事务处理权

特别行政区享有高度自主性,但不具有独立性的立法权和对外事务处理权。特别行政区享独立的司法权和终审权,但在理解上不能把"独立"绝对化,特别行政区法院在行使司法权和终审权的过程中还要受到一定的约束。

一、特别行政区享有立法权

立法权,就是制定、修改和废止法律的权力。特别行政区拥有相应的立法权。《香港(澳门)特别行政区基本法》第十七条第一款规定:"香港(澳门)特别行政区享有立法权。"

(一) 特别行政区的立法机关

特别行政区立法会是特别行政区的立法机关。《香港特别行政区基本法》第六十六条和《澳门特别行政区基本法》第六十七条规定:"香港(澳门)特别行政区立法会是香港(澳门)特别行政区的立法机关。"《香港特别行政区基本法》第七十三条规定了香港特别行政区立法会的职权,其中第一款规定:"根据本法规定并依照法定程序制定、修改和废除法律。"《澳门特别行政区基本法》第七十一条规定了澳门特别行政区立法会的职权,其中第一款规定:"依照本法规定和法定程序制定、修改、暂停实施和废除法律。"

(二) 特别行政区享有立法权的限制

在表述上,特别行政区享有立法权没有像司法权和终审权那样加上"独立",其原因在于特别行政区行使的立法权受到一定限制,具体表现在以下几方面。

第一,全国人大常务委员会对特别行政区立法权的监督。《香港(澳门)特别行

政区基本法》第十七条第二款、第三款规定:"香港(澳门)特别行政区的立法机关制定的法律须报全国人民代表大会常务委员会备案。备案不影响该法律的生效。全国人民代表大会常务委员会在征询其所属的香港(澳门)特别行政区基本法委员会(的意见)后,如认为香港(澳门)特别行政区立法机关制定的任何法律不符合本法关于中央管理的事务及中央和香港(澳门)特别行政区的关系的条款,可将有关法律发回,但不作修改。经全国人民代表大会常务委员会发回的法律立即失效。该法律的失效,除香港(澳门)特别行政区的法律另有规定外,无溯及力。"特别行政区基本法通过设定法律备案审查制度,表明中央对特别行政区立法权拥有一定的否决权,也就是说特别行政区享有立法权不是完全独立的。

第二,特别行政区立法内容上的限制。《香港(澳门)特别行政区基本法》第十八条第二款规定:"全国性法律除列于本法附件三者外,不在香港(澳门)特别行政区实施。凡列于本法附件三之(的)法律,由香港(澳门)特别行政区在当地公布或立法实施。"如果特别行政区通过立法来实施列于特别行政区基本法附件三的全国性法律,那么,特别行政区的立法内容是属于该全国性法律的实施细则,即只对该全国性法律涉及的具体问题作出比较细致的规定,指导法律实施过程中对某些事情、问题如何认定、结论及处理,也即特别行政区立法机关的自主性是受到限制的。如《香港特别行政区基本法》附件三有《中华人民共和国国旗法》《中华人民共和国国徽法》,香港特别行政区就颁布了《国旗及国徽条例》加以实施。

《中华人民共和国国徽法》第十三条规定:"在公众场合故意以焚烧、毁损、涂划、玷污、践踏等方法侮辱中华人民共和国国徽的,依法追究刑事责任;情节较轻的,由公安机关处以十五日以下拘留。"《中华人民共和国国徽法》在香港的实施,意味着在香港公众场合故意以焚烧、毁损、涂划、玷污、践踏等方法侮辱中华人民共和国国徽要追究法律责任,但如按《中华人民共和国国徽法》规定是要依据中国《刑法》和《治安管理处罚法》来处罚的,问题是内地《刑法》和《治安管理处罚法》不在香港特别行政区实施,这时《国旗及国徽条例》就起到一个转化作用。

《国旗及国徽条例》第 6 条规定:"禁止将国旗、国徽用作某些用途:(1)国旗或其图案不得展示或使用于——(a)商标或广告;(b)私人丧事活动;或(c)行政长官以规定限制或禁止展示或使用国旗或其图案的其他场合或场所。(2)国徽或其图案不得展示或使用于——(a)商标或广告;(b)日常生活的陈设或布置;(c)私人庆吊活动;或(d)行政长官以规定限制或禁止展示或使用国旗或其图案的其他场合或场所。(3)任何人如未经合法授权或并无合理辩解,而在违反第(1)或(2)款的规定下,展示或使用国旗、国徽、国旗图案或国徽图案,即属犯罪,一经循简易程序定罪——(a)就第(1)(a)或(2)(a)款的罪行,可处第 5 级罚款;及(b)就第(1)(b)或(c)或(2)(b)、(c)或(d)款的罪行,可处第 2 级罚款。"第 7 条:"任何人公开及故意以焚烧、毁损、涂划、玷污、践踏等方式侮辱国旗或国徽,即属犯罪,一经定罪,可处第 5 级罚款及监禁 3 年。"也就是说,《国旗及国徽条例》第 6、7 条就是《国徽法》第十三条的直接转化。"直接转化"也说明《国旗及国徽条例》的立法内容受到《国徽法》规定的直接限制。

二、特别行政区享有独立的司法权和终审权

司法权,是指特定的国家机关通过开展依其法定职权和一定程序,由审判的形式将相关法律适用于具体案件的专门化活动而享有的权力。

终审权,是指法院最终审理权限。终审,是指法院按照审级制度对案件进行的最后一级审判,经终审作出的判决,即时生效。终审法院作出的判决,当事人不得提出上诉,其他法院也不能加以监督和干涉。

(一) 特别行政区独立司法权和终审权的含义

香港(澳门)特别行政区基本法第十九条第一款规定,香港(澳门)特别行政区享有独立的司法权和终审权。这一规定说明特别行政区拥有独立的司法权和终审权。特别行政区独立的司法权和终审权主要有以下几层含义。

第一,司法权由特别行政区法院行使,除法院以外,其他任何机构都无权行使或参与行使特别行政区的司法权。《香港特别行政区基本法》第八十条规定:"香港特别行政区各级法院是香港特别行政区的司法机关,行使香港特别行政区的审判权。"《澳门特别行政区基本法》第八十二条规定:"澳门特别行政区法院行使审判权。"

第二,特别行政区建立独立的法院组织系统,与内地法院组织系统没有组织上的关系。除非根据与内地的司法组织之间作出的司法协助安排,特别行政区法院与内地的法院在审判工作中不发生关系。

第三,特别行政区的终审权属于特别行政区的终审法院。对案件的终审裁决,

由特别行政区终审法院作出,不需要上诉到国家的最高人民法院。《香港特别行政区基本法》第八十二条和《澳门特别行政区基本法》第八十四条第二款规定:"香港(澳门)特别行政区的终审权属于香港(澳门)特别行政区终审法院。"

第四,特别行政区法院独立进行审判,只服从法律,不受任何干涉。《香港特别行政区基本法》第八十五条规定:"香港特别行政区法院独立进行审判,不受任何干涉,司法人员履行审判职责的行为不受法律追究。"《澳门特别行政区基本法》第八十三条规定:"澳门特别行政区法院独立进行审判,只服从法律,不受任何干涉。"

(二) 特别行政区独立司法权的限制

特别行政区享有独立的司法权,并不意味着特别行政区法院对案件的审判不受任何限制。特别行政区法院行使审判权受两个方面的限制。

第一,继续保持香港、澳门原有法律和原则对法院审判权所作的限制。香港(澳门)特别行政区基本法第十九条第二款规定,香港(澳门)特别行政区法院除继续保持香港(澳门)原有法律制度和原则对法院审判权所作的限制外,对香港(澳门)特别行政区所有的案件均有审判权。比如澳门回归前,原有法律制度规定:初级法院无权受理政务司以上官员为诉讼当事人的案件;再如,香港作为普通法管辖区,陪审团制度是其司法体系的重要特征,《香港特别行政区基本法》第八十六条规定:"原在香港实行的陪审制度的原则予以保留。"香港现有《陪审团条例》规制陪审制度的具体运行。根据《陪审团条例》的规定,在有陪审团参与的刑事案件审判中,决定被告人是否有罪的决定权在陪审团而不是法官。从一定意义上讲,陪审团制度是对香港法院审判权的一种限制。

第二,特别行政区法院对国防、外交等国家行为无管辖权。香港(澳门)特别行政区基本法第十九条第三款规定,香港(澳门)特别行政区法院对国防、外交等国家行为无管辖权。香港(澳门)特别行政区法院在审理案件中遇有涉及国防、外交等国家行为的事实问题,应取得行政长官就该等问题发出的证明文件,上述文件对法院有约束力。行政长官在发出证明文件前,须取得中央人民政府的证明书。

第三,《香港特别行政区维护国家安全法》对香港司法权的限制。《香港特别行政区维护国家安全法》第十四条第二款规定:"香港特别行政区维护国家安全委员会作出的决定不受司法复核。"第五十五条规定:"有以下情形之一的,经香港特别行政区政府或者驻香港特别行政区维护国家安全公署提出,并报中央人民政府批准,由驻香港特别行政区维护国家安全公署对本法规定的危害国家安全犯罪案件行使管辖权:(一)案件涉及外国或者境外势力介入的复杂情况,香港特别行政区管辖确有困难的;(二)出现香港特别行政区政府无法有效执行本法的严重情况的;(三)出现国家安全面临重大现实威胁的情况的。"第五十六条规定:"根据本法第五十五条规定管辖有关危害国家安全犯罪案件时,由驻香港特别行政区维护国家安全公署负责立案侦查,最高人民检察院指定有关检察机关行使检察权,最高人民法院指定有关法院行使审判权。"也就是说,香港法院对"香港维护国家安全委员会作出的决定""发生在香港的特定的危害国家安全犯罪"没有管辖权。

(三) 特别行政区终审权的限制

特别行政区终审权的限制,体现在特别行政区终审权要受到全国人民代表大会常务委员会终审法院法官任命备案权和特别行政区基本法解释权的制约,具体表现在以下几个方面。

第一,特别行政区终审法院的管辖权同样受制于对国家行为的管辖限制。

第二,终审法院法官任命备案制度对特别行政区终审权也有一定的制约作用。《香港特别行政区基本法》第九十条第二款规定:"除本法第八十八条和第八十九条规定的程序外,香港特别行政区终审法院的法官和高等法院首席法官的任命或免职,还须由行政长官征得立法会同意,并报全国人民代表大会常务委员会备案。"《澳门特别行政区基本法》第八十八条第三款规定:"终审法院院长的任命和免职须报全国人民代表大会常务委员会备案。"

第三,全国人民代表大会常务委员会特别行政区基本法解释权对特别行政区终审法院特别行政区基本法解释权的限制。《香港特别行政区基本法》第一百五十八条和《澳门特别行政区基本法》第一百四十三条都在第三款规定,香港(澳门)特别行政区法院在审理案件时对本法的其他条款也可解释。但如香港(澳门)特别行政区法院在审理案件时需要对本法关于中央人民政府管理的事务或中央和香港(澳门)特别行政区关系的条款进行解释,而该条款的解释又影响到案件的判决,在对该案件作出不可上诉的终局判决前,应由香港(澳门)特别行政区终审法院请全国人民代表大会常务委员会对有关条款作出解释。如全国人民代表大会常务委员会作出解释,香港(澳门)特别行政区法院在引用该条款时,应以全国人民代表大会常务委员会的解释为准。但在此以前作出的判决不受影响。法条中的"不可上诉的终局判决"不一定都是特别行政区终审法院的判决,但包括特别行政区终审法院所作出的判决。以上法律规定隐含着这样的限定:如果全国人民代表大会常务委员会对特别行政区终审法院受理的案件,涉及特别行政区基本法中"中央人民政府管理的事务或中央和特别行政区关系的条款"作出了解释,特别行政区终审法院就没有解释权,并且要以全国人民代表大会常务委员会的解释为准。

第四,《香港特别行政区维护国家安全法》对香港法院终审权的限制。如上所述,按《香港特别行政区维护国家安全法》的规定,香港法院既然对"香港维护国家安全委员会作出的决定""发生在香港的特定的危害国家安全犯罪"没有管辖权,当然也就对以上事项没有终审权。

三、特别行政区享有处理对外事务的权力

香港(澳门)特别行政区基本法第十三条在第一款规定,中央人民政府负责管理与香港(澳门)特别行政区有关的外交事务的同时,又在第三款规定,中央人民政府授权香港(澳门)特别行政区依照本法自行处理有关的对外事务。也就是说,特别行政区能自行处理包括经济、文化、参加国际协议等在内的对外事务。

(一) 参与与特别行政区有关的外交谈判

《香港特别行政区基本法》第一百五十条和《澳门特别行政区基本法》第一百三十五条规定,香港(澳门)特别行政区政府的代表,可作为中华人民共和国政府代表团的成员,参加由中央人民政府进行的同香港(澳门)特别行政区直接有关的外交谈判。

外交属于一个国家的主权行为,特别行政区基本法明确规定中央人民政府负责管理与特别行政区有关的外交事务,而特别行政区政府的代表可作为中国政府代表团的成员,参与同特别行政区直接有关的外交谈判,可以及时征询特别行政区政府代表的意见建议,最大限度地维护特别行政区的利益。如《香港特别行政区基本法》第一百三十二条规定:"凡涉及中华人民共和国其他地区同其他国家和地区的往返并经停香港特别行政区的航班,和涉及香港特别行政区同其他国家和地区的往返并经停中华人民共和国其他地区航班的民用航空运输协定,由中央人

民政府签订。中央人民政府在签订本条第一款所指民用航空运输协定时,应考虑香港特别行政区的特殊情况和经济利益,并同香港特别行政区政府磋商。中央人民政府在同外国政府商谈有关本条第一款所指航班的安排时,香港特别行政区政府的代表可作为中华人民共和国政府代表团的成员参加。"以上规定就很好体现"特别行政区政府代表可作为中国政府代表团成员参加同特别行政区直接有关的外交谈判"的立法意义。

(二) 开展对外经济文化交流

《香港特别行政区基本法》第一百五十一条和《澳门特别行政区基本法》第一百三十六条规定:"香港(澳门)特别行政区可在经济、贸易、金融、航运、通讯、旅游、文化、体育等(适当)领域以'中国香港(澳门)'的名义,单独地同世界各国、各地区及有关国际组织保持和发展关系,签订和履行有关协议。"除了以上条款原则性规定了特别行政区自行处理对外经济文化交流事务的范畴,特别行政区基本法还对若干容易混淆的事务作了具体规定。

一是船舶登记方面。《香港特别行政区基本法》第一百二十五条第二款规定:"香港特别行政区经中央人民政府授权继续进行船舶登记,并根据香港特别行政区的法律以'中国香港'的名义颁发有关证件。"《澳门特别行政区基本法》第一百一十六条第二款规定:"澳门特别行政区经中央人民政府授权可进行船舶登记,并根据澳门特别行政区的法律以'中国澳门'的名义颁发有关证件。"

二是飞机登记方面。《香港特别行政区基本法》第一百二十九条第一款规定:"香港特别行政区继续实行原在香港实行的民用航空管理制度,并按中央人民政府关于飞机国籍标志和登记标志的规定,设置自己的飞机登记册。"要注意的是,《澳门特别行政区基本法》在这方面没有相关的规定,这是因为制定《澳门特别行政区基本法》时澳门还没有机场。

三是国际贸易协议方面。《香港特别行政区基本法》第一百一十六条和《澳门特别行政区基本法》第一百一十二条规定,香港(澳门)特别行政区为单独的关税地区。香港(澳门)特别行政区可以'中国香港(澳门)'的名义参加《关税和贸易总协定》、关于国际纺织品贸易安排等有关国际组织和国际贸易协定,包括优惠贸易安排。香港(澳门)特别行政区所取得的和以前取得仍继续有效的出口配额、关税优惠和达成的其他类似安排,全由香港(澳门)特别行政区享有。

四是产品产地来源证方面。原产地证书,是指出口国(地区)根据原产地规则和有关要求签发的,明确指出该证中所列货物原产于某一特定国家(地区)的书面文件。原产地证书是货物在国际贸易行为中的"原籍"证书,在特定情况下进口国据此对进口货物给予不同的关税待遇。《香港特别行政区基本法》第一百一十七条和《澳门特别行政区基本法》第一百一十三条规定,香港(澳门)特别行政区根据当时的产地规则,可对产品签发产地来源证。

(三) 参加国际组织与国际会议

1. 参加国家间的国际组织与国际会议

《香港特别行政区基本法》第一百五十二条和《澳门特别行政区基本法》第一百三十七条都在第一款规定,对以国家为单位参加的、同香港(澳门)特别行政区有关的、适当领域的国际组织和国际会议,香港(澳门)特别行政区政府可派遣代表作为中华人民共和国代表团的成员或以中央人民政府和上述有关国际组织或国际会议允许的身份参加,并以'中国香港(澳门)'的名义发表意见。

特别行政区参加国家间国际组织和国际会议的方式有两种:一是可由特别行政区政府派出代表作为中国代表团的成员参加;二是特别行政区可以中央人民政府和有关国际组织和国际会议允许的身份参加。《香港特别行政区基本法》第一百五十二条和《澳门特别行政区基本法》第一百三十七条都在第三、四款规定,对中华人民共和国已参加而香港(澳门)也以某种形式参加了的国际组织,中央人民政府将采取必要措施使香港(澳门)特别行政区以适当形式继续保持在这些组织中的地位。对中华人民共和国尚未参加而香港(澳门)已以某种形式参加的国际组织,中央人民政府将根据(情况和)需要使香港(澳门)特别行政区以适当形式继续参加这些组织。比如香港特别行政区以准会员的身份参加国际民用航空组织、世界卫生组织、国际粮农组织、亚洲开发银行、亚太经社委员会等;再如澳门特别行政区以联系会员的身份(联系会员与正式会员相比有两点差别:一是无表决权;二是无当选为该组织理事的资格)参加了国际海事组织;另外,澳门特别行政区以正式成员的身份加入国际刑警组织。特别行政区一经加入国家间的国际组织和国际会议,不但可以以"中国香港(澳门)"的名义发表意见,而且可以采取与中央人民政府不同的立场。

2. 参加非国家间的国际组织与国际会议

《香港特别行政区基本法》第一百五十二条和《澳门特别行政区基本法》第一百三十七条都在第二款规定，香港(澳门)特别行政区可以"中国香港(澳门)"的名义参加不以国家为单位参加的国际组织和国际会议。《香港特别行政区基本法》第一百四十九条规定："香港特别行政区的教育、科学、技术、文化、艺术、体育、专业、医疗卫生、劳工、社会福利、社会工作等方面的民间团体和宗教组织可同世界各国、各地区及国际的有关团体和组织保持和发展关系，各该团体和组织可根据需要冠用'中国香港'的名义，参与有关活动。"《澳门特别行政区基本法》第一百三十四条规定："澳门特别行政区的教育、科学、技术、文化、新闻、出版、体育、康乐、专业、医疗卫生、劳工、妇女、青年、归侨、社会福利、社会工作等方面的民间团体和宗教组织可同世界各国、各地区及国际的有关团体和组织保持和发展关系，各该团体和组织可根据需要冠用'中国澳门'的名义，参与有关活动。"比如，澳门青商会参加了国际青商会，澳门残疾人士协会参加了国际伤残人士康复会。

(四) 关于国际协议的适用问题

国际协议，包括政府间缔结的双边和多边的条约、协议、公约等。关于国际协议在特别行政区的适用，根据国际协议的不同可分为三种适用情形。

一是中国与外国正式缔结的国际协议适用。《香港特别行政区基本法》第一百五十三条第一款规定："中华人民共和国缔结的国际协议，中央人民政府可根据香港特别行政区的情况和需要，在征询香港特别行政区政府的意见后，决定是否适用于香港特别行政区。"《澳门特别行政区基本法》第一百三十八条第一款规定："中华人民共和国缔结的国际协议，中央人民政府可根据情况和澳门特别行政区的需要，在征询澳门特别行政区政府的意见后，决定是否适用于澳门特别行政区。"以上规定说明，中国与外国正式缔结的国际协议不一定适用于特别行政区，是否适用取决于特别行政区的情况和需要。从实践上看，中国中央政府对外缔结的投资协议原则上都不适用于特别行政区，因为特别行政区在经贸方面本就能以独立的身份对外签署协议。

二是中国尚未参加而特别行政区已加入的国际协议适用。《香港特别行政区基本法》第一百五十三条和《澳门特别行政区基本法》第一百三十八条都在第二款规定,中华人民共和国尚未参加但已适用于香港(澳门)的国际协议仍可继续适用。如中国还没加入《公民权利和政治权利国际公约》,2001年6月27日才正式加入《经济、社会及文化权利国际公约》,但在《香港特别行政区基本法》第三十九条和《澳门特别行政区基本法》第四十条都已在第一款规定:"《公民权利和政治权利国际公约》、《经济、社会与文化权利的国际公约》和国际劳工公约适用于香港(澳门)的有关规定继续有效,通过香港(澳门)特别行政区的法律予以实施。"

三是以上两种情形以外的、与特别行政区有关的国际协议适用。《香港特别行政区基本法》第一百五十三条第二款规定:"中央人民政府根据需要授权或协助香港特别行政区政府作出适当安排,使其他有关国际协议适用于香港特别行政区。"《澳门特别行政区基本法》第一百三十八条第二款规定:"中央人民政府根据情况和需要授权或协助澳门特别行政区政府作出适当安排,使其他与其有关的国际协议适用于澳门特别行政区。"

(五) 出入境管理权

第一,出入境管制权。出入境,是指一国公民经本国政府主管机关批准和前往国家或地区以及途经国家或地区的许可,持规定有效的证件和签证,通过对外开放或指定的口岸从本国出境进入其他国家或地区,或者从其他国家或地区返回本国境内。出入境的概念包括两个方面:一是指一国公民经本国政府批准,持用合法证件出入本国国(边)境;二是指外国人持用合法的证件,经一国政府批准入出该国国境。《香港特别行政区基本法》第一百五十四条和《澳门特别行政区基本法》第一百三十九条都在第二款规定:"对世界各国或各地区的人入境、逗留和离境,香港(澳门)特别行政区政府可实行出入境管制。"出入境管制对象是"世界各国或各地区的人",也包括内地人,即内地人往来特别行政区仍要按照出入境来办理手续。

第二,签发护照和旅行证。《香港特别行政区基本法》第一百五十四条和《澳门特别行政区基本法》第一百三十九条都在第一款规定:"中央人民政府授权香港(澳门)特别行政区政府依照法律给持有香港(澳门)特别行政区永久性居民身份证的中国公民签发中华人民共和国香港(澳门)特别行政区护照,给在香港(澳门)特别行政区的其他合法居留者签发中华人民共和国香港(澳门)特别行政区的其他旅行证件。上述护照和证件(旅行证件)，前往各国和各地区有效，并载明持有人有返回香港(澳门)特别行政区的权利。"

第三，对外缔结互免签证协议。《香港特别行政区基本法》第一百五十五条规定："中央人民政府协助或授权香港特别行政区政府与各国或各地区缔结互免签证协议。"《澳门特别行政区基本法》第一百四十条规定："中央人民政府协助或授权澳门特别行政区政府同有关国家和地区谈判和签订互免签证协议。"免签证，即从一个国家或者地区到另外一个国家或者地区不需要申请签证。互免签证通常是双边的，双方持用有效的护照可自由出入对方境内。根据2019年2月28日发布的亨氏签证受限指数显示，香港在169个国家、地区享有免签证，澳门在142个国家、地区享有免签证。

(六) 涉外机构的设定问题

特别行政区自主决定对外设定官方或半官方的经济和贸易机构。《香港特别行政区基本法》第一百五十六条和《澳门特别行政区基本法》第一百四十一条规定："香港(澳门)特别行政区可根据需要在外国设立官方或半官方的经济和贸易机构，报中央人民政府备案。"特别行政区可以自主决定在外国设定经济和贸易机构，只要设定后报中央人民政府备案即可。这里的"备案"是告知的一种形式，中央人民政府没有否定权。但是，特别行政区不能自主决定在外国设定涉及国防、政治类的官方或半官方机构。

外国在特别行政区设立官方、半官方机构须经中央人民政府批准。《香港特别行政区基本法》第一百五十七条和《澳门特别行政区基本法》第一百四十二条规定："外国在香港(澳门)特别行政区设立领事机构或其他官方、半官方机构，须经中央人民政府批准。已同中华人民共和国建立正式外交关系的国家在香港(澳门)设立的领事机构和其他官方机构，可予保留。尚未同中华人民共和国建立正式外交关系的国家在香港(澳门)设立的领事机构和其他官方机构，可根据情况允许保留或改为半官方机构。尚未为中华人民共和国承认的国家，只能在香港(澳门)特别行政区设立民间机构。"

 **拓展阅读**

1. 香港的积极不干预政策

积极不干预政策,是指香港20世纪70年代以来实行的经济政策。20世纪60年代以前,香港政府所奉行的是自由放任的经济政策,以消极保守的不干预,让经济自由发展。但到了20世纪70年代,随着国际贸易保护主义抬头,经济竞争日趋激烈。在这样的经济背景下,时任香港财政司夏鼎基于1977年在立法局会议上正式提出"积极不干预主义"。

积极不干预主义政策,一方面强调维护市场机制自由运作,实行不干预主义,具体内容包括:贸易自由;企业经营自由;资金、黄金、货币、技术进出香港自由;货币汇兑自由。另一方面强调在市场失效的情况下,不排除必要的、合理的干预,具体是指当出现下述情况时:市场不完善而引致垄断出现时;市场增长过速以致常规无法加以抑制时;为公共利益着想而须加以监督时(尤以金融市场突出);某些人毫无限制地追求利益的行动对总体经济产生不良影响,港府应对经济实行干预措施。

对于香港的积极不干预政策,不同学者有不同的看法。一些学者把积极不干预政策视为香港奇迹(经济发达)发生的重要因素。但一些学者认为,积极不干预政策使劳工法例保持宽松,是港英殖民政府纵容资本家剥削工人的政策。还有学者则认为,积极不干预主义已经消亡(甚至认为过去并没有实施过严格的积极不干预主义),称香港的经济政策实际上是选择性干预主义。最典型是1998年亚洲金融危机中,香港特别行政区政府入市干预,动用近1200亿港元的外汇储备,分别出击外汇、股票和期货市场,打击国际炒家。2006年10月6日,一直视香港为"自由经济的最后堡垒"的美国经济学家米尔顿·佛利民,在《华尔街日报》发表《香港错了》一文,抨击香港特别行政区政府令"积极不干预"制度夭折,是香港的悲哀,令香港不再是自由经济的闪亮象征。

——整理主要参考文献:蔡赤萌,《自由市场经济体制下香港特别行政区政府经济功能的定位与调适》,
《教学与研究》,2015年第10期

2. 货币发行局制度与联系汇率制度

香港的联系汇率制度属于货币发行局制度,在这个制度下,货币基础的流量和存量必须有充足的外汇储备支持,透过严谨和稳健的货币发行局制度得以实施。

香港并没有真正意义上的货币发行局,纸币大部分由3家发钞银行,即汇丰银行、渣打银行、中国银行(香港)发行。从1983年10月17日起,法例规定发钞银行发钞时,需按7.80港元兑1美元的汇率向金管局(金管局是香港政府架构内负责货币及银行体系稳定的机构,于1993年4月1日合并外汇基金管理局与银行业监理处而成立,由于香港没有中央银行,金管局便行使了中央银行功能)提交等值美元,并记入外汇基金的账目,以购买负债证明书,作为所发钞纸币的支持。相反,回收港元纸币时,金管局会赎回负债证明书,银行则从外汇基金收回等值美元。由政府经金管局发行的纸币和硬币,则由代理银行负责储存及向公众分发,金管局与代理银行之间的交易也是按7.80港元兑1美元的汇率以美元结算。

在货币发行局制度下,资金流入或流出会令利率而非汇率出现调整。若银行向货币发行当局出售与本地货币挂钩的外币(美元),以换取本地货币(即资金流入),基础货币便会增加;若银行向货币发行当局购入外币(即资金流出),基础货币就会收缩。基础货币扩张或收缩,会令本地利率下降或上升,会自动抵消原来资金流入或流出的影响,而汇率一直保持不变,这是一个完全自动的机制。为了减少利率过度波动,金管局会通过贴现窗提供流动资金。

外汇基金是由香港特别行政区管理和支配的,用于控制港币发行,调节和稳定港元汇率的政府基金。1983年联系汇率制度建立之后,外汇基金为了维持港元与美元的固定汇率,承诺无限量地买卖港元现钞,成为港元的实质性发行机构,发钞银行实际上只是扮演外汇基金代理人的角色。在联系汇率制下,香港存在两个平行的外汇市场,即由外汇基金与发钞银行因发钞关系而形成的同业现钞外汇市场,相应的,存在官方固定汇率和市场汇率两种平行汇率。利用银行在上述市场的套利活动,使市场汇率贴近官方固定汇率。具体的解释是:当市场汇率低于官方固定汇率,银行以官方固定汇率从发钞银行换取美元,并在市场上抛出,赚取差价;发钞银行也能将债务证明书还给外汇基金,换回美元抛出,调整供需关系,实现上述目的。

——整理主要参考文献:王建东,《当代货币局制度研究——兼论香港联系汇率制度》,南开大学出版社,2005年12月

3. 香港的公屋和居屋

由于香港楼价房价高企,在这种环境下一般人要置业其实是相当困难的。在这样的背景下,香港政府为保障低收入人士及当时大量涌入香港的新移民能得到最基本的住屋需求,推出一系列的住房保障制度。其中,公屋制度和"居者有其

屋"计划是最主要的两个方面。

公屋,最初是公共屋村的缩写,指的是政府盖的住宅,以很低廉的价格租给收入少的贫苦阶层。公屋是香港公共房屋最常见的类别,由政府或志愿团体兴建,出租给低收入居民。现时,香港提供出租公营房屋的机构有三个,分别是香港房屋委员会(房委会)、香港房屋协会(房协)及香港平民屋宇有限公司。

居屋,"居者有其屋"计划的简称。"居者有其屋"计划是香港政府的公共房屋计划之一,由香港房屋委员会兴建公营房屋并以低廉价格售予低收入市民。"居者有其屋"计划于20世纪70年代开始推行,为收入不足以购买私人楼宇的市民,提供出租公屋以外的自置居所选择,亦可让收入相对较高之公屋居民加快腾出公屋单位,以供有需要人士居住。拥有公屋的住户,可以参与"居者有其屋"计划,内容大致是以居住的公屋作为交换条件,以免补地价的方式购置政府兴建的居屋,根据不同的地区及环境因素,居屋的价格折扣率大概是商品房的30%~50%。

——整理主要参考文献:乔格里,《香港房屋制度:一场公平与自由的博弈》,《南方人物周刊》,2011年第8期

4. 特别行政区政府向居民派发"红包"

2018年3月23日,香港特别行政区政府公布一项惠民举措,将向符合资格市民一次性发放4000港元现金。凡是在2018年12月31日前年满18岁、通常居住在香港、在香港没有物业,没有领取综缓、长者生果金、高龄及伤残津贴,以及在2017—2018年度没有缴交薪俸税的低收入或无收入人士,均可一次性获发4000港元现金津贴;对于符合相关条件但有交薪俸税的人士,若退税金额少于4000元,在向当局出示证明后,也可申请现金津贴差额。预计将有280万人因此受益,发放现金总金额约为110亿港元。这是香港特别行政区政府自2011年向市民派钱后,再次出台类似举措。2011年4月14日,香港特别行政区立法会通过了2011—2012年度财政预算案的一项修订,其内容为向全港每位18岁或18岁以上的永久性居民派发6000港元现金。

——整理主要参考文献:《时隔7年,香港特区政府再派现金"红包":280万市民受益,每人4000港元》,《解放日报》,2018年3月23日

澳门现金分享计划,是澳门特别行政区政府于2008年起向澳门居民一次性发

放现金的计划。计划发放目的是分享经济发展成果,发放的金额会因经济、通胀和政府财政盈余情况而数额不同。2008年5月23日,经济财政司司长谭伯源联同相关的局级官员在澳门政府总部公布现金分享计划及有关资料,凡在2008年7月1日持有澳门永久性居民获发5000元澳门币,非永久性居民则获发3000元澳门币。2009年的发放标准是:永久性居民可获发6000澳门币,非永久性居民则获发3600澳门币;2013年的发放标准是:永久性居民可获发8000澳门币,非永久性居民则获发4800澳门币;从2014年度起至2017年,永久性居民所获现金标准均为9000澳门币,非永久性居民每人5400澳门币。2018年度澳门现金分享计划已透过第8/2018号行政法规公布,法规在5月8日生效并于2018年7月正式实施,已分别向特别行政区永久性居民及非永久性居民派发澳门币9000元及澳门币5400元。

——整理主要参考文献:《澳门继续发放现金:永久性居民每人获1万澳门元》,《澳湃新闻》,2018年11月15日

思 考 题

1. 特别行政区比内地少数民族省级自治区拥有更高程度的自治权体现在哪些方面?
2. 特别行政区独立的司法权和终审权具体含义包括哪些?
3. 特别行政区终审权要受到哪些方面的限制?

第五章

特别行政区居民的基本权利和义务

《香港(澳门)特别行政区基本法》第四条规定"香港(澳门)特别行政区依法保障香港(澳门)特别行政区居民和其他人的权利和自由",并在特别行政区基本法第三章"居民的基本权利和义务"中详细规定了特别行政区居民享有的基本权利和应履行的基本义务。

第一节　特别行政区居民

特别行政区居民具有其特定的含义,按是否拥有居留权,可以分为永久性居民和非永久性居民;按是否拥有中国国籍,可以分为中国籍的居民和非中国籍的居民。不同性质的居民在享有的权利上存在一定的差异性。

一、特别行政区居民的概念

居民,顾名思义就是住在某一地方的人。在法律上,居民是指在本国长期从事生产和消费的人或法人,符合上述情况他国的公民也可能属于本国居民。

居民可分为自然人居民和法人居民。自然人居民,是指那些在本国居住时间长达一年以上的个人。但官方外交使节、驻外军事人员等一律是所在国的非居民。法人居民,是指在本国从事经济活动的各级政府机构、企业和非营利团体。但是国际性机构,诸如联合国、国际货币基金组织等组织,不是任何国家的居民。

特别行政区居民,是指以香港、澳门为经常居住地,回归前由香港、澳门当时的法律决定其权利与义务,回归后由特别行政区基本法及其他法律决定其权利与义务的人。特别行政区居民这一法律概念产生的原因,与香港和澳门的历史及人口有关。

回归前的香港，是一个被英国实行殖民统治的国际性大都市，居民的成分很复杂，有土生土长的香港人，有来自英联邦国家和美国、法国、荷兰、菲律宾、巴基斯坦、泰国、印尼、韩国等国家的外国人，有内地来的中国人，甚至还有无国籍人士、非法入境人士、难民等。

回归前的澳门，则是一个被葡萄牙实行殖民统治的自由港，居民的成分也非常复杂。有占绝大多数的华人，有来自葡萄牙本土的葡人、澳门土生葡人，还包括英国、美国、法国、巴西、泰国、老挝等其他国家的外国人，内地来的中国人，非法入境人士、难民等。

正是由于香港、澳门人口成分的复杂性，回归前两地人员在国际上均以"居民"为称谓。为了保持回归后香港、澳门社会的稳定，体现对于香港、澳门各类人口的包容性和开放性，特别行政区基本法沿袭了"香港(澳门)居民"这一称谓，并把它演变成为中国法律确认的一种身份。

二、永久性居民和非永久性居民

(一) 居留权与特别行政区居民的分类

居留权，在法律的本意是一国政府根据本国法律规定给予外国人在本国居留的权利。显然，居留权在一般法律意义上，特指法律赋予外国人的一种权利。美国"绿卡"、加拿大"枫叶卡"、日本"登录证"就是赋予外国人永久居留权的俗称。但在特别行政区基本法的范畴内，居留权与国籍无关，主要与人的经常住所地有直接关系。

"通常居住"，是特别行政区基本法用来表述"一个人的主要住所地"的专用名称，指正常居住在香港(澳门)而时间又未长期间断。如果是合法、自愿和以定居为目的在香港(澳门)居住(例如读书、工作或居留等)，不论时间长短，都会被视为通常居住在香港(澳门)。如果期间暂时不在香港(澳门)，仍会被视为是通常居住在香港(澳门)。

在决定是否视为已不在香港(澳门)通常居住时，须视个人情况及不在香港(澳门)的情况，包括：第一，不在香港(澳门)的原因、期间及次数；第二，是否在香港(澳门)有惯常住所；第三，是否受雇于以香港(澳门)为基地的公司；第四，主要家庭成员(配偶及未成年子女)的所在。证明是否连续七年"通常居住"于香港(澳门),申请者可提供以下有效力证明,如学校文件、就业证明、正式收据、银行结单、入息税税单等。

以下情况不被视为"通常居住"在香港(澳门):第一,在香港(澳门)的任何时间内,以非法方式入境,其后不论是否得到入境事务处处长授权而留在香港(澳门);在违反任何逗留条件的情况下留在香港(澳门);以难民身份留在香港(澳门),或被羁留在香港(澳门)以等候甄别难民身份或遣离香港(澳门);在政府输入雇员计划下受雇为外来合约工人而留在香港(澳门);受雇为外来家庭佣工[指来自香港(澳门)以外地方者]而留在香港(澳门);以领馆人员身份留在香港(澳门);以香港(澳门)驻军成员身份留在香港(澳门);以订明的中央人民政府旅行证件持有人身份留在香港(澳门)。第二,在任何期间,依据法院判处或命令被监禁或羁留。

根据是否享有居留权,特别行政区的居民可以分为永久性居民和非永久性居民。香港(澳门)特别行政区基本法第二十四条第一款规定,香港(澳门)特别行政区居民,简称香港(澳门)居民,包括永久性居民和非永久性居民。《香港特别行政区基本法》第二十四条第三款规定:"以上居民(永久性居民)在香港特别行政区享有居留权和有资格依照香港特别行政区法律取得载明其居留权的永久性居民身份证。"《澳门特别行政区基本法》第二十四条第三款规定:"以上居民(永久性居民)在澳门特别行政区享有居留权并有资格领取澳门特别行政区永久性居民身份证。"第二十四条第四款规定,香港(澳门)特别行政区非永久性居民为:有资格依照香港(澳门)特别行政区法律领取香港(澳门)居民身份证,但没有居留权的人。

(二) 特别行政区永久性居民

《香港特别行政区基本法》第二十四条第二款规定了取得香港特别行政区永久性居民的资格和条件:"(一)在香港特别行政区成立以前或以后在香港出生的中国公民;(二)在香港特别行政区成立以前或以后在香港通常居住连续七年以上的中国公民;(三)第(一)、(二)两项所列居民在香港以外所生的中国籍子女;(四)在香港特别行政区成立以前或以后持有效旅行证件进入香港、在香港通常居住连续七年以上并以香港为永久居住地的非中国籍的人;(五)在香港特别行政区成立以前或以后第(四)项所列居民在香港所生的未满二十一周岁的子女;(六)第(一)至(五)项所列居民以外在香港特别行政区成立以前只在香港有居留权的人。"

《澳门特别行政区基本法》第二十四条第二款规定了取得澳门特别行政区永久性居民的资格和条件:"(一)在澳门特别行政区成立以前或以后在澳门出生的中国公民及其在澳门以外所生的中国籍子女;(二)在澳门特别行政区成立以前或以后在澳门通常居住连续七年以上的中国公民及在其成为永久性居民后在澳门以外所生的中国籍子女;(三)在澳门特别行政区成立以前或以后在澳门出生并以澳门为永久居住地的葡萄牙人;(四)在澳门特别行政区成立以前或以后在澳门通常居住连续七年以上并以澳门为永久居住地的葡萄牙人;(五)在澳门特别行政区成立以前或以后在澳门通常居住连续七年以上并以澳门为永久居住地的其他人;(六)第(五)项所列永久性居民在澳门特别行政区成立以前或以后在澳门出生的未满十八周岁的子女。"

香港与澳门在永久性居民取得资格和条件规定上的共同点如下。

第一,具备下列三项条件之一的中国公民:首先,在香港或澳门出生的。这里所言在香港和澳门出生的中国公民,是指父母双方或一方合法定居在香港、澳门期间所生的子女,不包括非法入境、逾期居留或临时居留的人所生的子女。其次,在香港或澳门通常居住连续7年以上的。最后,永久性居民的中国公民在香港或澳门以外所生的中国籍子女。

第二,具备下列两项条件之一的非中国籍人士和无国籍人士:一是在香港或澳门通常居住连续7年以上的;二是以香港或澳门为永久居住地的。

香港与澳门在永久性居民取得资格和条件规定上的不同点如下。

第一,具有中国公民身份的永久性居民所生子女成为永久性居民条件的不同规定。《澳门特别行政区基本法》强调了本人已经成为永久性居民之后,其在澳门所生的不满18周岁的子女才能成为澳门永久性居民。而《香港特别行政区基本法》对类似问题未作说明。从法律的严谨性而言,《香港特别行政区基本法》的表述较为粗糙和模糊,容易产生理解上的歧义,以致在香港回归后导致了一系列法理和司法实践的激烈争论。

第二,以澳门为永久居住地的、通常居住连续7年以上的非中国籍的人,就可以成为澳门永久性居民。而以香港为永久居住地的、通常居住连续7年以上的非中国籍的人,还须是"持有效旅行证件进入香港"才能成为香港永久性居民。以上差别立法的原因是,在回归前,非法进入澳门的非中国籍人士和无国籍人士的数量微乎其微,但非法进入香港的外国籍人士和无国籍人士却长期居高不下。

第三,非中国籍永久性居民在香港(澳门)所生子女取得永久性居民资格的年龄要求不同。澳门是未满 18 周岁，香港是未满 21 周岁，这是两地原来法律规定的成年人法定年龄不同所造成。

第四，《澳门特别行政区基本法》专门对葡萄牙人取得永久性居民的资格作出规定，而《香港特别行政区基本法》并没有专门对英国人如何取得永久性居民资格作出规定，仅是把英国公民或英籍人士与其他外籍人士同等对待。

(三) 特别行政区非永久性居民

特别行政区非永久性居民，是指有资格依照特别行政区法律取得香港、澳门居民身份证，但没有居留权的人。

居留权其含义不仅是指永久性居民在特别行政区有居住的权利。凡是具有居留权的永久性居民，都享有自由出入特别行政区的权利；都有不受居留条件限制而在特别行政区居留的权利，以及在任何情况下都享有免受遣送离境或递解出境的权利。而没有居留权的居民，一旦违法犯罪，就可能会被遣送离境或被递解出境，由此就会丧失在特别行政区居留或定居的权利。

永久性居民与非永久性居民虽同为特别行政区居民，但法律地位和享有的权利并不完全相同。两者的差异性除了居留权与否之外，主要表现在选举权利和担任公职的权利方面。特别行政区基本法规定，特别行政区的行政机关和立法机关由特别行政区永久性居民组成；特别行政区永久性居民依法享有选举权和被选举权，而非永久性居民则不享有选举权和被选举权。因此，《中英联合声明》(第三条第四款规定了"香港特别行政区政府由当地人组成")和《中葡联合声明》(第二条第三款规定了"澳门特别行政区政府和澳门特别行政区立法机关均由当地人组成")中的"当地人"仅指特别行政区的永久性居民，并不包括特别行政区的非永久性居民。同样，"港人治港""澳人治澳"原则中的"港人和澳人"也是仅指特别行政区的永久性居民。

另外，在一些具体的政策和措施上，也同样体现出永久性居民与非永久性居民在法律地位和享有的权利的不同。如澳门的现金分享计划，永久性居民分享的金额多于非永久性居民；2011 年，香港只向 18 岁及以上永久性居民派发 6000 港元，非永久性居民不属于派发对象；再如，2012 年 10 月，香港对非本地永久性居民购房设置 15% 的"买家印花税"。

三、特别行政区居民与中国公民

(一) 中国国籍的取得

公民,是指具有某一国国籍,并根据该国法律规定享有权利和承担义务的人。《宪法》第三十三条第一款规定:"凡具有中华人民共和国国籍的人都是中华人民共和国公民。"

国籍,是指一个人作为某一国家公民的法律资格。它意味着个人与国家的一种固定的法律联系,也是国家行使属人管辖权和外交保护权的法律依据。国籍的取得方式在大类上可分为两类。

一是出生取得。大多数人都是通过这种方式取得国籍。出生取得国籍还可分为依血统和依出生地两种不同的原则。依血统,即不论出生在何地,只要其父母一方为本国人,则子女就获得父母一方或双方的国籍,这种原则称为血统主义,又称为属人主义。依出生地,即无论父母是哪国人,只要出生在该国的领土内,即自动获得该国国籍,这种原则称为出生地主义,又称为属地主义。世界上大多数国家采用血统主义和出生地主义相结合的原则。

二是加入取得。根据出生取得国籍,并非是按照个人意愿的一种方式。而通过加入取得国籍的方式,则是根据个人意愿或某种事实,并具备相关条件,才可取得他国国籍。加入取得还可分为三种情形:第一,因婚姻加入。一国男子和另外一国女子结婚,如果女子愿意申请,则获得男子所属国的国籍。第二,因收养加入。一国国民收养无国籍或另一国的儿童,被收养者的国籍会发生改变。第三,自愿申请加入,又称归化,是指一国国民自愿申请另一国国籍。

根据《中华人民共和国国籍法》的规定,取得中国国籍有两个途径:一是因出生。《中华人民共和国国籍法》第四条规定:"父母双方或一方为中国公民,本人出生在中国,具有中国国籍。"第五条规定:"父母双方或一方为中国公民,本人出生在外国,具有中国国籍;但父母双方或一方为中国公民并定居在外国,本人出生时即具有外国国籍的,不具有中国国籍。"第六条规定:"父母无国籍或国籍不明,定居在中国,本人出生在中国,具有中国国籍。"可见,中国在因出生入籍采用的是以血统主义为主、出生地主义为辅的混合主义原则。二是申请加入。《中华人民共和国国籍法》第七条规定:"外国人或无国籍人,愿意遵守中国宪法和法律,并具有下列条件之一的,可以经申请批准加入中国国籍:一、中国人的近亲属；二、定居在中国的；三、有其它正当理由。"

《中华人民共和国国籍法》是特别行政区居民取得中国国籍的法律依据。《中华人民共和国国籍法》是列在特别行政区基本法附件三的全国性法律，所以特别行政区居民取得中国国籍的法律依据就是《中华人民共和国国籍法》。根据《中华人民共和国国籍法》规定，特别行政区居民取得中国国籍有三种情况：一是父母双方或一方为中国公民，本人出生在香港或澳门，自然是具有中国国籍的中国公民；二是只要父母双方或一方为中国公民，即使不是出生在香港或澳门，也应是具有中国国籍的中国公民，除非其本人出生时就自然取得外国国籍；三是特别行政区居民中的非中国籍人，根据申请批准，可以加入中国国籍。

（二）不承认双重国籍原则

双重国籍，是指一个人拥有两个国家的合法公民身份，也就是拥有两个国家的国籍。一个人通过一个国家的法律获得该国国籍，又在另一个国家再一次通过该国的法律获得该国国籍，就被视为拥有双重国籍。理论上，双重国籍人在国际上会得到不仅一个国家的保护，但根据国际实践以及1930年在海牙签订的《关于国籍法冲突的若干问题的公约》第五条规定："具有一个以上国籍的人，在第三国境内，应被视为只有一个国籍，第三国在不妨碍适用该国关于个人身份事件的法律以及任何有效条约的情况下，就该人所有的各国籍中，应在其领土内只承认该人经常及主要居所所在国家的国籍，或者只承认在各种情况下似与该人实际上关系最密切的国家的国籍。"在其国籍之一的国家内部，双重国籍人一般只被当该国公民对待。例如甲国要求公民服兵役，那么同时拥有甲、乙国籍的人，在甲国境内不能因其乙国国籍而免服兵役。

多重国籍，是指一个人同时拥有三个或三个以上国家的国籍。多重国籍与双重国籍的产生原因相类似。例如，具有双重国籍的人在采取出生地主义为主的第三个国家里所生的子女，就可能具有多重国籍。

中国不承认双重或多重国籍。不承认双重或多重国籍是《中华人民共和国国籍法》的基本原则，其在第三条就明确规定："中华人民共和国不承认中国公民具有双重国籍。"《中华人民共和国国籍法》不承认双重或多重国籍原则还体现在以下条款。第五条规定："父母双方或一方为中国公民，本人出生在外国，具有中国国籍；但父母双方或一方为中国公民并定居在外国，本人出生时即具有外国国籍的,不具有中国国籍。"第八条规定:"申请加入中国国籍获得批准的,即取得中国国籍;被批准加入中国国籍的,不得再保留外国国籍。"第九条规定:"定居外国的中国公民,自愿加入或取得外国国籍的,即自动丧失中国国籍。"

(三)《中华人民共和国国籍法》在香港特别行政区的具体适用

从历史上看,香港居民的国籍问题是一个与领土主权密切相关的问题。英国占领香港后,单方面引入英国国籍法律并适用于香港居民,但是,中国历届政府均不承认英国对香港居民的国籍管治。中英两国政府在香港居民国籍问题上的纷争,贯穿于英国统治香港的整个历史,而其影响则延伸到中国对香港恢复行使主权之后。要解决这样一个问题,有必要先了解它所具有的特殊性或特点。

概括而言,香港居民国籍问题具有以下特点:第一,香港居民的民族、种族构成及其来源比较复杂。香港居民大部分具有中国血统,他们中有的世代居住在香港,有的是来自中国内地,有的是来自海外的移民,有的是移民的后代,有的是混血儿即具有部分中国血统。香港居民还有数量不少的外国血统人士,他们在不同的历史时期从不同的国家或地区来到香港,有的已是移民的后代;他们中有印巴裔、葡萄牙裔的,也有其他民族、种族的。民族、种族构成及其来源的复杂性,增加了以血统主义为主的《中华人民共和国国籍法》在香港实施的难度。第二,香港居民的国籍及护照构成比较复杂。由于英国国籍法本身的历史沿革,在1997年7月1日之前,香港居民在英国国籍法下分别具有不同的身份,包括英国属土公民身份、英国国民(海外)身份、英国海外公民身份、英国臣民身份、受英国保护人士身份、英国公民身份、英联邦公民身份、无国籍人士身份及外国人身份。由于英国承认双重国籍,加之出于外出旅行方便等考虑,在1997年7月1日之前,一些香港居民通过各种方式加入其他国家国籍,取得其他国家的护照,甚至一个人持有几本护照。对于香港居民在英国国籍法下的身份如何认定,对于他们加入其他国籍及持有其他国家护照如何处理,既是香港居民关注的问题,也是从国际关系角度讲是比较敏感的问题。

1984年12月19日,中英两国政府签署联合声明,并在当日,双方分别以中国外交部和英国驻华大使馆的名义互相交换了关于香港居民国籍问题的备忘录。中方在其备忘录中表示:"根据《中华人民共和国国籍法》,所有香港中国同胞,不论其是否持有'英国属土公民护照',都是中国公民。""中华人民共和国政府主管部门自一九九七年七月一日起，允许原被称为'英国属土公民'的香港中国公民使用由联合王国政府签发的旅行证件去其他国家和地区旅行。""上述中国公民在香港特别行政区和中华人民共和国其他地区不得因其持有上述英国旅行证件而享受英国的领事保护的权利。"中方在其备忘录使用"旅行证件"一词，而未使用英方备忘录中所提及的"英国护照"一词，表明中国政府将护照与国籍身份之确定区分了开来。如同不承认持有英国属土公民护照者具有英籍身份一样，中国政府也不承认持有英国国民(海外)护照者具有英籍身份，而只视英国国民(海外)护照为一种旅行证件。另外，明确允许英方向中国公民发放"旅行证件"，表明中国政府在香港居民国籍问题上作出了一定妥协。中方备忘录虽然重申了香港中国同胞是中国公民的立场，但该备忘录本身并未界定哪一部分人属于香港中国同胞。

1986年4月11日，中英双方分别以中国外交部和英国驻华使馆的名义就香港居民的"旅行证件"及有关问题交换了备忘录。英方在其备忘录中表示，从1987年7月1日起，将开始启用英国国民(海外)护照，并于该日起将为在香港有居留权的人签发新式永久性居民身份证；凡持有英国国民(海外)护照并同时持有香港永久性居民身份证者，英方将在该种护照上注明持有者拥有永久性居民身份证及在香港有居留权，以便于英国国民(海外)护照在1997年以前及以后能够被接受用于国际旅行。中方在其备忘录中对英方上述计划不持异议，并表示，为方便1997年6月30日后在香港有居留权的人外出旅行，必要时中国政府将向第三国政府阐明，附有英方备忘录所提加注"旅行证件"[指英国国民(海外)护照]的持有者，在1997年6月30日后可以返回香港特别行政区。

1996年5月15日，第八届全国人民代表大会常务委员会第十九次会议通过的《关于〈中华人民共和国国籍法〉在香港特别行政区实施的几个问题的解释》规定：第一，凡具有中国血统的香港居民，本人出生在中国领土(含香港)者，以及其他符合《中华人民共和国国籍法》规定的具有中国国籍的条件者，都是中国公民。第二，所有香港中国同胞，不论其是否持有"英国属土公民护照"或者"英国国民(海外)护照"，都是中国公民。自1997年7月1日起，上述中国公民可继续使用英国政府签发的有效旅行证件去其他国家或地区旅行，但在香港特别行政区和中华人民共和国其他地区不得因持有上述英国旅行证件而享有英国的领事保护的权利。第三，任何在香港的中国公民，因英国政府的"居英权计划"而获得的英国公民身份，根据《中华人民共和国国籍法》不予承认。这类人仍为中国公民,在香港特别行政区和中华人民共和国其他地区不得享有英国的领事保护的权利。第四,在外国有居留权的香港特别行政区的中国公民,可使用外国政府签发的有关证件去其他国家或地区旅行,但在香港特别行政区和中华人民共和国其他地区不得因持有上述证件而享有外国领事保护的权利。第五,香港特别行政区的中国公民的国籍发生变更,可凭有效证件向香港特别行政区受理国籍申请的机关申报。第六,授权香港特别行政区政府指定其入境事务处为香港特别行政区受理国籍申请的机关,香港特别行政区入境事务处根据《中华人民共和国国籍法》和以上规定对所有国籍申请事宜作出处理。

(四)《中华人民共和国国籍法》在澳门特别行政区的具体适用

《葡萄牙国籍法》规定,凡在葡萄牙领土或管理地区(澳门)出生、其出生登记内载明生父或生母一方具有葡萄牙国籍的,可以取得葡籍。而且《葡萄牙国籍法》承认双重国籍的原则。因此,在澳门居住的大量中国公民在回归之前已取得了葡籍。

为了妥善解决这一历史遗留问题与中国国籍法不承认双重国籍原则的冲突,中葡两国政府于1987年4月在北京签署中葡联合声明的同时,相互交换了备忘录。葡萄牙政府的备忘录声明:"凡按照葡萄牙立法,在一九九九年十二月十九日因具有葡萄牙公民资格而持有葡萄牙护照的澳门居民,该日后可继续使用之。自一九九九年十二月二十日起,任何人不得由于同澳门的关系而取得葡萄牙公民资格。"中国政府的备忘录声明:"澳门居民凡符合《中华人民共和国国籍法》规定者,不论是否持有葡萄牙旅行证件或身份证件,均具有中国公民资格。考虑到澳门的历史背景和现实情况,在澳门特别行政区成立后,中华人民共和国政府主管部门允许原持有葡萄牙旅行证件的澳门中国公民,继续使用该证件在其他国家和地区旅行。上述中国公民在澳门特别行政区和中华人民共和国其他地区不得享受葡萄牙的领事保护。"

1998年12月29日,第九届全国人民代表大会常务委员会第六次会议通过的《关于〈中华人民共和国国籍法〉在澳门特别行政区实施的几个问题的解释》规定:第一,凡具有中国血统的澳门居民,本人出生在中国领土(含澳门)者,以及其他符合《中华人民共和国国籍法》规定的具有中国国籍的条件者,不论其是否持有葡萄牙旅行证件或身份证件,都是中国公民。凡具有中国血统但又具有葡萄牙血统的澳门特别行政区居民,可根据本人意愿,选择中华人民共和国国籍或葡萄牙共和国国籍。确定其中一种国籍,即不具有另一种国籍。上述澳门特别行政区居民,在选择国籍之前,享有澳门特别行政区基本法规定的权利,但受国籍限制的权利除外。第二,凡持有葡萄牙旅行证件的澳门中国公民,在澳门特别行政区成立后,可继续使用该证件去其他国家或地区旅行,但在澳门特别行政区和中华人民共和国其他地区不得因持有上述葡萄牙旅行证件而享有葡萄牙的领事保护的权利。第三,在外国有居留权的澳门特别行政区的中国公民,可使用外国政府签发的有关证件去其他国家或地区旅行,但在澳门特别行政区和中华人民共和国其他地区不得因持有上述证件而享有外国领事保护的权利。第四,在澳门特别行政区成立以前或以后从海外返回澳门的原澳门居民中的中国公民,若变更国籍,可凭有效证件向澳门特别行政区受理国籍申请的机关申报。第五,授权澳门特别行政区政府指定其有关机构根据《中华人民共和国国籍法》和以上规定对所有国籍申请事宜作出处理。

以上规定,既坚持了《中华人民共和国国籍法》不承认双重国籍的立场,同时以灵活务实的方法保留原持有葡萄牙身份证件或"旅行证件"的澳门中国公民,继续使用该证件在其他国家和地区旅行的便利。

(五) 特别行政区居民中非中国籍人士与中国公民的权利差异

按"一国两制"的原则,特别行政区实行"高度自治",体现在管理特别行政区的主体上就是"当地人",即特别行政区永久性居民;另外,特别行政区依然是中华人民共和国不可分割的一部分,也就是"一国",体现在管理特别行政区主体上是"中国人",即特别行政区的中国籍居民。因此,特别行政区居民会因国籍的不同导致所享有权利存在差异。

特别行政区非中国籍居民不能享有参与国家事务管理。《宪法》第三十四条规定:"中华人民共和国年满十八周岁的公民,不分民族、种族、性别、职业、家庭出身、宗教信仰、教育程度、财产状况、居住期限,都有选举权和被选举权;但是依照法律被剥夺政治权利的人除外。"同时《香港(澳门)特别行政区基本法》在第二十一条规定:"香港(澳门)特别行政区居民中的中国公民依法参与国家事务的管理。根据全国人民代表大会确定的名额(代表名额)和代表产生办法,由香港(澳门)特别行政区居民中的中国公民在香港(澳门)选出香港(澳门)特别行政区的全国人民代表大会代表,参加最高国家权力机关的工作。"也就是说,特别行政区的居民只有具有中国籍(不分永久性居民与非永久性居民),才能享有特别行政区基本法第二十一条所规定的参与管理管理国家的权利,而非中国籍的特别行政区居民就不能享有此项权利。

特别行政区非中国籍居民不能担任一些重要公职。按照特别行政区基本法的规定,特别行政区行政长官、主要官员、立法会主席、副主席、行政会议成员、基本法委员会委员、终审法院院长等重要的职务只能由特别行政区的中国公民担任,特别行政区基本法在以上职务的任职资格规定上明确排除了特别行政区的非中国籍居民。

第二节 特别行政区居民的基本权利

基本权利,是指由宪法或法律规定的公民在国家和社会生活中享有的最重要的根本性权利。特别行政区基本法对香港、澳门回归前居民具有的权利,除带有殖民色彩的外,几乎全部保留下来。同时,特别行政区基本法还增加了"当家作主"的实质性权利,摆脱了回归前香港和澳门的中国公民被作为"殖民地"及"海外属土"二等臣民的受歧视地位。而且,特别行政区基本法还肯定了《公民权利和政治权利国际公约》《经济、社会与文化权利国际公约》和"国际劳工公约"适用于特别行政区。特别行政区基本法在"第三章"以"基本权利"的方式,对特别行政区居民的最重要的根本性权利进行了规定,充分展现了特别行政区居民享有权利和自由的广泛性。

一、政治权利和自由

(一) 平等权

平等权,在一般法律意义上都包含以下内容:第一,所有公民平等地享有宪法和法律规定的权利;第二,所有公民都平等地履行宪法和法律规定的义务;第三,国家机关在适用法律时,对于所有公民的保护或者惩罚都是平等的,不得因人而异;第四,任何组织或者个人都不得有超越宪法和法律的特权。

《世界人权宣言》第一条规定:"人人生而自由,在尊严和权利上一律平等。"

第二条规定:"人人有资格享有本宣言所载的一切权利和自由,不分种族、肤色、性别、语言、宗教、政治或其他见解、国籍或社会出身、财产、出生或其他身份等任何区别。并且不得因一人所属的国家或领土的政治的、行政的或者国际的地位之不同而有所区别,无论该领土是独立领土、托管领土、非自治领土或者处于其他任何主权受限制的情况之下。"《公民权利和政治权利国际公约》第二条第一款规定:"本公约每一缔约国承担尊重和保证在其领土内和受其管辖的一切个人享有本公约所承认的权利,不分种族、肤色、性别、语言、宗教、政治或其他见解、国籍或社会出身、财产、出生或其他身份等任何区别。"第三条规定:"本公约缔约各国承担保证男子和妇女在享有本公约所载一切公民和政治权利方面有平等的权利。"《宪法》第三十三条第二款规定:"中华人民共和国公民在法律面前一律平等。"

特别行政区居民在法律面前一律平等。《香港特别行政区基本法》第二十五条规定:"香港居民在法律面前一律平等。"《澳门特别行政区基本法》第二十五条规定:"澳门居民在法律面前一律平等,不因国籍、血统、种族、性别、语言、宗教、政治或思想信仰、文化程度、经济状况或社会条件而受到歧视。"特别行政区基本法之所以把平等权列为居民基本权利的首位,不仅因为平等权是中国宪法、包括英国宪法和葡萄牙宪法在内的外国宪法以及在特别行政区均适用的《公民权利和政治权利国际公约》《世界人权宣言》承认的一项公民基本权利,而且,由于特别行政区居民在国籍、血统、种族、语言、宗教、政治信仰、个人经济财富和社会地位等诸多方面,比内地公民和世界大多数区域的人员组成要复杂多样,同时还经历回归前后的历史转变。因此,居民的平等性就显得尤为重要,只有确立居民的平等权,才能使成分复杂多样的特别行政区居民在法律平等基础上和睦相处。

在对居民平等权的表述上,《香港特别行政区基本法》相对简单,《澳门特别行政区基本法》比较细化。表述上不相同的最重要原因是,澳门居民中中国公民占97%,葡萄牙和其他外籍人士占3%,而回归前澳门的中、高级公务员基本上由葡籍人士担任,中国公民实际上不能与葡籍人士平等享有参政权及其他权利,葡人高人一等是不争的事实。回归后,这种不平等的状况必然改变,而这种改变又可能会使澳门居民中的葡人产生担忧心理。因此,《澳门特别行政区基本法》强调了居民享有的平等权,不因国籍、血统、种族、语言、宗教或其他个人条件而受到歧视,以消除澳门居民中葡人的担忧心理,切实保障平等权的实现。

(二) 选举权和被选举权

选举权，在一般法律意义上，是指公民依法享有的推举国家民意机关代表或国家公职人员的权利。

《世界人权宣言》第二十一条规定："人人有直接或通过自由选择的代表参与治理本国的权利。人人有平等机会参加本国公务的权利。人民的意志是政府权力的基础；这一意志应以定期的和真正的选举予以表现，而选举应依据普遍和平等的投票权，并以不记名投票或相当的自由投票程序进行。"《公民权利和政治权利国际公约》第二十五条规定："每个公民应有下列权利和机会，不受第二条所述的区分和不受不合理的限制：一、直接或通过自由选择的代表参与公共事务；二、在真正的定期的选举中选举和被选举，这种选举应是普遍的和平等的并以无记名投票方式进行，以保证选举人的意志的自由表达；三、在一般的平等的条件下，参加本国公务。"《宪法》第三十四条规定："中华人民共和国年满十八周岁的公民，不分民族、种族、性别、职业、家庭出身、宗教信仰、教育程度、财产状况、居住期限，都有选举权和被选举权；但是依照法律被剥夺政治权利的人除外。"

在理论和实践上，公民的选举权都遵循限制原则，即享有选举权是有条件的。限制选举权的根本目的在于规范选举权的享有与行使，维护正常的选举秩序。因此，在限制的内容上应当客观公正、符合现代社会发展要求。例如，规定国籍、居住、年龄的限制，则具有一定的现实性和合理性；如果确定种族、性别、财产的限制，则不符合现代民主宪政的发展趋势。

被选举权，在一般法律意义上，是指公民被选任为国家权力机关的代表或其他公职人员的权利。作为一项政治权利，被选举权的权利功能与选举权的权利功能有所不同。选举权保障的是，每一个公民通过平等地享有投票权来表达自己政治主张的权利；而被选举权则是通过保障公民被提名权和候选人的当选权，来保障公民享有直接参与社会公众事务管理的权利。由于被选举权具有不同于选举权的权利功能，因此，享有被选举权的权利主体资格往往要比享有选举权的权利主体资格更加严格。这是因为选举权通常只涉及公民个人的政治表达，而被选举权不仅需要享有权利的主体能够自由地表达自己的政治主张，而且还要具备能够依据宪法和法律行使一定管理职权的必要管理素质。所以，在法律制度上，被选举权是比选举权受到更多的法定条件限制的政治权利。

特别行政区永久性居民依法享有选举权和被选举权。香港(澳门)特别行政区基本法在第二十六条规定,香港(澳门)特别行政区永久性居民依法享有选举权和被选举权。选举权和被选举权只赋予特别行政区永久性居民。只要是特别行政区永久性居民,无论是中国公民,还是非中国公民(包括英籍、葡籍以及无国籍人士),都有资格享有选举权和被选举权。但是,非永久性居民及在特别行政区的其他人是无权享有这一权利。选举权和被选举权只赋予特别行政区永久性居民的规定与"港人治港""澳人治澳"的精神相一致,即特别行政区的"当地人"才享有这项政治权利。

特别行政区基本法强调了永久性居民"依法"享有选举权和被选举权。"依法"有两层含义:第一,永久性居民须依照特别行政区基本法确立的一般性原则和具体事项规定。如"行政长官的产生办法根据特别行政区的实际情况和循序渐进的原则而规定,最终达至由一个有广泛代表性的提名委员会按民主程序提名后普选产生的目标",就是香港特别行政区基本法对永久性居民行使选举和参选行政长官权利的一般性原则规定;如"年满40周岁""连续居住满20年""中国公民",就是特别行政区基本法对永久性居民行使参选行政长官权利的具体事项规定。第二,永久性居民须依照当地的选举法律法规。香港选举法规定,只有年满18周岁,在香港住满7年的香港居民,才能登记为选民,享有选举权;在香港通常居住10年以上的香港居民,才享有被选举权。而根据澳门选举法,只有连续居住满7年,年龄在18周岁以上,并已登记为选民的,方可享有选举立法议员的权利;只有年满21周岁,才享有被选举权。

(三) 其他政治权利和自由

香港(澳门)特别行政区基本法在第二十七条规定,香港(澳门)居民享有言论、新闻、出版的自由,结社、集会、游行、示威的自由,组织和参加工会、罢工的权利和自由。

1. 言论、新闻、出版的自由

言论自由,在一般意义上是指公民按照自己的意愿自由地发表言论以及听取他人陈述意见的权利。从政治权利的角度而言,言论自由是指公民可以按照个人意愿表达意见和想法的权利，这些意见表达不用受政府的审查及限制，也无须担心受到报复。在广义上，言论自由不仅包含了充分表述的自由，还包括了创作及发布电影、照片、歌曲、舞蹈及其他各种形式的富有表现力的资讯的自由。

由于言论是公民表达意愿、交流思想、传播信息的必要手段和基本工具，也是形成人民意志的基础，因而言论自由在公民的各项政治自由中居于首要地位。《世界人权宣言》第十九条规定："人人有权享有主张和发表意见的自由；此项权利包括持有主张而不受干涉的自由，和通过任何媒介和不论国界寻求、接受和传递消息和思想的自由。"《公民权利和政治权利国际公约》第十九条第一款规定："人人有权持有主张，不受干涉。"第二款规定："人人有自由发表意见的权利；此项权利包括寻求、接受和传递各种消息和思想的自由，而不论国界，也不论口头的、书写的、印刷的、采取艺术形式的、或通过他所选择的任何其他媒介。"《宪法》第三十五条也明确规定："中华人民共和国公民有言论、出版、集会、结社、游行、示威的自由。"

新闻自由，是指通过宪法或相关法律法规保障本国媒体和公民采访、写作、报道、发布及接受新闻，创办媒体，出版、发行媒介产品等的新闻自由权利。新闻自由是民主制度的鲜明标志，作为公民一项主要的民主政治权利，在近代民主制度中得到普遍确认。受新闻自由保障者，包括新闻媒体之从业人员及其事业主。新闻媒体的从业人员——记者、编辑、评论员及专栏作家基于新闻自由，有免受政府干预，进行采访、调查、编辑及评论，并使其工作成果呈现给大众之权利，甚至包括对抗事业主的意志而为专业新闻报道、评论的权利。新闻媒体事业主的新闻自由权利则包括设置新闻媒体事业、决定营运方针及人事选任管理等权利。《人权宣言》第十一条规定："自由传达思想和意见是人类最宝贵的权利之一；因此，每个公民都有言论、著述和出版的自由，但在法律所规定的情况下，应对滥用此项自由负有责任。"这个条文成为后来许多国家宪法和国际人权公约参考的典范。

有学者认为，最低程度的新闻自由应该包括：设立新闻媒体事业的权利；搜集资讯的权利；不揭露资讯来源的权利；编辑权利；传播散发资讯的权利。也有学者认为，新闻自由包括三大类权利：一是防御性权利。新闻媒体免受政府之干预，表现在：新闻媒体的免于证言之权；不得搜索、扣押新闻媒体之权；新闻媒体有免受政府为达成一般社经政策或促使传播多元、公平性而行管制措施之权。二是表达性权利。新闻媒体有权传播其所选择的讯息或意见，表现在：免于某些禁止报道命令或事前限制措施之权利；即使事实传达有错误，可免受诽谤罪追诉之权利等。三是外求性权利。新闻媒体业的从业人员拥有一些特别的机会以取得新闻所需的资料或资讯，表现在：新闻媒体进入政府机关，取得政府所掌控资讯的权利；新闻媒体不受禁止侵入他人财产限制的特权等。

出版自由，是指公民可以通过公开出版物的形式，自由地表达自己对国家事务经济和文化事业、社会事务的见解和看法。由于出版主要是将自己的见解付诸文字，因而出版是言论的自然延伸，是固定化的言论。与之相适应的，出版自由也就是言论自由的自然延伸。

当然，言论自由不是绝对的，即并非漫无边际，在一定合理程度内限制个人的言论自由才符合人类社会共同生活的需求。《公民权利和政治权利国际公约》第十九条第三款规定："本条第二款所规定的权利的行使带有特殊的义务和责任，因此得受某些限制，但这些限制只应由法律规定并为下列条件所必需：(甲)尊重他人的权利或名誉；(乙)保障国家安全或公共秩序，或公共卫生或道德。"《宪法》第五十一条："中华人民共和国公民在行使自由和权利的时候，不得损害国家的、社会的、集体的利益和其他公民的合法的自由和权利。"在美国，法院借由累积许多言论自由的案例，发展出一套规则，称之为双阶理论，区分出所谓的高价值言论(包括政治性言论、宗教性言论、文化及艺术性的言论)及低价值言论(包括商业性言论、猥亵性言论、诽谤性言论、挑衅或仇恨性言论)，前者应受到国家最严密的保障，国家也不应立法限制之；后者的保障程度则较低。

针对言论自由的限制，从限制的对象可分为两者，即针对言论内容的限制及非针对言论内容的限制。前者是指限制某一种类型的内容或某一观点的言论，目的是针对言论传播的影响力。例如，限制色情网站的接触、检查特定政治或宗教观点的出版品等。后者并非直接针对言论的内容，而是针对言论表达的方法或管道。例如，报纸的张数限制、集会游行的时间、地点管制。

香港(澳门)特别行政区基本法第二十七条的规定表明，特别行政区居民享有言论自由、新闻自由、出版自由，肯定了特别行政区居民有权通过不同的途径和方式，发表各种言论，表达意见，宣传主张或见解；有权依照特别行政区报刊注册管理法规，自由办报，依照特别行政区出版管理法规，出版书籍、刊物及其他作品。

特别行政区居民在行使言论、新闻、出版自由权利时，应当遵守特别行政区法律的规定。同时，香港(澳门)特别行政区基本法第二十三条规定，香港(澳门)特别行政区应自行立法禁止任何叛国、分裂国家、煽动叛乱、颠覆中央人民政府及窃取国家机密的行为。也就是说，凡是在特别行政区内以言论、新闻、出版的方式煽动或宣扬叛国、分裂国家、煽动叛乱、鼓吹颠覆中央人民政府、泄露国家机密的，或无事实依据对他人进行人身攻击和恶意造谣中伤、诽谤的，都是对言论、新闻、出版自由的滥用，都属于违法行为，都应依法追究当事人的违法责任。

2. 集会、游行、示威的自由

集会、游行、示威自由是言论自由的延伸和具体化，是公民表达其意愿的不同表现形式。集会自由，是指公民为共同目的，临时聚集于露天公共场所，发表意见、表达意愿的自由；游行自由，是指公民在公共道路、露天公共场所列队行进，表达共同愿望的自由；示威自由，是指公民在露天公共场所或者公共道路上以集会、游行、静坐等方式，通过抗议或者支持、声援等表达共同意愿的自由。

集会、游行、示威自由都源于公民的请愿权。它们的共同之处在于：都是公民表达强烈意愿的自由；主要都在公共场所行使；必须是多个公民共同行使，属于集合性权利，单个公民的行为通常不能形成法律意义上的集会、游行和示威。三者的不同之处则在于表达意愿的程度、方式和方法有所差异。

由于集会、游行、示威自由权的行使多发生在公共道路或露天场所，参加或观看的人数众多，情绪感染性强，也容易发生与政府管理部门或其他公民的冲突，对社会影响较大。所以，公民在行使这些权利时，要遵循法律规定的条件，不得损害国家的、社会的、集体的利益和其他公民的合法的权利和自由。凡借此进行暴力活动，或者引起暴力冲突的集会、游行和示威，就丧失了受到法律保护的资格。

特别行政区基本法规定了居民有权享有集会、游行、示威的自由，使他们对政府、社会或对某一事件的关注、支持或不满等情绪能够通过公开方式，正常、合法地表示或反映出来，得到有效的宣泄，同时也使政府、有关部门或人士对居民抗议或不满的意愿引起关注，对民生、民计不敢懈怠，能够顺应居民的意愿和合理要求改进工作。特别行政区居民行使集会、游行、示威权利的时候，必须符合法律规定的要求，不能借此搞打、砸、抢，不得损害国家利益、社会稳定和其他居民的合法利益，否则就要受到法律的制裁。

3. 结社自由

结社自由，是公民按一定宗旨，依照法定程序组织或者参加具有持续性的社会团体的自由。结社自由是仅次于自己活动自由的最自然的自由，它同个人自由一样不可转让。

结社自由是公民参与国家事务和社会事务管理的重要保障，因此，它是公民的基本权利之一。《世界人权宣言》第二十条规定："人人有权享有和平集会和结社的自由。任何人不得迫使隶属于某一团体。"《公民权利和政治权利国际公约》第二十二条第一款规定："人人有权享受与他人结社的自由，包括组织和参加工会以保护他的利益的权利。"

结社因目的不同，可以分为两种：一是以营利为目的的结社，如开办公司、企业及其他经营性组织。二是非营利性的结社。其中又分为政治性结社与非政治性结社，前者如组织政党等政治团体，后者如组织宗教、慈善、文化艺术等团体。现代大多数国家宪法规定的结社，主要指以非营利为目的的各种结社。

由于现代法治国家的活动多以团体形式出现，因此，结社自由受国家安全、公共秩序、道德和他人的权利自由所必需的限制。《公民权利和政治权利国际公约》第二十二条第一款在规定了公民应享有结社自由的同时，在第二款明确规定："对此项权利的行使不得加以限制。除去法律所规定的限制以及在民主社会中为维护国家安全或公共安全、公共秩序，保护公共卫生或道德，或他人的权利和自由所必需的限制。"对结社自由作出的限制通常有备案制、批准制两种。备案制，指公民结社后须向国家主管机关申报备案，以便国家监督、管理。批准制，指在社团组织成立之前须报国家主管机关批准，许可后方可正式成立。资本主义国家在初期对结社自由多采用批准制，而现代大多数国家则废除批准制，采用备案制。

香港(澳门)特别行政区基本法第二十七条的规定表明，特别行政区居民享有结社自由。在香港或澳门名目繁多、组织各异的社会团体和组织中，除部分政治性团体外，绝大部分是经贸、文化、教育、卫生、环保等方面的社团。因此，特别行政区居民的结社自由应视为一种复合型基本权利，即不仅是居民的政治权利，也是他们的经济权利和社会权利。

特别行政区基本法作为宪法性法律，予以居民结社自由的内涵侧重于政治性结社自由。根据结社自由，特别行政区居民只要在法律的范围内，依法注册登记，不仅可以成立和加入各类经贸、文化、教育、卫生、环保等方面的社团，还可以自由地组建和加入包括政党在内的各种政治性团体。任何社团只要依法开展和从事活动，均应受到特别行政区法律的保护。除依据法律规定或法院判决而勒令解散或停止活动外，不受公共权力机关的干预，不得被国家或特别行政区政府解散或勒令停止活动。但是，凡是旨在颠覆国家和中央人民政府的政治团体和组织、具有黑社会背景和性质的社团和组织、武装结社，包括军事性、军事化或准军事性的结社、鼓吹法西斯主义思想的组织以及其他以从事违法犯罪为目的的社团组织，均不在法律保护之列。

此外，香港(澳门)特别行政区基本法第二十三条规定，禁止外国的政治性组织或团体在香港(澳门)特别行政区进行政治活动，禁止香港(澳门)特别行政区的政治性组织或团体与外国的政治性组织或团体建立联系。换言之，包括特别行政区政党在内的政治性团体和组织只允许在特别行政区范围内活动。

4. 组织和参加工会、罢工的权利和自由

工会，或称劳工总会、工人联合会，原意是指基于共同利益而自发组织的社会团体，这个共同利益团体诸如为同一雇主工作的员工，在某一产业领域的工作人员。工会组织的产生源于西方的工业革命，当时越来越多的农民离开赖以为生的农业涌入城市，为城市的工厂雇主打工，但工资低廉且工作环境极为恶劣，在这种环境下，单个的被雇佣者无能为力对付强有力的雇主，从而诱发工潮的产生，推动工会组织的诞生。工会组织成立的主要意图，可以与雇主谈判工资薪水、工作时限和工作条件等。

在现代工业社会中，工人身份的人口比例占大多数，组织和参加工会成为公民的一个基本政治权利，也是公民结社自由的一个具体体现。《世界人权宣言》第二十三条第四款规定："人人有为维护其利益而组织和参加工会的权利。"《公民权利和政治权利国际公约》第二十二条第一款规定："人人有权享受与他人结社的自由，包括组织和参加工会以保护他的利益的权利。"《经济、社会和文化权利国际公约》第八条第一款规定："本公约缔约各国承担保证：(甲)人人有权组织工会和参加他所选择的工会，以促进和保护他的经济和社会利益；这个权利只受有关工会的规章的限制。对这一权利的行使，不得加以除法律所规定及在民主社会中为了国家安全或公共秩序的利益或为保护他人的权利和自由所需要的限制以外的任

何限制。(乙)工会有权建立全国性的协会或联合会,有权组织或参加国际工会组织。(丙)工会有权自由地进行工作,不受除法律所规定及在民主社会中为了国家安全或公共秩序的利益或为保护他人的权利和自由所需要的限制以外的任何限制。(丁)有权罢工,但应按照各个国家的法律行使此项权利。"

罢工,是指工人为了表示抗议而集体拒绝工作的行为。罢工自由,又称罢工权或团体组合权,是指受雇人(经济学意义上的劳动者)依法获得的在劳动争议不能解决时,可用罢工的方式以对抗的自助性权利。在以集体劳动为重的工作行业,如工厂、煤矿等,罢工往往能够迅速得到雇主、政府和公众的注意,从而工人所提出的要求就更可能获得保证。大多数现代罢工由工会组织,而工会能与雇主抗衡,也是以工人拥有罢工权为后盾的。当然,罢工权也应依法行使。《经济、社会和文化权利国际公约》第八条第一款第四项规定:"有权罢工,但应按照各个国家的法律行使此项权利。"

香港(澳门)特别行政区基本法第二十七条的规定表明,特别行政区居民享有组织和参加工会、罢工的权利和自由。在香港、澳门,各行各业基本上都有工会,其中"香港工会联合总会"和"澳门工会联合总会"分别是两地最大的工会组织。特别行政区工会组织独立于雇主、国家、宗教团体、政党及其他政治组织,法律对工会的独立性充分保障。特别行政区工会有权与国际工会组织建立关系或成为其成员组织。特别行政区各行业工会作为雇员的代言人,向政府和资方反映民愿,提出请求,同时也协调雇员与政府和资方的关系,是港澳地区政治、经济、社会生活稳定不可忽视的力量。依照特别行政区基本法的规定,特别行政区居民均有权自愿组织工会和参加已有的工会组织,响应工会的号召,从事和参加工会的活动,任何人不得非法阻挠和剥夺居民的这项基本权利。

二、人身权及其相关权利

(一) 人身自由

狭义上,人身自由是指公民的肉体和精神不受非法侵犯,即不受非法限制、搜查、拘留和逮捕;广义上,人身自由是指包括与狭义人身自由相关联的人格尊严、住宅不受侵犯、通信自由和通信秘密等与公民个人生活有关的权利和自由。

人身自由是公民具体参加各种社会活动和实际享受其他权利的前提,也是保护和发展公民个体的必要条件。毫无疑问，如果一个人失去了人身自由，那么，他的其他权利和自由也就无从说起。因此，人身自由是公民所应享有的最起码的权利。《公民权利和政治权利国际公约》第九条第一款规定："人人有权享有人身自由和安全。任何人不得加以任意逮捕或拘禁。除非依照法律所确定的根据和程序，任何人不得被剥夺自由。"《世界人权宣言》第三条规定："人人有权享有生命、自由和人身安全。"第九条规定："任何人不得加以任意逮捕、拘禁或放逐。"《宪法》第三十七条规定："中华人民共和国公民的人身自由不受侵犯。任何公民，非经人民检察院批准或者决定或者人民法院决定，并由公安机关执行，不受逮捕。禁止非法拘禁和以其他方法非法剥夺或者限制公民的人身自由，禁止非法搜查公民的身体。"

特别行政区居民的人身自由不受侵犯。《香港特别行政区基本法》第二十八条规定："香港居民的人身自由不受侵犯。香港居民不受任意或非法逮捕、拘留、监禁。禁止任意或非法搜查居民的身体、剥夺或限制居民的人身自由。禁止对居民施行酷刑、任意或非法剥夺居民的生命。"《澳门特别行政区基本法》第二十八条规定："澳门居民的人身自由不受侵犯。澳门居民不受任意或非法的逮捕、拘留、监禁。对任意或非法的拘留、监禁，居民有权向法院申请颁发人身保护令。禁止非法搜查居民的身体、剥夺或者限制居民的人身自由。禁止对居民施行酷刑或予以非人道的对待。"

在保护居民人身自由权的规定上，《香港特别行政区基本法》与《澳门特别行政区基本法》有两点不同：一是《香港特别行政区基本法》有禁止"任意或非法剥夺居民的生命"规定，而《澳门特别行政区基本法》没有相关的规定。这是因为在起草并通过《香港特别行政区基本法》时，香港法律还没有废除死刑(香港在1991年6月26日废除死刑)。而在起草并通过《澳门特别行政区基本法》时，澳门法律已废除死刑(《葡萄牙共和国宪法》第二十四条规定："人之生命不容侵犯，在任何情况下均不设死刑。")。二是《澳门特别行政区基本法》有"对任意或非法的拘留、监禁，居民有权向法院申请颁发人身保护令"的规定，而《香港特别行政区基本法》没有相关的规定。这是因为《澳门特别行政区基本法》保留了澳门居民在回归前根据《葡萄牙共和国宪法》第三十一条而享有的权利。《葡萄牙共和国宪法》第三十一条规定："对滥用权力的非法拘留或羁押，法院法庭或军事法庭应颁发人身保护令。任何受害人或任何享有政治权利的公民均可提出人身保护之请求。承办法官应于 8 天内在当事双方均到场的听讯中就人身保护之请求作出裁决。"

特别行政区基本法还规定了"无罪推定"原则，以保护特别行政区居民的人身自由。无罪推定原则，意指"未经审判证明有罪确定前，推定被控告者无罪"。无罪推定是一种典型的直接推定，无须基础事实即可证明无罪这一推定事实的存在。换言之，证明被告犯罪的责任由控诉一方承担，被告人不负证明自己无罪的义务。无罪推定原则是现代法治国家刑事司法通行的一项重要原则，是国际公约确认和保护的一项基本人权，也是联合国在刑事司法领域制定和推行的最低限度标准之一。《世界人权宣言》第十一条第一款规定："凡受刑事控告者，在未经获得辩护上所需的一切保证的公开审判而依法证实有罪以前，有权被视为无罪。"《公民权利和政治权利国际公约》第十四条第二款规定："凡受刑事控告者，在未依法证实有罪之前，应有权被视为无罪。"《香港特别行政区基本法》第八十七条第二款规定："任何人在被合法拘捕后，享有尽早接受司法机关公正审判的权利，未经司法机关判罪之前均假定无罪。"《澳门特别行政区基本法》第二十九条第二款规定："澳门居民在被指控犯罪时，享有尽早接受法院审判的权利，在法院判罪之前均假定无罪。"

另外，《澳门特别行政区基本法》还规定了"法无明文不为罪"原则来进一步保护居民的人身自由，体现为第二十九条第一款："澳门居民除其行为依照当时法律明文规定为犯罪和应受惩处外，不受刑罚处罚。"而《香港特别行政区基本法》并没有"法无明文不为罪"原则的具体规定。

(二) 人格尊严不受侵犯

人格尊严，是指公民作为平等的人的资格和权利应该受到国家的承认和尊重，包括与公民人身存在密切联系的名誉、姓名、肖像等不容侵犯的权利。《公民权利和政治权利国际公约》第十六条规定："人人在任何地方有权被承认在法律前的人格。"第十七条第一款规定："任何人的私生活、家庭、住宅或通信不得加以任意或非法干涉，他的荣誉和名誉不得加以非法攻击。"第十条第一款规定："所有被剥夺自由的人应给予人道及尊重其固有的人格尊严的待遇。"《世界人权宣言》第六条规定："人人在任何地方有权被承认在法律前的人格。"第十二条规定："任何人的私生活、家庭、住宅和通信不得任意干涉，他的荣誉和名誉不得加以攻击。

人人有权享受法律保护,以免受这种干涉或攻击。"《宪法》第三十八条规定:"中华人民共和国公民的人格尊严不受侵犯。禁止用任何方法对公民进行侮辱、诽谤和诬告陷害。"

《澳门特别行政区基本法》第三十条规定:"澳门居民的人格尊严不受侵犯。禁止用任何方法对居民进行侮辱、诽谤和诬告陷害。澳门居民享有个人的名誉权、私人生活和家庭生活的隐私权。"该条款内容与《葡萄牙共和国宪法》第二十六条第一款中的"承认任何人均有个人身份权、民事能力之权利、公民资格之权利、名声与声誉权、肖像权、语言文字权以及私人生活与家庭生活隐私之保护权"的规定相衔接。但《香港特别行政区基本法》没有人格尊严保护的相关具体规定。

(三) 住宅不受侵犯

公民的居住、私生活及个人家庭财产的保存,一般要在住宅中进行,有的公民还要在住宅中进行社会性的工作和劳动。住宅不受侵犯,是指公民居住、生活的场所不受非法侵入和搜查。公民住宅如果被随意侵犯,公民个人和家庭生活就得不到安全保障,公民个人和家庭隐私权或财产权便可能受到侵害,社会安定也会受到影响。住宅不受侵犯是公民人身自由的具体化和现实保障,具体的含义包括:住宅不得随意侵入;住宅不得随意搜查;住宅不得随意查封;住宅不得随意毁坏。

对于公民住宅的保护,《公民权利和政治权利国际公约》第十七条第一款和《世界人权宣言》第十二条都有明确的规定。《宪法》第三十九条也规定:"中华人民共和国公民的住宅不受侵犯。禁止非法搜查或者非法侵入公民的住宅。"

特别行政区居民的住宅和其他房屋不受侵犯。《香港特别行政区基本法》第二十九条与《澳门特别行政区基本法》第三十一条都规定:"香港(澳门)居民的住宅和其他房屋不受侵犯。禁止任意或非法搜查、侵入居民的住宅和其他房屋。"不仅特别行政区居民的住宅不受侵犯,而且居民的其他房屋不受侵犯。"其他房屋"指的是除住宅外,产权或使用权归特别行政区居民个人或家庭所有的一切房屋,如写字楼、厂房、办事处等。

(四) 通信自由和通信秘密

通信自由和通信秘密又称"公民通信秘密不受侵犯"。通信自由,是指公民完全依照自己意愿通过信件或其他方式与他人交流思想、互通信息而不受任何第三方非法限制的自由。通信秘密，是指公民的通信内容属于写信人、收信人双方的私人秘密，受到国家法律保护，其他任何人未经收信人许可，而私自拆阅、偷看或销毁，或者强行要求写信人、收信人双方公开信件内容，或者未经写信人、收信人的许可私自把信件内容公布于众的行为，以及偷听别人电话等均属非法，要承担相应的法律责任。

对于公民通信自由和通信秘密的保护，《公民权利和政治权利国际公约》第十七条第一款和《世界人权宣言》第十二条都有明确的规定，《宪法》第四十条也规定："中华人民共和国公民的通信自由和通信秘密受法律的保护。除因国家安全或者追查刑事犯罪的需要，由公安机关或者检察机关依照法律规定的程序对通信进行检查外，任何组织或者个人不得以任何理由侵犯公民的通信自由和通信秘密。"

特别行政区居民的通信自由和通信秘密受法律保护。《香港特别行政区基本法》第三十条与《澳门特别行政区基本法》第三十二条都规定："香港(澳门)居民的通讯自由和通讯秘密受法律的保护。除因公共安全和追查刑事犯罪的需要，由有关机关依照法律程序(法律规定)对通讯进行检查外，任何部门或个人不得以任何理由侵犯居民的通讯自由和通讯秘密。"

特别行政区基本法在规定居民的通信自由和通信秘密要受到保护的同时，也肯定了有关机关有权依照法律程序对居民的通信进行检查。"有关机关"，不仅指司法机关，还应包括与通信业务有密切、直接相关的其他机关，如邮电部门、通信部门等。任何机关和机关工作人员对特别行政区居民的通信进行检查，其前提必须是为了公共安全和追查刑事犯罪的需要，必须获得法律的授权，必须遵守特别行政区基本法和特别行政区其他法律的规定及依照法定的程序进行。

(五) 迁徙、移居和出入境的自由

迁徙自由，是指公民可任意选择居住处所或任意旅行各地，而不受非法干涉的自由。公民迁徙的范围既可以在国内，也可以超出国界。

迁徙自由是现代社会公民应当享有的一项基本权利，是公民居住自由的进一步延伸，严格来讲，是公民人身自由的重要组成部分，没有迁徙自由就不能构成完整的人身自由权。《世界人权宣言》第十三条规定："人人在各国境内有权自由迁徙和居住。人人有权离开任何国家，包括其本国在内，并有权返回他的国家。"《公民权利和政治权利国际公约》第十二条规定："合法处在一国领土内的每一个

人在该领土内有权享受迁徙自由和选择住所的自由。人人有自由离开任何国家，包括其本国在内。上述权利，除法律所规定并为保护国家安全、公共秩序、公共卫生或道德、或他人的权利和自由所必需且与本公约所承认的其他权利不抵触的限制外，应不受任何其他限制。任何人进入其本国权利，不得任意加以剥夺。"

特别行政区居民享有迁徙、移居和出入境的自由。《香港特别行政区基本法》第三十一条规定："香港居民有在香港特别行政区境内迁徙的自由，有移居其他国家和地区的自由。香港居民有旅行和出入境的自由。有效旅行证件的持有人，除非受到法律制止，可自由离开香港特别行政区，无需特别批准。"《澳门特别行政区基本法》第三十三条规定："澳门居民有在澳门特别行政区境内迁徙的自由，有移居其他国家和地区的自由。澳门居民有旅行和出入境的自由，有依照法律取得各种旅行证件的权利。有效旅行证件持有人，除非受到法律制止，可自由离开澳门特别行政区，无需特别批准。"允许居民自由离开特别行政区，无需特别批准是特别行政区居民自由移居他国的必要条件，也是居民享有迁徙、移居权利的延伸。在现行制度下，特别行政区居民凭身份证就可分别进出各自居住的港澳地区。

此外，香港居民凭身份证还可直接进入澳门，无需申办护照和其他证件。反之，澳门居民进入香港因身份而有所区别。持有葡萄牙护照的澳门居民可凭所持证件自由往返香港；澳门永久性居民可免办进入许可赴港旅游，最长逗留180天；持《澳门居民往来香港特别行政区旅游证》的澳门非永久性居民，可免办进入许可赴港旅游，最长停留30天。另外，特别行政区居民进出内地，仍需持有港澳居民来往内地通行证(回乡证)。

按照特别行政区基本法的规定，特别行政区的有关机关，有权对居民出入境自由施加"法律的限制"。所谓法律的限制，是指被限制对象正在受到刑事或民事追诉、取保候审、正在服刑；或因偷税、漏税及债务等违法原因或嫌疑而被有关机关限制出境。

(六) 信仰自由

信仰，是指对某人或某种主张、主义、宗教极度相信和尊敬，拿来作为自己行动的榜样和指南。广义上讲，信仰自由包括宗教信仰的自由，也包括宗教信仰以外的信仰自由，还包括无任何信仰的自由；狭义上讲，信仰自由是指宗教信仰的自由。

《世界人权宣言》第十八条规定:"人人有思想、良心和宗教自由的权利;此项权利包括改变他的宗教或信仰的自由,以及单独或集体、公开或秘密地以教义、实践、礼拜和戒律表示他的宗教或信仰的自由。"《公民权利和政治权利国际公约》第十八条规定:"人人有权享受思想、良心和宗教自由。此项权利包括维持或改变他的宗教或信仰的自由,以及单独或集体、公开或秘密地以礼拜、戒律、实践和教义来表明他的宗教或信仰的自由。任何人不得遭受足以损害他维持或改变他的宗教或信仰自由的强迫。表示自己的宗教或信仰的自由,仅只受法律所规定的以及为保障公共安全、秩序、卫生或道德、或他人的基本权利和自由所必需的限制。本公约缔约各国承担,尊重父母和(如适用时)法定监护人保证他们的孩子能按照他们自己的信仰接受宗教和道德教育的自由。"《宪法》第三十六条也规定:"中华人民共和国公民有宗教信仰自由。任何国家机关、社会团体和个人不得强制公民信仰宗教或者不信仰宗教,不得歧视信仰宗教的公民和不信仰宗教的公民。国家保护正常的宗教活动。任何人不得利用宗教进行破坏社会秩序、损害公民身体健康、妨碍国家教育制度的活动。宗教团体和宗教事务不受外国势力的支配。"

特别行政区居民享有充分的信仰自由。《香港特别行政区基本法》第三十二条与《澳门特别行政区基本法》第三十四条都规定,香港(澳门)居民有信仰的自由。香港(澳门)居民有宗教信仰的自由,有公开传教和举行、参加宗教活动的自由,特别行政区基本法先肯定特别行政区居民有"信仰自由",再补充"有宗教信仰的自由"。这与《宪法》第三十六条"公民有宗教信仰自由"表述是有差别的,其意义在于肯定和强调了特别行政区居民除宗教信仰自由之外,还有权享受其他的信仰自由,即思想信仰、良心信仰、世界观信仰的自由。换言之,特别行政区基本法规定特别行政区居民可以信仰马克思主义,也可以信仰资本主义;在信仰上允许各种学派和思想百花齐放,保证居民思想上的绝对自由。

宗教信仰自由是特别行政区居民一直充分享有的基本权利。香港的宗教徒约占全港居民人口的2/3,信仰的宗教种类繁多,其中信仰佛教、道教的最多,其他的还包括基督教、天主教、伊斯兰教、印度教、锡克教、犹太教等。澳门的宗教徒约占澳门人口的1/2,主要信仰天主教,其次是基督教,再次是佛教,此外还有伊斯兰教、道教、孔教、日莲正宗教等。为了保证特别行政区居民的宗教信仰自由,《香港特别行政区基本法》第一百四十一条规定:"香港特别行政区政府不限制宗教信仰自由,不干预宗教组织的内部事务,不限制与香港特别行政区法律没有抵触的宗教活动。宗教组织依法享有财产的取得、使用、处置、继承以及接受资助的权利。财产方面的原有权益仍予保持和保护。宗教组织可按原有办法继续兴办宗教院校、其他学校、医院和福利机构以及提供其他社会服务。香港特别行政区的宗教组织和教徒可与其他地方的宗教组织和教徒保持和发展关系。"《澳门特别行政区基本法》第一百二十八条规定："澳门特别行政区政府根据宗教信仰自由的原则，不干预宗教组织的内部事务，不干预宗教组织和教徒同澳门以外地区的宗教组织和教徒保持及发展关系，不限制与澳门特别行政区法律没有抵触的宗教活动。宗教组织可依法开办宗教院校和其他学校、医院和福利机构以及提供其他社会服务。宗教组织开办的学校可以继续提供宗教教育，包括开设宗教课程。宗教组织依法享有财产的取得、使用、处置、继承以及接受捐献的权利。宗教组织在财产方面的原有权益依法受到保护。"

三、经济、社会、文化方面的权利

(一) 财产权

财产权，是指以财产利益为内容，直接体现财产利益的公民权利。财产权既包括物权、债权、继承权，也包括知识产权中的财产权利。

财产权是绝大多数国家宪法公认的一项基本公民权利。《世界人权宣言》第十七条规定："人人得有单独的财产所有权以及同他人合有的所有权。任何人的财产不得任意剥夺。"《宪法》第十三条规定："公民的合法的私有财产不受侵犯。国家依照法律规定保护公民的私有财产权和继承权。国家为了公共利益的需要，可以依照法律规定对公民的私有财产实行征收或者征用并给予补偿。"

特别行政区居民的财产权受法律保护。香港(澳门)特别行政区基本法在第六条旗帜鲜明地提出，香港(澳门)特别行政区依法保护私有财产权。《香港特别行政区基本法》第一百零五条和《澳门特别行政区基本法》第一百零三条进一步规定，香港(澳门)特别行政区依法保护私人和法人财产的取得、使用、处置和继承的权利，以及依法征用私人和法人财产时被征用财产的所有人得到补偿的权利。征用财产的补偿应相当于该财产当时的实际价值，可自由兑换，不得无故迟延支付。

土地作为居民最主要的财产，特别行政区居民的财产权受法律保护还体现在对特别行政区居民的土地相关权利保护。《香港特别行政区基本法》第一百二十条规定:"香港特别行政区成立以前已批出、决定、或续期的超越一九九七年六月三十日年期的所有土地契约和与土地契约有关的一切权利,均按香港特别行政区的法律继续予以承认和保护。"第一百二十一条规定:"从一九八五年五月二十七日至一九九七年六月三十日期间批出的,或原没有续期权利而获得续期的,超出一九九七年六月三十日年期而不超过二〇四七年六月三十日的一切土地契约,承租人从一九九七年七月一日起不补地价,但需每年缴纳相当于当日该土地应课差饷租值百分之三的租金。此后,随应课差饷租值的改变而调整租金。"第一百二十二条规定:"原旧批约地段、乡村屋地、丁屋地和类似的农村土地,如该土地在一九八四年六月三十日的承租人,或在该日以后批出的丁屋地承租人,其父系为一八九八年在香港的原有乡村居民,只要该土地的承租人仍为该人或其合法父系继承人,原定租金维持不变。"《澳门特别行政区基本法》第一百二十条规定:"澳门特别行政区依法承认和保护澳门特别行政区成立前已批出或决定的年期超过一九九九年十二月十九日的合法土地契约和与土地契约有关的一切权利。"特别行政区基本法对于居民和其他人的财产所有权及相关权利,兑现了以生产资料私有制为基础的资本主义社会制度保持50年不变的承诺。

(二) 择业和工作自由权

择业和工作自由权,又称自主择业权,是指公民依据自己意愿选择职业的权利,包括是否从事职业、从事何种职业、何时何地从事职业等方面的选择权。

《世界人权宣言》第二十三条第一款规定:"人人有权工作、自由选择职业、享受公正和合适的工作条件并享受免于失业的保障。"《经济、社会及文化权利国际公约》第六条第一款规定:"本公约缔约各国承认工作权,包括人人应有机会凭其自由选择和接受的工作来谋生的权利,并将采取适当步骤来保障这一权利。"

特别行政区居民享有择业和工作自由权。《香港特别行政区基本法》第三十三条规定:"香港居民有选择职业的自由。"《澳门特别行政区基本法》第三十五条规定:"澳门居民有选择职业和工作的自由。"《澳门特别行政区基本法》较《香港特别行政区基本法》多了"选择工作的自由"的规定,是由于回归前适用于澳门的《葡萄牙共和国宪法》中不仅规定公民有选择职业的自由,而且规定公民有选择工作的自由。

(三) 文化教育权

文化教育权，是指公民根据宪法和法律的规定，在教育和文化领域享有的权利和自由。其基本内容包括：含受教育权在内的教育自由权；学术研究自由权；文学艺术创作和其他文化活动的自由权。文化教育权属于公民的积极受益权，即公民可以积极主动地向国家提出请求、国家也应积极予以保障的权利。

《世界人权宣言》第二十六条规定："人人都有受教育的权利，教育应当免费，至少在初级和基本阶段应如此。初级教育应属义务性质。技术和职业教育应普遍设立。高等教育应根据成绩而对一切人平等开放。教育的目的在于充分发展人的个性并加强对人权和基本自由的尊重。教育应促进各国、各种族或各宗教集团的了解、容忍和友谊，并应促进联合国维护和平的各项活动。父母对其子女所应受的教育的种类，有优先选择的权利。"第二十七条规定："人人有权自由参加社会的文化生活，享受艺术，并分享科学进步及其产生的福利。人人对由于他所创作的任何科学、文学或美术作品而产生的精神的和物质的利益，有享受保护的权利。"

《经济、社会及文化权利国际公约》第十三条第一款规定："本公约缔约各国承认，人人有受教育的权利。它们同意，教育应鼓励人的个性和尊严的充分发展，加强对人权和基本自由的尊重，并应使所有的人能有效地参加自由社会，促进各民族之间和各种族、人种或宗教团体之间的了解、容忍和友谊，和促进联合国维护和平的各项活动。"第四款规定："本条的任何部分不得解释为干涉个人或团体设立及管理教育机构的自由，但以遵守本条第一款所述各项原则及此等机构实施的教育必须符合于国家所可能规定的最低标准为限。"第十五条规定："本公约缔约各国承认人人有权：(甲)参加文化生活；(乙)享受科学进步及其应用所产生的利益；(丙)对其本人的任何科学、文学或艺术作品所产生的精神上和物质上的利益，享受被保护之利。本公约缔约各国为充分实现这一权利而采取的步骤应包括为保存、发展和传播科学和文化所必需的步骤。本公约缔约各国承担尊重进行科学研究和创造性活动所不可缺少的自由。本公约缔约各国认识到鼓励和发展科学与文化方面的国际接触和合作的好处。"

特别行政区居民享有文化教育权利和自由。《香港特别行政区基本法》第三十四条规定："香港居民有进行学术研究、文学艺术创作和其他文化活动的自由。"《澳门特别行政区基本法》第三十七条规定："澳门居民有从事教育、学术研究、文学艺术创作和其他文化活动的自由。"特别行政区基本法肯定了特别行政区居民文化教育权利和自由，表明中央政府不会干预特别行政区多元化的教育、学术研究、文学艺术创作和其他文化活动。特别行政区居民在享有这项权利，进行教育、学术研究、文学艺术创作和其他文化活动时具有高度的自由性，可以不遵循内地教育、学术研究、文学艺术创作和其他文化活动中必须坚持正确政治方向的原则。

为使居民的文化教育权利落到实处，《香港特别行政区基本法》第一百三十七条进一步规定："各类院校均可保留其自主性并享有学术自由，可继续从香港特别行政区以外招聘教职员和选用教材。宗教组织所办的学校可继续提供宗教教育，包括开设宗教课程。学生享有选择院校和在香港特别行政区以外求学的自由。"《澳门特别行政区基本法》第一百二十二条也规定："澳门原有各类学校均可继续开办。澳门特别行政区各类学校均有办学的自主性，依法享有教学自由和学术自由。各类学校可以继续从澳门特别行政区以外招聘教职员和选用教材。学生享有选择院校和在澳门特别行政区以外求学的自由。"

(四) 社会福利权

社会福利权又称社会保障权，是指公民要求国家通过立法来承担和增进全体国民的基本生活水准的权利，具体而言，即政府和社会应保障个人和家庭在遭受工伤、职业病、失业、疾病和老年时期维持一定的固定收入并获得其他各种补助。

《世界人权宣言》第二十二条规定："每个人，作为社会的一员，有权享受社会保障，并有权享受他的个人尊严和人格的自由发展所必需的经济、社会和文化方面各种权利的实现，这种实现是通过国家努力和国际合作并依照各国的组织和资源情况。"第二十五条第一款规定："人人有权享受为维持他本人和家属的健康和福利所需的生活水准，包括食物、衣着、住房、医疗和必要的社会服务；在遭到失业、疾病、残废、守寡、衰老或在其他不能控制的情况下丧失谋生能力时，有权享受保障。"

《经济、社会及文化权利国际公约》第九条规定："本公约缔约各国承认人人有权享受社会保障，包括社会保险。"第十一条第一款规定："本公约缔约各国承认人人有权为他自己和家庭获得相当的生活水准，包括足够的食物、衣着和住房，并能不断改进生活条件。各缔约国将采取适当的步骤保证实现这一权利，并承认为此而实行基于自愿同意的国际合作的重要性。"

《宪法》第四十四条规定："国家依照法律规定实行企业事业组织的职工和国家机关工作人员的退休制度。退休人员的生活受到国家和社会的保障。"第四十五条规定："中华人民共和国公民在年老、疾病或者丧失劳动能力的情况下，有从国家和社会获得物质帮助的权利。国家发展为公民享受这些权利所需要的社会保险、社会救济和医疗卫生事业。国家和社会保障残废军人的生活，抚恤烈士家属，优待军人家属。国家和社会帮助安排盲、聋、哑和其他有残疾的公民的劳动、生活和教育。"

　　特别行政区居民享有全方位的社会福利权。《香港特别行政区基本法》第三十六条与《澳门特别行政区基本法》第三十九条规定，香港(澳门)居民有依法享受社会福利的权利。劳工的福利待遇和退休保障受法律保护。为了保证特别行政区居民享有全方位的社会福利权，《香港特别行政区基本法》第一百四十五条规定："香港特别行政区政府在原有社会福利制度的基础上，根据经济条件和社会需要，自行制定其发展、改进的政策。"《澳门特别行政区基本法》第一百三十条规定："澳门特别行政区政府在原有社会福利制度的基础上，根据经济条件和社会需要自行制定有关社会福利的发展和改进的政策。"同时，《香港特别行政区基本法》第一百四十六条规定："香港特别行政区从事社会服务的志愿团体在不抵触法律的情况下可自行决定其服务方式。"《澳门特别行政区基本法》第一百三十一条规定："澳门特别行政区的社会服务团体，在不抵触法律的情况下，可以自行决定其服务方式。"以上规定不仅确定了特别行政区政府在为居民制定、执行社会福利制度方面的权利和义务，也对各类民间和社会团体组织开展社会福利的活动给予肯定和支持，使特别行政区居民社会福利权利能得到切实有效的保障。

(五) 婚姻家庭方面的权利和自由

　　婚姻是组成家庭的重要途径，家庭是天然、基本的社会单元，生育是维系家庭传承、人类衍生的必需手段。婚姻家庭方面的权利和自由内容，包括：公民有自由恋爱、结婚和离婚的权利，家庭及家庭成员受到法律保护的权利和按照自己意愿生育的权利。

　　《世界人权宣言》第十六条规定："成年男女，不受种族、国籍或宗教的任何限制有权婚嫁和成立家庭。他们在婚姻方面，在结婚期间和在解除婚约时，应有平等的权利。只有经男女双方的自由的和完全的同意，才能缔婚。家庭是天然的和基本的社会单元,并应受社会和国家的保护。"《公民权利和政治权利国际公约》第二十三条规定:"家庭是天然的和基本的社会单元,并应受社会和国家的保护。已达结婚年龄的男女缔婚和成立家庭的权利应被承认。只有经男女双方的自由的和完全的同意,才能缔婚。本公约缔约各国应采取适当步骤以保证缔婚双方在缔婚、结婚期间和解除婚约时的权利和责任平等。在解除婚约的情况下,应为儿童规定必要的保护办法。"《宪法》第四十九条第一款规定:"婚姻、家庭、母亲和儿童受国家的保护。"第四款规定:"禁止破坏婚姻自由,禁止虐待老人、妇女和儿童。"

特别行政区居民享有婚姻家庭方面的权利和自由。《香港特别行政区基本法》第三十七条规定:"香港居民的婚姻自由和自愿生育的权利受法律保护。"《澳门特别行政区基本法》第三十八条规定:"澳门居民的婚姻自由、成立家庭和自愿生育的权利受法律保护。妇女的合法权益受澳门特别行政区的保护。未成年人、老年人和残疾人受澳门特别行政区的关怀和保护。"

第三节 特别行政区居民的基本义务

基本义务,是指宪法和宪法性法律规定的公民必须遵守和履行的义务。特别行政区基本法作为宪法性法律,在规定特别行政区居民依法享有广泛的基本权利和自由的同时,也规定了特别行政区居民应遵守和履行的基本义务。《香港特别行政区基本法》第四十二条与《澳门特别行政区基本法》第四十四条都规定,香港(澳门)居民和在香港(澳门)的其他人有遵守香港(澳门)特别行政区实行的法律的义务。

特别行政区基本法对特别行政区居民基本义务的规定没有列出具体内容,而是用"特别行政区实行的法律的义务"作出原则性的概括。之所以采取这种原则性概括方式,根本原因是回归前香港实行的是英国法律,而英国的宪法不成文的特点使当时港英政府统治下的居民权利义务内容没有明确的成文规定;回归前澳门所适用的葡萄牙宪法对公民义务的规定立法时主要着眼于葡萄牙本国公民,而并未充分考虑到澳门和澳门居民中中国公民的特殊情况。回归后,特别行政区居民的基本义务如在特别行政区基本法中一一罗列,在立法技术上确实十分困难,也很难使特别行政区居民基本权利与义务相结合。所以,特别行政区基本法把遵守在特别行政区实行的法律,作为特别行政区居民的基本义务,不仅简略地涵盖了特别行政区居民的全部基本义务,而且在符合权利与义务统一的立法原则的前提下,有效地克服了立法技术上的困难,同时还使回归后法律确定的居民义务与回归前法律确定的居民义务灵活地衔接,有利于特别行政区居民义务相关法律规定的平稳过渡。

特别行政区基本法所指的"特别行政区实行的法律"包括:特别行政区基本法;符合特别行政区基本法并予以保留的港澳地区原有法律,分别包括香港的普通法、衡平法、条例、附属立法和习惯法,澳门的法律、法令、训令等行政法规和其他规范性文件;特别行政区立法机关制定的法律;特别行政区行政长官制定的附属法规或行政法规;特别行政区基本法附件三列举的适用于特别行政区的全国性法律;在全国人民代表大会常务委员会宣布进入战争状态及决定特别行政区进入紧急状态时,中央人民政府命令在特别行政区实施的全国性法律。上述已经适用或在一定条件下将会适用于特别行政区的法律,从不同的方面和不同的角度与特别行政区居民的基本权利相结合、相对应,明确规定或意含了特别行政区居民的义务,主要内容包括:维护国家主权、统一和领土完整;维护祖国的安全、荣誉和利益;遵守宪法、特别行政区基本法和其他法律;遵守公共秩序、尊重社会公德;依法纳税等。特别行政区居民在充分享有基本权利之时,必须充分履行上述义务。

拓展阅读

1. 居英权计划

居英权计划,官方正式名称为"英国国籍甄选计划",是英国于1990年向香港推行的一个计划,给予指定合资格人士英国居留权。

1984年,中国与英国签署《中英联合声明》,确认1997年香港主权移交,中英方已表明香港人将不会获得英国的居留权。但为了安抚人心,英国当局于1985年制定《1985年香港法》,新增了"英国国民(海外)"这个身份,并在1987年起向港人签发"英国国民(海外)护照",让港人即使在主权移交后,仍然与英国保持某种的关系。由于英国政府担心港人会涌到英国定居,所以"英国国民(海外)护照"并不赋予居英权,致使不少港人感到失望,遂使香港开始出现了移民潮。最后,在平衡英国与香港人的利益下，英国当局最终在 1990 年同意批准了一个折中方案，容许部分人士取得居英权，这就是居英权计划。

1990 年，时任香港总督卫奕信爵士公布居英权计划，提供五万个名额，依照《1990 英国国籍(香港)法》成为英国公民。名额主要给予曾经从事敏感职位的政府公务员，以及对殖民地有贡献的人士，也包括最有能力及动机申请移民的人士。居英权持有人可随时前往英国定居，而无须在英国居留数年以取得居留权，而持有人的子女可在英国就读公立中学。这样可令获得居英权人士安心在香港生活，可随时前往英国，以减轻香港人才及资金的流失问题。

中国方面对居英权计划表示不满，而《中华人民共和国国籍法》亦对居英权不予承认，持有人仍被视为中国公民。由于中方规定在主权移交后的特别行政区政府，出掌要职的人士均须为没有居英权的中国公民，所以中方不会让计划申请人在主权移交后出任政府要职。这也是对行政长官和主要官员任职资格的要求，香港基本法要比澳门基本法多了"在外国无居留权"规定的原因所在。

——整理主要参考文献：高琳，《评〈1990 英国国籍(香港)法案〉》，《公安大学学报》，1991 年第 2 期

2. BNO 事件

英国国民(海外)护照，简称 BNO，是英国因香港主权移交的问题，在 1987 年 7 月 1 日起开始签发予香港居民中具有英国国民(海外)身份的护照。按中英双方交换的备忘录规定，香港居民在 1997 年 7 月 1 日后任可继续持有和使用 BNO，但英国不能赋予香港居民 BNO 持有者拥有英国居留权。根据《全国人民代表大会常务委员会关于〈中华人民共和国国籍法〉在香港特别行政区实施的几个问题的解释》第二条规定，所有香港中国同胞，不论是否持有英国属土公民护照或者英国国民(海外)护照，都是中国公民。并且自 1997 年 7 月 1 日起，可继续使用英国政府签发的有效旅行证件去其他国家或地区旅行，但在香港和中国其他地区不得因持有上述英国旅行证件而享有英国的领事保护的权利。

为了抗议《香港维护国家安全法》在香港实施，英国政府在 2020 年 7 月 22 日发布，将于 2021 年 1 月为持有 BNO 的港人提供"5+1"升级方案。"5+1"升级方案，是指 BNO 持有人享 5 年有限居留许可，之后可申请定居，继而再定居满 1 年后可申请做英国公民。针对英国政府改变 BNO 安排的行为，中国驻英国使馆发言人指出：中英曾就英国国民(海外)护照问题互换备忘录，英方在备忘录中明确承诺不给予持有 BNO 护照的香港中国公民在英居留权。英方不顾中方强烈反对和

一再交涉，为有关人员在英居留和入籍提供路径，严重违背自身承诺，严重干涉中国内政，严重违反国际法和国际关系基本准则。

2021年1月29日，英国政府正式宣布：自1月31日起正式实施BNO"5+1"升级方案。作为反制，中国外交部在2021年1月29日宣布：中方自1月31日起不再承认BNO作为有效旅行证件和身份证明。香港特别行政区政府也在同日宣布：BNO护照不能用于在香港出入境，相关香港居民可继续以其香港特别行政区护照或香港永久性居民身份证用于在香港出入境；BNO护照不得在香港作为任何形式的身份证明，相关香港居民可继续以其香港永久性居民身份证作为身份证明；乘客登机前往香港时，航空公司须要求相关香港居民出示其香港特别行政区护照或香港永久性居民身份证，以作证明；未持有其他有效旅行证件的非中国籍香港永久性居民可向特别行政区政府入境处申领签证身份书，以用于国际旅行。

——整理主要参考文献：《梁振英：英国人过去一年的举动，代价极大》，《观察者网》，2021年月1月29日

3. 中国不承认双重国籍的原因

双重国籍产生的起因是，第二次世界大战前，东南亚国家都是欧洲国家的殖民地，因此，这些国家采取出生地原则：在哪里出生就可以获得哪个地方的国籍。但自从1909年清朝政府颁布中国第一部国籍法《大清国籍条例》后，中国一直奉行血统原则：不管出生在哪里，只要是中国人的后裔，就是中国人。在东南亚当地出生的中国人后裔，就自然拥有了双重国籍。第二次世界大战结束后，东南亚国家还是沿用殖民地时期的欧洲法律体系，双重国籍的纠纷也自然出现。按照20世纪50年代的统计，当时中国华侨约有1200万，其中东南亚占据了一大部分。

中国着手解决"双重国籍"问题，主要原因就是东南亚国家质疑中国在向他们"输出革命"。在抗日战争时期，中国共产党与这些国家的共产党建立了密切的联系，而这些组织里的成员多数是华侨。20世纪50年代，情况显然已经变化，而中国共产党与东南亚国家的共产党依然保持密切联系。在1955年印尼万隆会议上，中国和印尼签订了《关于双重国籍问题的条约》，取消华侨的"双重国籍"身份，让他们必须选择一种国籍。周恩来总理在记者招待会上明确说，虽然这个条约是中国和印度尼西亚的条约，但这种政策同样适用于其他国家。

而中国正式从法律上确认"不承认双重国籍"，是在1980年。1980年9月10日第五次全国人民代表大会第三次会议通过的《中华人民共和国国籍法》，首

次以法律的形式确定中国不承认双重国籍的原则。

——整理主要参考文献：王亭亭、王阳，《中国双重国籍问题研究》，《法制与社会》，2018年第22期

4. 居港权案

根据《香港特别行政区基本法》第二十四条规定，符合香港永久性居民第(一)、(二)两项所列居民在香港以外所生中国籍子女，均为香港永久性居民，在香港特别行政区享有居留权。但《香港特别行政区基本法》却没有列明他们在获得永久性居民身份之前所生子女和非婚生子女是否可以成为永久性居民。1997年8月11日，法援署选出4个无证儿童(吴嘉玲、吴丹丹、徐权能和张丽华)代表个案，向法院申请居港权。1999年1月29日，香港特别行政区终审法院进行了终审裁决裁定，任何在港居留达7年的港人，他们的子女无论何时出生，都应享有居港权。

根据推算，因终审法院裁决而可能享有居港权的内地人士高达167.5万人。裁决一出，香港社会顿起轩然大波。1999年5月19日，香港立法会通过决议，支持政府要求全国人民代表大会常务委员会释法。1999年6月28日，全国人民代表大会常务委员会释法：港人在内地所生子女要求进入香港，需要经过内地机构审批，并持有有效证件方可进入香港；《香港特别行政区基本法》第二十四条第二款第三项规定，是指无论本人是在香港特别行政区成立以前出生还是以后出生，在其出生时，其父母双方或一方须是香港永久性居民。

但令人惊心动魄的居港权事件并没有因此而落幕，2000年8月2日，一批自称拥有"居港权"的内地人士，因不满被香港特别行政区政府拒绝发给香港身份证，纵火烧入境处，酿成50人受伤的惨剧。

——整理主要参考文献：《香港特别行政区政府开始遣返居权败诉者(附居权案大事回放)》，《中国新闻网》，2002年4月2日

庄丰源案。庄丰源的祖父庄曜诚在1978年从中国内地来到香港定居，其子庄纪炎及媳妇均于广东省汕尾市居住，一直未获香港居留权。1997年9月29日，庄纪炎夫妇持双程证来到香港探亲期间诞下庄丰源，同年11月庄氏父母返回内地，庄丰源则留在香港与祖父母同住。按当时的香港《入境条例》，庄丰源不是香港永久性居民，属非法留港，故1999年4月香港入境事务处发信提醒庄曜诚指明庄丰源没有居港权并将被遣返。庄曜诚不满，遂代表庄丰源入禀香港高等法院提出诉讼。高等法院原讼法庭裁定庄丰源一方胜诉，指出《入境条例》相关条文违

反《香港特别行政区基本法》，依据《香港特别行政区基本法》第二十四条(一)所定义的"在香港特别行政区成立以前或以后在香港出生的中国公民"，庄丰源是香港永久性居民。香港政府不服原讼法庭判决，上诉至高等法院上诉法庭败诉后，继续上诉至终审法院。2001年7月20日，终审法院五位法官一致维持原判。虽然当时香港社会有舆论要求香港政府再次向全国人民代表大会常务委员会要求释法(1999年6月，全国人民代表大会常务委员会曾就有关争议进行释法)，但香港政府最终未进行。其后香港政府根据终审法院的判决修改了《入境条例》，即中国籍父母双方都非香港永久性居民(以下简称"双非")其子女在香港出生即可获得香港永久居民身份。

庄丰源案终审判决后，内地"双非"孕妇争相赴港产子。自2001年至2011年，获得居港权的"双非"婴儿的数量已超过17万人，这对香港特别行政区的社会管制、医疗以及未来的人口政策、社会福利政策造成了严重影响。

——整理主要参考文献：徐放，《"双非"婴儿背后的居港权争议》，《法律与生活》，2012年15期

菲佣居港权案。2010年12月，3名外佣经法律援助署聘任"彭思帝理律师行"为代表，以香港资深大律师李志喜为首，协助3个菲律宾外佣及家庭入禀香港高等法院申请司法复核，要求推翻香港法例第115章《入境条例》对于在香港连续工作满7年的外籍家庭佣工不能因此成为香港永久性居民的限制，认为该条文抵触《香港特别行政区基本法》第二十四条列出的香港特别行政区永久性居民定义之一的"在香港特别行政区成立以前或以后持有效旅行证件进入香港、在香港通常居住连续七年以上并以香港为永久居住地的非中国籍的人"条文。其中一宗案件于2011年8月22日开审。

根据《入境条例》第2条(4)(a)，在任何期间内，非法入境者、违反任何逗留条件者、难民、被羁留者、政府输入雇员计划下受雇为外来的合约工人、受雇为外来家庭佣工、领馆人员、香港驻军及以订明的中央人民政府旅行证件持有人身份而留在香港者，不得被视为通常居于香港。来香港打工的外佣早在办理佣工签证时已作出"无意不返回原居地"及"合约完结后离开香港"的承诺。在香港入境事务处的"从外国受聘来港家庭佣工签证/延长逗留期限申请表格"上，佣工本人须向香港特别行政区政府承诺"本人并无任何原因不能返回原居地，而本人亦无意于完成或终止上述雇佣合约后不返回原居地"及"本人将于完成雇佣合约或终止雇佣合约后的两星期内离开香港"。

截至 2011 年，香港有外籍佣工约 30 万人，其中 12.5 万人在港居住超过 7 年。香港政府评估，一旦外佣争取到居港权，以每个家庭 4 人计算，这些外佣将带来 12.5 万名配偶和 25 万名儿童，最终香港的人口将增加 50 万人。届时，香港的医疗、福利和房屋等各项政策会受到极大冲击，政府的相关开支也将大幅增加。

2011 年 9 月，高等法院就首例外佣争取居留香港权司法复核案作出裁决，法官的判词认为香港现行的入境条例违反了基本法有关规定。特别行政区政府为此提出上诉。2012 年 3 月，高等法院上诉法庭裁决政府胜诉，外佣逐上诉至终审法院。2013 年 3 月 25 日，香港终审法院 5 名法官一致驳回外佣上诉，宣判外佣争取居港权败诉。香港终审法院判词认为，外佣在港居留性质不符合《香港特别行政区基本法》第二十四条第二款第(二)、(四)项中的有关"通常居住"的定义，即便在港居住满七年，仍旧不能获得香港永久性居民身份。终审法院的这一判决，使为时两年多的外佣居港权争议画上了句号。

——整理主要参考文献：梁美芬，《香港"外佣居港权案"：三次判决和两大争议》，《清华法学》，2015 年第 4 期

5. 第二十三条立法

《香港(澳门)特别行政区基本法》第二十三条规定："香港(澳门)特别行政区应自行立法禁止任何叛国、分裂国家、煽动叛乱、颠覆中央人民政府及窃取国家机密的行为，禁止外国的政治性组织或团体在香港(澳门)特别行政区进行政治活动，禁止香港(澳门)特别行政区的政治性组织或团体与外国的政治性组织或团体建立联系。"

澳门已经在 2009 年制定了《维护国家安全法》，并在澳门立法会通过。在《维护国家安全法》立法后，澳门并没有出现影响言论自由等情况。

2002 年 7 月，董建华连任特首后，即拟推行《香港特别行政区基本法》第二十三条立法。2002 年 9 月 24 日，香港特别行政区政府向社会发布《实施基本法第二十三条咨询文件》，展开为期三个月的咨询活动。香港特别行政区政府保安局于 2003 年 2 月 11 日向立法会提交《国家安全(立法条文)条例草案》。香港特别行政区政府的立法原则：(一)必须全面落实《香港特别行政区基本法》的规定，包括该条第二十三条定名必须禁止的行为；以及其他在第三章的有关条文，特别是保障香港居民某些基本权利和自由的第二十七条(第二十七条规定：香港居民享

有言论、新闻、出版的自由，结社、集会、游行、示威的自由，组织和参加工会、罢工的权利和自由)，以及第三十九条(第三十九条规定：《公民权利和政治权利国际公约》《经济、社会与文化权利的国际公约》和国际劳工公约适用于香港的有关规定继续有效，通过香港特别行政区的法律予以实施)。(二)必须充分保障国家的根本利益，即主权、领土完整、统一及国家安全；(三)必须确保落实《香港特别行政区基本法》第二十三条的本地法例内，所有罪行均尽量清楚和严谨订明，以免产生歧义或抵触《香港特别行政区基本法》所保障的基本权利和自由。

香港《国家安全条例草案》的直接立法依据是《香港特别行政区基本法》第二十三条。同时，香港《国家安全条例草案》即《香港特别行政区基本法》第二十三条立法并不是一个全新的条例，条文中的七个罪名分别包括在香港现行的三个法律中。"叛国、分裂国家、煽动叛乱、颠覆中央人民政府"四个罪名涉及香港现行的《刑事罪行条例》第一部"叛国罪"和第二部"其他反对政府的犯罪"；"窃取国家机密"罪名，目前香港适用的是《官方机密条例》处理谍报和非法披露官方数据等罪行。

由于社会各界对《国家安全条例草案》的内容和立法程序存在歧义，包括一些香港居民认为实施《香港特别行政区基本法》第二十三条是对他们人权和自由的限制与干涉。2003年9月5日，董建华宣布，为消除社会对基本法第二十三条立法的疑虑，决定撤回《国家安全条例草案》。

由于香港社会对第二十三条立法存在分歧较大，导致香港在国家安全方面长期存在法律漏洞。为了保障和维护香港国家安全，全国人大常委会根据全国人大的授权于2020年6月30日制定颁布了《香港特别行政区维护国家安全法》，并决定将其增列入《香港特别行政区基本法》附件三。2020年6月30日晚上，香港特别行政区公布实施了《香港特别行政区维护国家安全法》。

——整理主要参考文献：陈勤、傅晓，《浅议香港基本法第二十三条立法》，《经济视角(上)》，2012年6期

6. "香港民族党"被取缔

"香港民族党"，是在2016年3月28日成立的。鼓吹"港独"是该党的一贯主张，其"六个主张"被写入党纲，包括："建立独立和自由的香港共和国"；捍卫港人利益；巩固香港民族意识，确立香港公民的定义；支持并参与一切有效抗争；废除未经港人授权的《香港特别行政区基本法》，香港宪法必须由港人制定；

建立支持香港独立的势力,在经济、文化、教育各方面成立以香港为本位的组织和政治压力团体,奠定自主的势力基础。"建立独立自主的香港共和国,脱离中国殖民暴政,令港人重回正常生活"是"香港民族党"的最终目标。

2018年9月24日,香港特别行政区政府刊宪:特别行政区政府保安局局长李家超借行使《社团条例》第8(2)条赋予保安局局长的权力,现作出命令禁止香港民族党在香港运作或继续运作。命令经在宪报刊登,即行生效。

"香港民族党"被取缔,给我们的启示是:言论及结社自由受《香港特别行政区基本法》保障,但并非没有限制,当超越社会底线、危害国家安全时,必须予以制止。取缔违反《香港特别行政区基本法》的"香港民族党",完全合乎《香港特别行政区基本法》和特别行政区本地法律规定,是根据事实而作出的合法、合情、合理决定,与香港言论及结社自由并不相悖,也不存在任何政治打压。

——整理主要参考文献:《"港独"团体"香港民族党"被取缔,香港保安局长回应》,《澎湃新闻》,2018年9月24日

思 考 题

1. 在永久性居民取得资格和条件规定上,《香港特别行政区基本法》与《澳门特别行政区基本法》有哪些共同点和不同点?

2. 特别行政区居民中非中国籍人士与中国公民的权利存在哪些差异?

3. 如何全面理解"特别行政区永久性居民依法享有选举权和被选举权"?

第六章

特别行政区的政治体制和组织机构

在一般概念上,政治体制是指一个国家范围内的国家权力的性质、组织、分配、运作等方面的规范。因为香港、澳门回归后实行了"一国两制",特别行政区的政治体制具有了自己明显的特色。这一特色既有别于香港、澳门回归前的原有政治体制,也有别于内地省级地方行政区域的权力运行模式。

第一节 特别行政区政治体制概述

关于特别行政区的政治体制,在特别行政区基本法里并没有具体明文表述。但根据特别行政区基本法的相关规定,可以得出这样的结论:"司法独立,行政与立法互相制衡又互相配合,并以行政为主导"的行政长官制是特别行政区的政治体制。

一、政治体制的概念

在广义上,政治体制是指关于国家权力的性质、组织、分配、运作等方面的规范,包括社会制度、国体、政体、政治制度、法律制度、政权结构等。在狭义上,政治体制是指政权结构,即一个国家政府的组织结构和管理体制。按行政、立法、司法三权关系的不同,政治体制主要分为君主立宪制、三权分立制、议行合一制三种。

在特别行政区基本法的范畴内,政治体制是关于特别行政区所设立的行政长官与行政机关、立法机关、司法机关的组织、地位、职权、作用以及各方之间的相互关系,也就是特别行政区的政治架构。

二、特别行政区政治体制的设计原则

(一) 要符合"一国两制"方针基本精神

在《中英联合声明》和《中葡联合声明》中,中国政府承诺把"一国两制"的具体方针写入特别行政区基本法。将"一国两制"的方针法律化,实际上不仅是中国政府对两个联合声明的践诺,更反映出中国政府对"一国两制"方针高度肯定和赞成的态度。因为实行"一国两制"的原则,既有利于维护国家主权的统一和领土的完整,又能保证特别行政区高度自治。所以,特别行政区基本法所设立的政治体制也必将符合"一国两制"的方针和精神,表现为:首先,维护国家的统一与主权。中央与特别行政区的关系是单一制下中央与地方行政区域的关系;行政长官、主要官员等由中央人民政府任命;特别行政区立法机关制定的法律、通过的财政预算案要报中央备案等。其次,特别行政区享有高度自治权。行政长官在当地通过协商或选举产生;特别行政区行政机关和立法机关由当地人组成;主要官员由行政长官提名等。最后,规定好行政长官、立法机关、行政机关的产生办法以及行政机关与立法机关之间的关系。

(二) 要有利于特别行政区的繁荣、稳定,同时兼顾社会各阶层的利益和要求

一方面,特别行政区政治体制的设计原则要有利于特别行政区的繁荣、稳定。在两个联合声明中,中国政府对特别行政区设立的基本方针政策是维护和保持其经济的繁荣和社会的稳定。如《中英联合声明》正文的第一段就指出,中英两国政府"一致认为通过协商妥善地解决历史上遗留下来的香港问题,有助于维持香港的繁荣与稳定"。在特别行政区基本法中也提出"保持香港(澳门)的繁荣和稳定""保持原有的资本主义制度和生活方式,五十年不变",在不损害国家主权的原则下,原有制度尽可能不作大的改变。从这个意义上看,特别行政区基本法所设立的政治体制有利于特别行政区的繁荣、稳定。

另一方面,特别行政区政治体制的设计原则要兼顾社会各阶层的利益和要求。在特别行政区基本法设立的政治体制中,要特别注意在政治上、经济上兼顾各阶层的利益,既要充分考虑到工商界的利益和要求,发挥其在资本主义经济发展中

举足轻重的作用，又要兼顾到其他社会阶层的利益。只有慎重地解决、处理好该地区政治权力的分配关系，才能让不同阶层的利益主体合理地分享社会资源和社会财富，也才能在香港、澳门回归祖国后继续保持经济繁荣和社会稳定。如在行政长官选举委员会委员和立法会议员的选举上采用功能界别议席的制度设计，其主要目的就在于平衡多方面不同的利益。

(三) 保持原有政治体制中的优点，逐步发展适合于特别行政区的民主制度

特别行政区政治体制的设计要符合香港、澳门地区情况。香港、澳门地区长期以来实行资本主义政治制度，设立特别行政区后，也不可能将其过去的历史和文化完全割断。按照"一国两制"的方针，在香港、澳门地区继续保持资本主义制度不变、生活方式不变，那么对其原有的政治体制不可能完全改变或重新设置。香港、澳门原有的政治体制中，有一些模式经过多年实践被证明是适合其社会经济发展的特点和优点，在设立特别行政区政治体制时可以考虑汲取和保留这类制度，如鲜明而行之有效的"行政主导"的政府运作机制、完善的公务员制度及用以辅助政府工作的各种咨询制度等。

逐步发展适合于香港、澳门的民主制问题，主要是指中国对香港、澳门恢复行使主权后，涉及特别行政区政治体制组成中的选举制度问题。之所以要"逐步"发展适合的民主制，主要原因有下面几个：首先，要保持香港、澳门的稳定与繁荣。各方面的变化应尽可能小一些，政制发展的步骤也不能太快，尽可能避免香港、澳门的剧烈震动，采取稳步前进的方针，力求实现平稳交接。其次，要符合香港、澳门的民主历史发展的实际情况。"香港总督""澳门总督"在回归前都不是选举产生而是直接任命，香港立法局也是到1985年才有一小部分议员由选举产生。最后，民主的实质在于香港、澳门是由谁来管理。是由当地人来管理特别行政区的事务，还是由非当地人中的外国人管理特别行政区，这是区分特别行政区有无民主制的标志，也是特别行政区实行民主制首先要解决的问题。实行直接选举还是间接选举、功能团体选举，直接选举的比例大一些、进程快一些，还是比例小一些、进程慢一些，这也是民主制的组成部分，但不能说有间接选举、功能团体选举就不是民主制或没有民主。由此看来，基于保证港澳地区的平稳过渡和继续繁荣发展，基于特别行政区在政治体制设立上应有的谨慎和稳妥，基于特别

行政区居民公民意识和管理经验需进一步成熟，不可能在特别行政区快速发展民主制。而应采取循序渐进的方式，逐步扩大各阶层的民主参与，逐步发展民主制，直至最后达至全面的和充分的民主制。

三、特别行政区政治体制

"司法独立，行政与立法互相制衡又互相配合，并以行政为主导"是特别行政区的政治体制。这样的政治体制，既不同于外国的议会制和总统制，也不同于内地的人民代表大会制，更不同于回归前的总督制，而是具有港澳特色的行政长官制。

（一）司法独立

司法独立，在一般意义上是指司法机关即法院独立地行使审判权，不受行政机关、立法机关和其他人的干涉，司法人员履行审判职责的行为不受法律追究。《香港特别行政区基本法》第八十条规定："香港特别行政区各级法院是香港特别行政区的司法机关，行使香港特别行政区的审判权。"第八十五条还规定："香港特别行政区法院独立进行审判，不受任何干涉，司法人员履行审判职责的行为不受法律追究。"《澳门特别行政区基本法》第八十二条规定："澳门特别行政区法院行使审判权。"第八十三条规定："澳门特别行政区法院独立进行审判，只服从法律，不受任何干涉。"这说明，审判权只属于特别行政区各级法院，行政机关、立法机关没有这一权力。

此外，由于实行"一国两制"，特别行政区的司法独立还有另外一层含义，即特别行政区的司法活动不仅不受本特别行政区内的任何干预，而且也不受内地任何部门包括各级司法机关的干预。甚至中央国家机关中的最高人民法院、最高人民检察院对特别行政区司法机关也没有任何指导、监督的权力。《香港(澳门)特别行政区基本法》在第二条规定了"特别行政区享有独立的司法权和终审权"；《香港特别行政区基本法》第八十二条、《澳门特别行政区基本法》第八十四条第二款还规定："香港(澳门)特别行政区的终审权属于香港(澳门)特别行政区终审法院。"特别行政区享有终审权，并为此设立终审法院，体现司法制度的独立性。

（二）行政机关与立法机关互相制衡

一是行政长官有权决定是否签署立法会通过的法案。立法会有权制定法律，但立法会通过法案后，必须经行政长官签署、公布方能有效。《澳门特别行政区基本法》第七十八条规定："澳门特别行政区立法会通过的法案，须经行政长官签署、公布，方能生效。"《香港特别行政区基本法》第四十八条规定了行政长官行使的职权，其中的第三项规定："签署立法会通过的法案，公布法律。"《香港特别行政区基本法》第四十九条规定："香港特别行政区行政长官如认为立法会通过的法案不符合香港特别行政区的整体利益，可在三个月内将法案发回立法会重议。"《澳门特别行政区基本法》第五十一条规定："澳门特别行政区行政长官如认为立法会通过的法案不符合澳门特别行政区的整体利益，可在九十日内提出书面理由并将法案发回立法会重议。"也就是说，如果行政长官拒绝签署立法会通过的法案，立法会通过的法案就不能生效。

二是行政长官有权解散立法会。《香港特别行政区基本法》第四十九条规定："香港特别行政区行政长官如认为立法会通过的法案不符合香港特别行政区的整体利益，可在三个月内将法案发回立法会重议，立法会如以不少于全体议员三分之二多数再次通过原案，行政长官必须在一个月内签署公布或按本法第五十条的规定处理。"《澳门特别行政区基本法》第五十一条规定："澳门特别行政区行政长官如认为立法会通过的法案不符合澳门特别行政区的整体利益，可在九十日内将法案发回立法会重议。立法会如以不少于全体议员三分之二多数再次通过原案，行政长官必须在三十日内签署公布或按本法第五十二条的规定处理。"《香港特别行政区基本法》第五十条规定："香港特别行政区行政长官如拒绝签署立法会再次通过的法案或立法会拒绝通过政府提出的财政预算案或其他重要法案，经协商仍不能取得一致意见，行政长官可解散立法会。行政长官在解散立法会前，须征询行政会议的意见。行政长官在其一任任期内只能解散立法会一次。"《澳门特别行政区基本法》第五十二条规定："澳门特别行政区行政长官遇有下列情况之一时，可解散立法会：(一)行政长官拒绝签署立法会再次通过的法案；(二)立法会拒绝通过政府提出的财政预算案或行政长官认为关系到澳门特别行政区整体利益的法案，经协商仍不能取得一致意见。行政长官在解散立法会前，须征询行政会的意见，解散时应向公众说明理由。行政长官在其一任任期内只能解散立法会一次。"也就是说，立法会再次通过行政长官发回重议的法案或拒绝通过政府提出的财政预算案或其他重要法案的时候，还要考虑到可能带来被解散的后果。

三是立法会可迫使行政长官辞职。《香港特别行政区基本法》第五十二条规定：

"香港特别行政区行政长官如有下列情况之一者必须辞职：(一)因严重疾病或其他原因无力履行职务；(二)因两次拒绝签署立法会通过的法案而解散立法会，重选的立法会仍以全体议员三分之二多数通过所争议的原案，而行政长官仍拒绝签署；(三)因立法会拒绝通过财政预算案或其他重要法案而解散立法会，重选的立法会继续拒绝通过所争议的原案。"《澳门特别行政区基本法》第五十四条规定："澳门特别行政区行政长官如有下列情况之一者必须辞职：(一)因严重疾病或其他原因无力履行职务；(二)因两次拒绝签署立法会通过的法案而解散立法会，重选的立法会仍以全体议员三分之二多数通过所争议的原案，而行政长官在三十日内拒绝签署；(三)因立法会拒绝通过财政预算案或关系到澳门特别行政区整体利益的法案而解散立法会，重选的立法会仍拒绝通过所争议的原案。"也就是说，行政长官在行使解散权的时候要考虑到可能带来被要求辞职的后果。

四是立法会有权提出行政长官弹劾案。《香港特别行政区基本法》第七十三条第九项规定："如立法会全体议员的四分之一联合动议，指控行政长官有严重违法或渎职行为而不辞职，经立法会通过进行调查，立法会可委托终审法院首席法官负责组成独立的调查委员会，并担任主席。调查委员会负责进行调查，并向立法会提出报告。如该调查委员会认为有足够证据构成上述指控，立法会以全体议员三分之二多数通过，可提出弹劾案，报请中央人民政府决定。"《澳门特别行政区基本法》第七十一条第七项规定："如立法会全体议员三分之一联合动议，指控行政长官有严重违法或渎职行为而不辞职，经立法会通过决议，可委托终审法院院长负责组成独立的调查委员会进行调查。调查委员会如认为有足够证据构成上述指控，立法会以全体议员三分之二多数通过，可提出弹劾案，报请中央人民政府决定。"

五是行政机关对立法机关负责。《香港特别行政区基本法》第六十四条规定："香港特别行政区政府必须遵守法律，对香港特别行政区立法会负责：执行立法会通过并已生效的法律；定期向立法会作施政报告；答复立法会议员的质询；征税和公共开支须经立法会批准。"《澳门特别行政区基本法》第六十五条规定："澳门特别行政区政府必须遵守法律，对澳门特别行政区立法会负责：执行立法会通过并已生效的法律；定期向立法会作施政报告；答复立法会议员的质询。"相比较澳门特别行政区政府而言，香港特别行政区政府对立法会负责还有一项：征税和公共开支须经立法会批准。但要注意的是，这里的"负责"不是指上下级关系或者从属关系,即行政不从属于立法。

从上面的规定可见,为了使行政长官、行政机关、立法会能够正确地行使自己的职权,应合理地进行分工,各得其所,以达到互相制衡的目的。但总体而言,行政长官要行使解散权,立法机关要迫使行政长官辞职,都是很不容易的,是受到法律严格限制的。

(三) 行政与立法相互配合

特别行政区政治体制不仅确定了行政与立法之间的相互制衡关系,而且还强调两者之间互相配合与协调的关系,这是区别于西方"三权分立"制度的一个显著特点。

一是行政会议(行政会)的设置体现行政与立法相互配合。香港的行政会议和澳门的行政会是协助行政长官决策的机构。行政长官在作出重要决策,向立法会提交法案,制定附属法规(或行政法规)和解散立法会之前,须征询行政会议(行政会)的意见。由于在行政会议(行政会)中既有立法会议员,也有行政机关的主要官员,行政长官在决策时可以听取来自立法机关和行政机关不同方面的意见,进行协调,以消除分歧,从而加强行政与立法的配合。又由于行政会议(行政会)中有社会人士,可以代表社会上各界人士的意见,以比较超脱的立场从中进行协调,促使行政与立法之间相互配合。

二是按照法律规定的程序,行政长官在解散立法会之前,除了须征询行政会议(行政会)的意见外,还应先进行协商,经与立法会协商仍不能取得一致意见,才可以行使解散权。这种事先协商的制度也体现了行政与立法相互沟通和配合的精神。

三是在立法会举行会议的时候,政府应委派官员列席并代表政府在会议上发言,就有关问题作出说明,以便相互了解和沟通。《香港特别行政区基本法》第六十二条第六项规定:"委派官员列席立法会并代表政府发言。"《澳门特别行政区基本法》第六十四条第六项规定:"委派官员列席立法会会议听取意见或代表政府发言。"

(四) 行政主导

行政主导,是指以行政长官为首长的政府应拥有较大的权力,在政治生活里起积极的主导作用。

一是行政长官地位显要。行政长官具有双重身份,既是特别行政区的首长,代表特别行政区;又是特别行政区政府的首长,领导特别行政区政府。具有双重身份,说明行政长官的法律地位比立法机关要高。也就是说,只有行政长官才可以代表特别行政区向中央人民政府述职,与中央人民政府联系;只有行政长官才可以代表特别行政区接待外国元首和政府首脑的来访,进行各种礼仪活动。行政长官这种崇高的法律地位,就是要突出行政的主导作用。

二是在行政与立法的关系中,行政处于主动地位。特别行政区政府拟订并提出法案、议案,经由行政长官向立法会提出,即政府拥有立法创议权,这是行政主导的一大体现;政府提出的法案、议案优先列入立法会议程,也体现了行政优先;涉及公共开支、政治体制及政府运作的法案、议案,只能由政府提出,而立法会议员是不能提出的,提案的特权也显示了行政主导;立法会议员提出涉及政府政策的法案、议案,在提出前必须得到行政长官的书面同意,即行政长官对议员提案权限制,也体现了行政主导;立法会通过的法案须经行政长官签署、公布方能生效,行政长官有权拒绝签署法案,发回立法会重议,即行政长官拥有立法否决权,这也是行政主导的重要体现;行政长官有权决定政府官员或其他负责公务的人员是否向立法会作证和提供证据,也表明行政在与立法的关系中处于主导地位。

三是行政会议(行政会)角色独特。行政会议(行政会)的设立也是体现行政主导的重要方面。由于它的唯一任务就是协助行政长官决策,向行政长官提供意见。因此,它除了在行政与立法之间起相互配合的作用外,实际上还起着集体商议问题的作用。由于它的组成人员来自行政机关、立法机关和社会人士三个方面,如果行政机关与立法机关对某一问题存在不同的意见,就会在行政会议(行政会)中反映出来,因此,行政长官作决策时就已经清楚立法会的态度。可以说,行政会议(行政会)协助行政长官形成了实质上的行政主导体制。

四是行政对司法有一定的制约。具体表现在:首先,行政长官有权依照法定程序任免各级法院法官。法官在无力履行职责或行为不检的情况下,行政长官可依照法定程序予以免职。其次,行政长官有赦免或减轻刑事罪犯刑罚的权力。特别行政区基本法授予行政长官这项职权的目的是制约司法权,也是行政主导的体现。最后,行政长官就国家行为的事实问题所发出的证明文件对法院有约束力。

《香港(澳门)特别行政区基本法》在第十九条第三款规定:"香港(澳门)特别行政区法院对国防、外交等国家行为无管辖权。香港(澳门)特别行政区法院在审理案件中遇有涉及国防、外交等国家行为的事实问题,应取得行政长官就该等问题发出的证明文件,上述文件对法院有约束力。行政长官在发出证明文件之前,须取得中央人民政府的证明书。"

第二节 特别行政区行政长官

特别行政区的政治体制赋予了行政长官特殊而又重要的法律地位。行政长官的产生、任职资格和要求、职权与香港(澳门)总督和内地省长、自治区主席、直辖市市长具有鲜明的区别。另外,特别行政区的政治体制还借鉴了香港原有的行政局制度、澳门原有的咨询会制度,设置了行政会议(行政会)作为协助行政长官决策的机构。

一、行政长官的法律地位

(一) 行政长官的双重法律地位

行政长官是特别行政区的首长。《香港特别行政区基本法》第四十三条和《澳门特别行政区基本法》第四十五条规定,香港(澳门)特别行政区行政长官是香港(澳门)特别行政区的首长,代表香港(澳门)特别行政区。香港(澳门)特别行政区行政长官依照本法的规定对中央人民政府和香港(澳门)特别行政区负责。特别行政区需要一个首长,因为特别行政区是一个享有高度自治权的地方行政区域,在很多情形下需要一个首长代表它。例如,一些外国的国家元首或政府首脑到特别行政区访问,就应当有一位首长来行使接待和外交礼节性的工作;又如特别行政区会有许多事务要与中央发生联系,行政长官可以代表特别行政区与中央联系。

行政长官也是特别行政区政府的首长。《香港特别行政区基本法》第六十条和《澳门特别行政区基本法》第六十二条规定,香港(澳门)特别行政区政府的首长是香港(澳门)特别行政区行政长官。

(二) 行政长官与香港(澳门)总督的区别

一是香港总督是英国在香港的代表,总揽行政、立法、军事等大权,只对英国负责,而无须对香港任何机构负责;澳门总督是葡萄牙在澳门的代表,总揽行政、立法、军事等大权,只对葡萄牙负责,而无须对澳门任何机构负责;而特别行政区行政长官则需要"三负责",即对中央人民政府负责、对特别行政区负责和对立法会负责,没有军权,不是中央政府驻港(澳)的代表,也没有香港(澳门)总督那么大的立法权。

二是香港(澳门)总督拒签法案和解散立法局的权力不受任何限制,而行政长官的这一权力则受到一定的限制。

三是回归前的法律对香港(澳门)总督并无进行弹劾的规定,即立法局无权对香港(澳门)总督提出弹劾。而特别行政区基本法则规定,立法会按照一定法律程序可以对行政长官提出弹劾案。

四是回归前的法律没有对香港(澳门)总督辞职的规定,立法局也无权迫使香港(澳门)总督辞职。而根据特别行政区基本法规定,行政长官在以下特定情况下必须辞职:立法会被行政长官解散后,重选的立法会再次通过有争议的原案或再次拒绝通过政府的财政预算或其他重要法案。

香港总督是英国政府派往香港地区的最高行政首脑,是该地区的全权代表,对香港的各项重大事务握有绝对的决策权。澳门总督是葡萄牙政府派往澳门地区的最高行政首脑,是该地区的全权代表,对澳门的各项重大事务握有绝对的决策权。总体而言,香港(澳门)总督的权力要比行政长官的权力大。

(三) 行政长官与内地省长、自治区主席和直辖市市长的区别

一是省长、自治区主席和直辖市市长只是地方国家行政机关的首长,而不是辖区内的最高地方长官。省长、自治区主席和直辖市市长不是行政区域的全权代表或唯一代表,只负责本省、自治区和直辖市的政府管理,领导本地方政府的工作,还要接受国务院的领导。省长、自治区主席和直辖市市长无权像特别行政区行政长官那样提请中央任命政府的主要官员,无权赦免或减轻刑事罪犯的刑罚等。

二是省长、自治区主席和直辖市市长由本级权力机关选举产生,受本级权力机关监督,对本级权力机关负责并报告工作,本级权力机关有权依法罢免他们。而特别行政区行政长官须由中央人民政府决定其任免。

三是省长、自治区主席和直辖市市长对于法院没有任何权力,无权如特别行政区行政长官那样依法任免各级法院的法官,更不得涉足法院的司法活动。

相比之下，特别行政区的行政长官比内地的省长、自治区主席和直辖市市长在法律地位更高，在职权上更大。

二、行政长官的任职资格和要求

（一）行政长官的任职资格

任职资格，是指担任一定职位法律规定的应具有的前提条件。行政长官的任职资格，即参选行政长官的人应具有的相应法定条件。《香港特别行政区基本法》第四十四条规定："香港特别行政区行政长官由年满四十周岁，在香港通常居住连续满二十年并在外国无居留权的香港特别行政区永久性居民中的中国公民担任。"《澳门特别行政区基本法》第四十六条规定："澳门特别行政区行政长官由年满四十周岁，在澳门通常居住连续满二十年的澳门特别行政区永久性居民中的中国公民担任。"上述规定表明，参选特别行政区行政长官应同时具备以下条件。

一是年满40周岁。特别行政区基本法规定了行政长官参选年龄的下限，主要原因是行政长官的地位重要、影响大、任务繁重，需要有较丰富的工作经验和能力。在《香港特别行政区基本法》起草讨论时，曾提出三种年龄，即 35 岁、40 岁、45 岁。当时认为 45 岁不太适合，年龄大了些，因为《宪法》规定的国家主席的任职年龄要求为年满 45 周岁；而 35 周岁可能年轻了些，经验不够多，难以担当行政长官这一重要职务。

二是在特别行政区居住连续满 20 年。特别行政区基本法规定行政长官在特别行政区居住年限，一方面是为了真正实现"港人治港""澳人治澳"。如果规定通常居住的时间太短，许多移居香港(澳门)的内地人士具备作为行政长官候选人的资格，"港人治港""澳人治澳"原则的贯彻就可能受影响。反之，如果在特别行政区居住连续满 20 年，应该就属于一个标准的"当地人"。例如，从 1982 年中英开始谈判算起，到 1997 年才有 15 年，如果规定通常居住连续满 20 年，则需 1977 年以前即连续居住在香港。另一方面，有如此长时间在特别行政区居住经历的人，必定熟悉特别行政区的各方面实际情况。

三是属于永久性居民中的中国公民。作此规定主要是考虑到特别行政区是中国领土的组成部分，它受中央人民政府管辖，行政长官不但要对特别行政区负责，更要向中央人民政府负责。因此，该职务由永久性居民中的中国公民担任不仅是必要的，也是合适的。各国通常也是采取这种做法，即对担任最高行政长官者，都有国籍的要求。

四是无外国居留权。对此项资格的规定，两部特别行政区基本法略有不同，总体看来，澳门对行政长官参选的资格规定较香港宽松。《香港特别行政区基本法》将"不得具有外国居留权"作为行政长官候选人的前提条件，而《澳门特别行政区基本法》把"不得具有外国居留权"作为其行政长官当选后的任职条件。这是因为，英国政府在1989年12月20日单方面宣布决定给予部分香港居民以完全英国公民地位，即"居英权计划"。英方还宣称，他们在5万户中保留相当数额，以便在临近1997年的"稍后年代中"给"那些可能在香港进入关键岗位的人以机会"，号召英国的"伙伴和盟国"追随英国之后，依法炮制，公然企图将香港的居民"国际化"。

（二）行政长官的任职要求

行政长官的任职资格是指一个人作为行政长官候选人必备的前提条件，而行政长官的任职要求是指一个人在担任行政长官期间必须履行的义务、责任和必备条件。任职资格不符合的法律结果，是该人不能参选行政长官，而任职要求不符合法律的规定，在任的行政长官就会被弹劾或被要求辞职。行政长官的任职要求主要有以下几点。

一是行政长官须为政清廉，秉公办事，忠于职守。《香港特别行政区基本法》第四十七条规定："香港特别行政区行政长官必须廉洁奉公、尽忠职守。行政长官就任时应向香港特别行政区终审法院首席法官申报财产，记录在案。"《澳门特别行政区基本法》第四十九条规定："澳门特别行政区行政长官在任职期内不得具有外国居留权，不得从事私人赢利活动。行政长官就任时应向澳门特别行政区终审法院院长申报财产，记录在案。"《澳门特别行政区基本法》还在第一百零一条规定，行政长官须"尽忠职守，廉洁奉公"。对于一个公务人员来说，为政清廉，秉公办事，忠于职守，这是必备的条件，也是起码的要求。对于澳门的行政长官而言，"不得具有外国居留权"是任职要求，也就是说，拥有外国居留权的人也有资格参选行政长官，只要当选后放弃即可。而对于香港的行政长官而言，"不得具有外国居留权"是参选要求，即有外国居留权的人不能参选，当然也就不能担任行政长官。

二是行政长官须依法宣誓效忠。《香港特别行政区基本法》第一百零四条规定：" 香港特别行政区行政长官、主要官员、行政会议成员、立法会议员、各级法院法官和其他司法人员在就职时必须依法宣誓拥护中华人民共和国香港特别行政区基本法，效忠中华人民共和国香港特别行政区。"《澳门特别行政区基本法》第一百零一条规定："澳门特别行政区行政长官、主要官员、行政会委员、立法会议员、法官和检察官，必须拥护中华人民共和国澳门特别行政区基本法，尽忠职守，廉洁奉公，效忠中华人民共和国澳门特别行政区，并依法宣誓。"第一百零二条规定："澳门特别行政区行政长官、主要官员、立法会主席、终审法院院长、检察长在就职时，除按本法第一百零一条的规定宣誓外，还必须宣誓效忠中华人民共和国。"

三是行政长官的身体要健康。《香港特别行政区基本法》第五十二条和《澳门特别行政区基本法》第五十四条规定了"行政长官必须辞职的情形"，它们都在第一款规定："因严重疾病或其他原因无力履行职务"，即"严重疾病"是行政长官必须辞职的情况之一。行政长官如果患有严重疾病以致不能工作，并在较长时间内不能恢复健康，势必严重影响特别行政区的工作。而且，个人带病经常工作，也是对自己的身体不负责任。所以，行政长官因身体不健康无力履行工作应主动提出辞职，而且这种辞职是带有强制性的。

三、行政长官的产生

行政长官的产生，是特别行政区政治体制最核心的问题之一。作为特别行政区的代表和特别行政区政府首脑，行政长官在特别行政区具有非常重要的法律地位。这一重要公职人员的产生，不仅要求其个人符合法定资格和条件，德才兼备，而且其产生也必须符合法定的程序和民主的精神。

《香港特别行政区基本法》第四十五条规定："香港特别行政区行政长官在当地通过选举或协商产生，由中央人民政府任命。行政长官的产生办法根据香港特别行政区的实际情况和循序渐进的原则而规定，最终达至由一个有广泛代表性的提名委员会按民主程序提名后普选产生的目标。行政长官产生的具体办法由附件一《香港特别行政区行政长官的产生办法》规定。"《澳门特别行政区基本法》第四十七条规定："澳门特别行政区行政长官在当地通过选举或协商产生，由中央人民政府任命。行政长官的产生办法由附件一《澳门特别行政区行政长官的产生办法》规定。"也就是说，关于行政长官的产生，特别行政区基本法正文只作了原则性规定，具体的产生办法由附件一《香港(澳门)特别行政区行政长官的产生办法》作出规定。

(一) 行政长官由选举或协商产生

行政长官是由民主程序产生的，主要是通过选举的程序，当然也不排除利用协商的办法。这是考虑到在特殊的情况下，制定选举法并依法进行选举尚有困难时，可以采用"协商"的方式。如第一任行政长官的产生在回归前就应当准备好，但在此以前香港(澳门)尚在英国(葡萄牙)管治下，行政长官无法依照特别行政区立法会制定的选举法来进行选举。所以，香港、澳门第一届行政长官推选委员会委员是经协商而非选举产生的。

根据 1996 年 8 月 10 日全国人民代表大会香港特别行政区筹备委员会第四次全体会议通过的《全国人民代表大会关于香港特别行政区第一届政府和立法会产生办法的决定》，成立了香港特别行政区第一届政府推选委员会，委员全部由香港永久性居民组成，共 400 人。推选委员会的成员包括：香港地区全国人大代表，香港地区全国政协委员的代表，香港特别行政区成立前曾在香港行政、立法、咨询机构任职并有实际经验的人士和各阶层、界别中具有代表性的人士，其组成具有广泛代表性，分为四部分人士，即：工商、金融界 100 人，专业界 100 人，劳工、基层、宗教等界 100 人，原政界人士、香港地区全国人大代表、香港地区全国政协委员的代表 100 人。

根据 1998 年 11 月 7 日全国人民代表大会澳门特别行政区筹备委员会第四次全体会议通过的《中华人民共和国澳门特别行政区第一届政府推选委员会具体产生办法》，成立了澳门特别行政区第一届政府推选委员会，委员会全部由澳门永久性居民组成，共 200 人。其成员包括：澳门地区全国人大代表，澳门地区全国政协委员的代表，澳门特别行政区成立前曾在澳门行政、立法、咨询机构任职并有实际经验的人士和各阶层、界别中具有代表性的人士。推选委员会分为四大界别人士，即：工商、金融界 60 人，文化、教育、专业等界 50 人，劳工、社会服务、宗教等界 50 人，原政界人士、澳门地区全国人大代表、澳门地区全国政协委员的代表 40 人。

(二) 行政长官在当地通过选举或协商产生，由中央人民政府任命

当地即本地，即在香港(澳门)，而不是在香港(澳门)以外，由当地人(特别行政

区永久性居民)选举或协商当地人担任行政长官。这是"港人治港""澳人治澳"的集中体现,也是特别行政区高度自治权体的体现。

行政长官在当地选举或协商产生以后,并非自然而然地就成为行政长官。从法律上说,在当地选举或协商产生的人,还只是一位行政长官候任人。只有由中央人民政府任命后,行政长官候任人才能正式成为行政长官,这是必须经过的法律程序。中央对行政长官的任命,体现了国家对其地方区域进行管辖的主权性,使行政长官对中央人民政府和特别行政区有了实质性的"负责"。这种任命不是"形式上"的任命,即中央人民政府有权任命,也有权不任命。

(三) 行政长官如果选举产生,先按间接选举方式进行

间接选举,是指有选举权的人通过选出的代表进一步行使选举权利的选举方式。行政长官的间接选举,是指由一个具有广泛代表性的选举委员会选举而不是由选民直接选举产生行政长官。采取间接选举产生行政长官,主要是为了符合香港和澳门的实际,照顾当地社会各阶层的利益,循序渐进地推进和发展两地的民主政治。从目前港澳两地的历史和现状来看,整个社会和市民的公民意识、民主水平并不适合马上实施直接选举的方式。况且对行政长官这样的重要职位采取间接选举也并非不民主。恰恰相反,它更能保障当地社会的各阶层都能够实现参政权。

1990年4月4日,包括附件一《香港特别行政区行政长官的产生办法》在内的《香港特别行政区基本法》在全国人民代表大会通过。2010年8月28日,全国人民代表大会常务委员会批准了经香港特别行政区立法会通过和行政长官同意的《香港特别行政区行政长官的产生办法修正案》。2021年3月30日,全国人民代表大会常务委员会对《香港特别行政区行政长官的产生办法》进行了修订。根据新修订的产生办法,行政长官由一个具有广泛代表性、符合香港特别行政区实际情况、体现社会整体利益的选举委员会根据本法选出,由中央人民政府任命。选举委员会委员共有1500人,由下列各界人士组成:工商、金融界300人;专业界300人;基层、劳工和宗教等界300人;立法会议员、地区组织代表等界300人;香港特别行政区全国人大代表、香港特别行政区全国政协委员和有关全国性团体香港成员的代表界300人。

2012年6月30日,在第十一届全国人民代表大会常务委员会第二十七次会议上,批准了《澳门特别行政区行政长官的产生办法修正案》。根据该修正案规定,

选举第四任(2014年)及以后行政长官人选的选举委员会委员共400人,由下列各界人士组成:工商、金融界120人;文化、教育、专业等界115人;劳工、社会服务、宗教等界115人;立法会议员的代表、市政机构成员的代表、澳门地区全国人大代表、澳门地区全国政协委员的代表50人。

选举委员会委员提名行政长官候选人及其选举行政长官的投票方式。根据2021年3月30日修订的《香港特别行政区行政长官的产生办法》》规定,香港特别行政区行政长官候选人须获得不少于188名选举委员会委员的提名,且上述五个界别中每个界别参与提名的委员须不少于15名每名委员只可提一名候选人;根据2012年《澳门特别行政区行政长官的产生办法修正案》的规定,第四任及以后澳门特别行政区行政长官候选人由不少于66名的选举委员会委员联合提名,每名委员只可提出一名候选人。经选举委员会委员提名的行政长官候选人,再由选举委员会委员用一人一票无记名投票的方式选出行政长官候任人。

(四) 行政长官的产生办法可作修改

1. 香港行政长官产生办法的修改

原《香港特别行政区行政长官的产生办法》在第七条规定:"二〇〇七年以后各任行政长官的产生办法如需修改,须经立法会全体议员三分之二多数通过,行政长官同意,并报全国人民代表大会常务委员会批准。"

2004年4月6日,在第十届全国人民代表大会常务委员会第八次会议上,通过了《全国人民代表大会常务委员会关于〈中华人民共和国香港特别行政区基本法〉附件一第七条和附件二第三条的解释》规定:行政长官产生办法第七条中的"如需"修改,是指可以进行修改,也可以不进行修改;要修改行政长官的产生办法,必须依法完成"五部曲"程序:第一部,由行政长官向全国人民代表大会常务委员会提出报告,提请全国人民代表大会常务委员会决定产生办法是否需要进行修改;第二部,全国人民代表大会常务委员会决定是否可就产生办法进行修改;第三部,如全国人民代表大会常务委员会决定修改产生办法,则特别行政区政府向立法会提出修改产生办法的议案,并经全体立法会议员三分之二多数通过;第四部,行政长官同意经立法会通过的议案;第五步,行政长官将有关法案报全国人民代表大会常务委员会,由全国人民代表大会常务委员会批准或备案。

2021年3月11日,第十三届全国人民代表大会第四次会议通过的《关于完善香港特别行政区选举制度的决定》规定:"授权全国人民代表大会常务委员会根据本决定修改《中华人民共和国香港特别行政区基本法》附件一《香港特别行政区行政长官的产生办法》。"2021年3月30日,第十三届全国人民代表大会常务委员会第二十七次会议修订的《香港特别行政区行政长官的产生办法》第十条规定:"全国人民代表大会常务委员会依法行使本办法的修改权"。也就是说,香港行政长官产生办法的修改权由原来的中央与香港特别行政区共同享有和行使,改为由全国人民代表大会常务委员会单独行使。

2. 澳门行政长官产生办法的修改

《澳门特别行政区行政长官的产生办法》在第七条规定:"二〇〇九年及以后各任行政长官的产生办法如需修改,须经立法会全体议员三分之二多数通过,行政长官同意,并报全国人民代表大会常务委员会批准。"2011年12月30日,在第十一届全国人民代表大会常务委员会第二十四次会议上通过的《全国人民代表大会常务委员会关于〈中华人民共和国澳门特别行政区基本法〉附件一第七条和附件二第三条的解释》规定:第七条中的"如需"修改,是指可以进行修改,也可以不进行修改;要修改行政长官的产生办法,必须依照"五部曲"程序进行。

3. 关于香港行政长官普选的规定

《香港特别行政区基本法》有"普选产生行政长官"的明确规定,而《澳门特别行政区基本法》没有提出这样的目标。《香港特别行政区基本法》第四十五条第二款规定:"行政长官的产生办法根据香港特别行政区的实际情况和循序渐进的原则而规定,最终达至由一个有广泛代表性的提名委员会按民主程序提名后普选产生的目标。"普选产生行政长官是香港民主发展的目标,但《香港特别行政区基本法》也强调了"实际情况和循序渐进的原则",即香港民主发展不是一蹴而就的。2010年通过的《香港特别行政区行政长官的产生办法修正案》虽然对选举委员会委员的人数进行了修改,但行政长官的选举方式仍沿用由选举委员会选举产生行政长官的间接选举办法。2014年8月31日,十二届全国人民代表大会常务委员会第十次会议表决通过了《关于香港特别行政区行政长官普选问题和2016年立法会产生办法的决定》,决定从2017年开始,香港特别行政区行政长官选举可以实行由普选产生的办法，但以上决定未能在香港立法会获得通过。所以，2017年第五届行政长官的选举还是按间接选举进行的。也就是说，《香港特别行政区基本法》规定了行政长官产生办法最终是要达至普选目标，而至于最终在什么时候实现，《香港特别行政区基本法》并没有具体规定，只能按实际情况和循序渐进的原则逐步实现。

四、行政长官的任期、职权、辞职和代理

（一）行政长官的任期

《香港特别行政区基本法》第四十六条和《澳门特别行政区基本法》第四十八条规定："香港(澳门)特别行政区行政长官任期五年，可连任一次。"也就是说，行政长官最多只能连任一次，一个人担任行政长官连续在任时间不能超过十年。行政长官的任期限制，主要是为了避免一个人连续任职过长而产生的弊病。

（二）行政长官的职权

《香港特别行政区基本法》第四十八条和《澳门特别行政区基本法》第五十条对行政长官的职权作了规定，主要体现在以下几方面。

第一，行政领导和管理权。这是指行政长官对特别行政区进行行政管理和决策的基本权限，主要包括：领导特别行政区政府；决定政府政策和发布行政命令；主持行政会议(行政会)。通过以上职权规定可见，行政长官通过独立作出决策，并通过发布行政命令等行政手段实施决策，实现对特别行政区的领导。

第二，执行权。行政长官作为特别行政区首长，负责执行中央人民政府就特别行政区基本法规定的有关事务发出的指令，并有权处理中央授权处理的对外事务和其他事务。行政长官还负责执行在特别行政区实施的法律，包括特别行政区基本法所规定的香港和澳门的原有法律、立法会制定的法律以及特别行政区基本法附件三所列举的适用于特别行政区的全国性法律。

第三，与立法有关的职权。行政长官有权签署立法会通过的法案公布法律；有权签署立法会通过的财政预算案，将财政预算、决算报中央人民政府备案等。此外，《澳门特别行政区基本法》还规定行政长官有权制定行政法规并颁布执行。

第四，批准决定权。行政长官有权决定政府的政策；有权批准向立法会提出

有关财政收入或支出的动议;有权根据国家和特别行政区的安全和重大公共利益的需要,决定政府官员或其他负责政府公务的人员是否向立法会或其所属的委员会作证和提供证据。此外,澳门特别行政区行政长官有权颁授特别行政区奖章和荣誉称号。

第五,任免权。主要包括:提名并报请中央人民政府任命特别行政区主要官员,如各司司长、副司长、各局局长、廉政专员、审计署署长(澳门是审计长)、警务处处长、入境事务处处长、海关关长等;建议中央人民政府免除上述官员职务;委任行政会委员或行政会议成员;依照法定程序任免各级法院法官;依照法定程序任免公职人员。此外,澳门特别行政区行政长官还可依照法定程序任免各级法院院长和检察官;提名并报请中央人民政府任命检察长,建议中央人民政府免除检察长的职务;委任部分立法会议员等。

第六,与司法有关的职权。行政长官行使的与司法有关的职权,主要是指行政长官有权依法赦免或减轻刑事罪犯的刑罚;有权处理当事人向行政长官提起的申诉或请愿事项。《香港特别行政区基本法》和《澳门特别行政区基本法》在该项职权的规定上稍有不同,即澳门特别行政区行政长官应当"依法"赦免或减轻刑事罪犯的刑罚,而《香港特别行政区基本法》的相应条文中没有"依法"二字。另外,《香港特别行政区维护国家安全法》第四十四条规定:"香港特别行政区行政长官应当从裁判官、区域法院法官、高等法院原讼法庭法官、上诉法庭法官以及终审法院法官中指定若干名法官,也可从暂委或者特委法官中指定若干名法官,负责处理危害国家安全犯罪案件。"也就是说,香港行政长官还有指定危害国家安全犯罪审判法官的权力。

(三) 行政长官的辞职

《香港特别行政区基本法》第五十二条规定:"香港特别行政区行政长官如有下列情况之一者必须辞职:(一)因严重疾病或其他原因无力履行职务;(二)因两次拒绝签署立法会通过的法案而解散立法会,重选的立法会仍以全体议员三分之二多数通过所争议的原案,而行政长官仍拒绝签署;(三)因立法会拒绝通过财政预算案或其他重要法案而解散立法会,重选的立法会继续拒绝通过所争议的原案。"

《澳门特别行政区基本法》第五十四条规定:"澳门特别行政区行政长官如有

下列情况之一者必须辞职：(一)因严重疾病或其他原因无力履行职务；(二)因两次拒绝签署立法会通过的法案而解散立法会，重选的立法会仍以全体议员三分之二多数通过所争议的原案，而行政长官在三十日内拒绝签署；(三)因立法会拒绝通过财政预算案或关系到澳门特别行政区整体利益的法案而解散立法会，重选的立法会仍拒绝通过所争议的原案。"

行政长官辞职后，应在规定的时间内选出新的行政长官。《香港特别行政区基本法》第五十三条第二款规定："行政长官缺位时，应在六个月内依本法第四十五条的规定产生新的行政长官。"《澳门特别行政区基本法》第五十五条第二款规定："行政长官出缺时，应在一百二十日内依照本法第四十七条的规定产生新的行政长官。"

另外，2005年3月12日，董建华以"健康为由"辞去行政长官职务，曾荫权于2005年6月24日经过补选成为新的行政长官。针对曾荫权增补行政长官的任期问题，全国人民代表大会常务委员会于2005年4月27日作出的《关于〈香港特别行政区基本法〉第五十三条第二款的解释》中规定："二〇〇七年以前，在行政长官由任期五年的选举委员会选出的制度安排下，如出现行政长官未任满《香港特别行政区基本法》第四十六条规定的五年任期导致行政长官缺位的情况，新的行政长官的任期应为原行政长官的剩余任期。"因为澳门行政长官迄今为止还没出现辞职的情况，《澳门特别行政区基本法》对增补行政长官的任期也没有相关的规定和解释。如果澳门行政长官出现辞职的情况，全国人民代表大会常务委员会"增补行政长官的任期"的解释应该也会与《香港特别行政区基本法》第五十三条第二款的解释一样。

(四) 行政长官的代理

特别行政区基本法还对行政长官的职务代理事宜作了规定。《香港特别行政区基本法》第五十三条第一款规定："香港特别行政区行政长官短期不能履行职务时，由政务司长、财政司长、律政司长依次临时代理其职务。"《澳门特别行政区基本法》第五十五条第一款规定："澳门特别行政区行政长官短期不能履行职务时，由各司司长按各司的排列顺序临时代理其职务。各司的排列顺序由法律规定。"按照特别行政区基本法的规定，行政长官的代理有临时代理和缺位代理两种。

临时代理，是指行政长官在任职期内，如因公(出外访问、参加会议等)、因私

(休假、生病等)短期内不能履行职务时,由特别行政区政府各司司长依照法定顺序,临时代理行政长官的职务,主持特别行政区政府的工作。这一规定的目的是防止因行政长官短期(一般指一周或更长时间)不能履行职务而影响正常的工作。对于临时代理行政长官者的顺序,《香港特别行政区基本法》已作出明确规定,即由政务司长、财政司长、律政司长依次临时代理行政长官的职务,而《澳门特别行政区基本法》则没有明确规定各司司长的名称与排序,只有"各司的排列顺序由法律规定"的规定。《澳门特别行政区政府组织纲要法》第十一条第一款规定:"行政长官短期不能履行职务时,由各司司长按照第五条第一款规定的顺序临时代理其职务。"而第五条第一款规定:"政府各司的名称及排列顺序如下:(一)行政法务司;(二)经济财政司;(三)保安司;(四)社会文化司;(五)运输工务司。"

缺位代理,是指行政长官在任职期内,因亡故或辞职,或被立法会弹劾致使行政长官职位发生空缺时,应按照特别行政区基本法的相关规定产生新的行政长官。在行政长官缺位时,新的行政长官产生之前,香港特别行政区同样按照由政务司长、财政司长、律政司长的顺序依次代理,直至产生新的行政长官。《澳门特别行政区基本法》对该问题的规定与香港基本法的不同在于,行政长官出缺时代理行政长官者,须报中央人民政府批准;代理行政长官者还需遵守《澳门特别行政区基本法》第四十九条规定的担任行政长官者的条件,如任职期内不得有外国居留权,不得从事私人赢利活动、申报财产等。由于因出缺而代理行政长官不同于临时代理行政长官职务,因而《澳门特别行政区基本法》在这方面的规定显然较《香港特别行政区基本法》更严谨,也更明确。

五、行政会议(行政会)

特别行政区现行的政治体制中,有些机构的设立是汲取了港澳地区原有政治体制中行之有效的具有特色的部分,行政会议(行政会)就是一个典型例子。很明显,香港特别行政区的行政会议是借鉴了港英政府时期的行政局制度;澳门特别行政区的行政会是借鉴了澳门原有政治体制中的咨询会制度。在特别行政区的政治体制框架下,行政会议(行政会)与行政局(咨询会)有着根本性的区别。

(一) 行政会议(行政会)的性质

《香港特别行政区基本法》第五十四条规定:"香港特别行政区行政会议是协助行政长官决策的机构。"《澳门特别行政区基本法》第五十六条也规定:"澳门特别行政区行政会是协助行政长官决策的机构。"这表明,行政会议(行政会)不是决策机构,也不是特别行政区的其他政权机构,它不享有决策权和行政管理权,其唯一的任务和作用是协助行政长官决策,向行政长官提供意见。正因如此,特别行政区基本法关于"行政会议(行政会)"的规定是放在"第四章政治体制"的"第一节行政长官"部分来阐述,而不是放在"第二节行政机关"部分来阐述。

(二) 行政会议(行政会)的职权

《香港特别行政区基本法》第五十六条第二款规定:"行政长官在作出重要决策、向立法会提交法案、制定附属法规和解散立法会前,须征询行政会议的意见,但人事任免、纪律制裁和紧急情况下采取的措施除外。"《澳门特别行政区基本法》第五十八条第二款规定:"行政长官在作出重要决策、向立法会提交法案、制定行政法规和解散立法会前,须征询行政会的意见,但人事任免、纪律制裁和紧急情况下采取的措施除外。"由以上规定可见,行政会议(行政会)协助行政长官决策是其主要职责。行政长官在决定和推行涉及特别行政区重大事务和整体利益的政策时,作为行政长官决策的咨询机构,行政会议(行政会)应当为行政长官作出重大决策提供意见,为行政长官提供咨询意见。特别行政区政治体制的这一特点,也是行政与立法相互配合的体现。行政长官将特别行政区政府拟定的法案、议案等事先提交行政会议(行政会)征询意见,有助于法案、议案全面吸收各方面的意见,协调行政与立法之间的关系。

行政会议(行政会)的意见对行政长官没有法律的约束力。对于行政会议(行政会)成员(委员)在行政会议(行政会)上所提意见或建议,行政长官通常会予以采纳,这有益于行政长官集思广益,作出正确决策。但行政会议(行政会)的意见,包括多数乃至全部意见,对行政长官没有法律约束力,即行政长官有权坚持己见并按自己的意志决策。这也是行政会议(行政会)作为行政长官决策的咨询机构而不是决策机构的一个体现。如果行政长官既要对立法会负责,又要事事服从行政会议(行政会)的决定,会导致行政长官受到的牵制太多,势必会影响行政效率,也很难在工作中有所作为。

特别行政区基本法也规定,如果行政长官不采纳行政会议(行政会)多数成员(委员)的意见,应将具体理由记录在案。这就是说,要由行政长官来承担由此产生的一切后果。这体现了行政会议(行政会)对行政长官的监督和制约,促使行政长官更加慎重地考虑多数行政会议(行政会)成员(委员)的意见。

(三) 行政会议(行政会)的组成

1. 行政会议(行政会)的组成人员

《香港特别行政区基本法》第五十五条第一款规定:"香港特别行政区行政会议的成员由行政长官从行政机关的主要官员、立法会议员和社会人士中委任,其任免由行政长官决定。"《澳门特别行政区基本法》第五十七条第一款规定:"澳门特别行政区行政会的委员由行政长官从政府主要官员、立法会议员和社会人士中委任,其任免由行政长官决定。"关于行政会议(行政会)的组成人数,《澳门特别行政区基本法》第五十七条第三款明确规定:"行政会委员的人数为七至十一人。"而《香港特别行政区基本法》对行政会议成员的人数没有明确的规定。2017年,新一届的香港行政会议成员由32人组成。

2. 行政会议(行政会)组成人员的任职资格

《香港特别行政区基本法》第五十五条第二款规定:"香港特别行政区行政会议成员由在外国无居留权的香港特别行政区永久性居民中的中国公民担任。"《澳门特别行政区基本法》第五十七条第二款规定:"澳门特别行政区行政会委员由澳门特别行政区永久性居民中的中国公民担任。"特别行政区基本法要求行政会议(行政会)组成人员必须是特别行政区永久性居民,这是"港人治港""澳人治澳"原则的体现。特别行政区基本法还要求行政会议(行政会)组成人员必须是中国公民,这是由行政会议(行政会)的性质、任务与作用决定的。行政会议(行政会)参与特别行政区的重大行政事务的研究和讨论,对这些事务的各项决定产生影响,涉及特别行政区的高度自治权,甚至国家的主权问题。而且,行政会议(行政会)讨论和决定的事项通常具有机密性或暂时具有一定的机密性。如特别行政区政府有时需要对其财政、金融采取重大或紧急措施;又如行政会议(行政会)讨论会涉及国家的外交事务或中央人民政府征询某些有关对外事务的意见。另外,《香港特别行政区基本法》规定行政会议成员不得具有外国居留权,而《澳门特别行政区基本法》的规定则没有这一限制。

3. 行政会议(行政会)组成人员的任期

香港行政会议成员与澳门行政会委员任期略有不同。《香港特别行政区基本法》第五十五条第一款规定:"行政会议成员的任期应不超过委任他的行政长官的任期。"《澳门特别行政区基本法》第五十七条第一款规定:"行政会委员的任期不超过委任他的行政长官的任期。"《澳门特别行政区基本法》第五十七条第一款还规定:"但在新的行政长官就任前,原行政会委员暂时留任。"而《香港特别行政区基本法》第五十五条第一款没有相关规定。

(四) 行政会议(行政会)的运作

行政会议(行政会)由行政长官主持。《香港特别行政区基本法》第五十六条规定:"香港特别行政区行政会议由行政长官主持。"《澳门特别行政区基本法》第五十八条规定:"澳门特别行政区行政会由行政长官主持。"

行政会议(行政会)的参会人员一般就是行政会议(行政会)的成员(委员),但《香港特别行政区基本法》第五十五条和《澳门特别行政区基本法》第五十七条的第三款都规定:"行政长官认为必要时可邀请有关人士列席会议。"所谓的列席,就是列席人员作为旁观者出席,有发言权,但没有表决权。

《澳门特别行政区基本法》第五十八条规定:"行政会的会议每月至少举行一次。"《香港特别行政区基本法》则没有相关的规定,可认为是行政会议在有必要的情况下才召开。

第三节 特别行政区行政机关

行政机关,是指依法行使国家权力、执行国家行政职能的机关。从广义上讲,行政机关是一级政府机关的总称,即国家政权组织中执行国家法律,从事国家政务、机关内部事务和社会公共事务管理的政府机关及其工作部门。从狭义上讲,行政机关仅指政府机关内部的综合办事机构,即办公厅(室),它是在行政首长直接领导下处理各种事务、辅助进行全面管理工作的机构。

特别行政区的行政机关，是指依照特别行政区基本法规定而设定的管理特别行政区行政事务的机构，即特别行政区政府。从一个主权国家的行政体制来看，特别行政区的行政机关是中国地方行政机关的组成部分，但它与中国其他地方行政机关具有本质上的不同。

一、特别行政区政府的组织及设置

（一）香港特别行政区政府机构

《香港特别行政区基本法》第五十九条规定："香港特别行政区政府是香港特别行政区行政机关。"第六十条规定："香港特别行政区政府的首长是香港特别行政区行政长官。香港特别行政区政府设政务司、财政司、律政司和各局、处、署。"

"司"是香港特别行政区的第一级政府机构。香港原来的布政司、财政司、律政司是主要的行政官员，"司"都是指担任某一职位的人。特别行政区基本法将其改为行政机构，"司"都是指机构，机构的负责官员则称"司长"，如"财政司司长""律政司司长"。《香港特别行政区基本法》明确规定了香港特别行政区设"政务司、财政司、律政司"三个司。

"局"是香港特别行政区的第二级政府机构。香港原来的布政司、财政司、律政司三个职位以下还有十几个小的"司"，如"经济司""工商司""保安司"等，则改称为"局"，以与政务司、财政司、律政司有所区别，主要负责人则称为"局长"，如"经济局局长""工商局局长""保安局局长"等。局是决策局，又称为政策局，是具有拟订政策的权力部门，其职能类似英国政府的部长，负责制订、统筹及检讨特订范畴，如卫生、运输、保安等的政策，以及监督属下执行部门的工作。所有决策局又共同组成政府总部，前行政长官董建华于 2002 年 7 月 1 日实行问责制之前，所有决策局均只向政务司司长或财政司司长负责；实行问责制后，改为直接向行政长官负责。2005 年 10 月 12 日，时任行政长官曾荫权在他首份施政报告中又改为决策局先向政务司司长和财政司司长汇报，政务司司长和财政司司长再向行政长官汇报。

"处、署"是香港特别行政区的第三级政府机构。特别行政区基本法规定"局"以下设"处""署"。香港特别行政区的处、署是政府政策的执行部门，例如警务处、卫生署等。但廉政公署、审计署不属于这一类别的部门，它们是单独一个部门类别。

廉政公署、审计署是香港特别行政区独立的政府机构。这两个"署"与"局"下属的"署"不一样。它们是一个具有较强的独立性质的政府工作机构，直接接受行政长官的领导。廉政公署的最高行政长官叫"专员"，审计署的最高行政长官叫"署长"。《香港特别行政区基本法》第五十七条规定："香港特别行政区设立廉政公署，独立工作，对行政长官负责。"《香港特别行政区基本法》第五十八条规定："香港特别行政区设立审计署，独立工作，对行政长官负责。"此外，香港特别行政区还设立了申诉专员公署、公务员叙用委员会，也属于独立的政府机构，但在特别行政区基本法里没有相关的规定。

（二）澳门特别行政区政府机构

《澳门特别行政区基本法》第六十一条规定："澳门特别行政区政府是澳门特别行政区的行政机关。"《澳门特别行政区基本法》第六十二条规定："澳门特别行政区政府的首长是澳门特别行政区行政长官。澳门特别行政区政府设司、局、厅、处。"由该规定可以看出，《澳门特别行政区基本法》关于特别行政区政府组织体系的规定与香港稍有不同。

澳门特别行政区也设立了"司"，作为第一级政府机构。"司"是政府的主要职能机构，其负责人称为"司长"。但《澳门特别行政区基本法》并未规定在澳门特别行政区政府中设几个"司"，只是原则性地规定各司的设置由行政长官依法决定。《澳门特别行政区政府组织纲要法》第五条第一款规定："政府各司的名称及排列顺序如下：(一)行政法务司；(二)经济财政司；(三)保安司；(四)社会文化司；(五)运输工务司。"也就是说，澳门特别行政区的第一级政府机构由以上五个司构成，它们的部门首长叫"司长"。

"局"是澳门特别行政区的第二级政府机构。回归前的澳门政府设有7个政务司，政务司下面还设有"一级司"和"二级司"。澳门特别行政区"局"对应原来的一级司，构成了澳门特别行政区"司"领导下的第二级政府机构。但澳门特别行政区的局与香港特别行政区的局的职能定位不一样。香港的"局"是制定政策的"决策局"，所以香港的局长属于香港特别行政区的主要官员。而澳门的局是执行特别行政区政府政策的"职能局"，是协助司长制定政策的部门，所以澳门的局长不是澳门特别行政区的主要官员。

"厅"是澳门特别行政区的第三级政府机构。澳门特别行政区的"局"对应原来的"一级司",澳门特别行政区的"厅"对应原来的"二级司"。与香港特别行政区政府相比较而言,澳门多了"厅"这一机构,少了"署"这一机构。

澳门特别行政区政府与香港特别行政区政府一样也设立了"处",但香港的"处"属于第三级政府机构,相当于澳门的"厅"这一级别。而澳门的"处"属于"厅"的下属机构,是政府的技术性部门。另外,澳门的"处"下面还设有"组""科"等机构。

廉政公署、审计署是澳门特别行政区独立的政府机构。《澳门特别行政区基本法》第五十九条规定:"澳门特别行政区设立廉政公署,独立工作。廉政专员对行政长官负责。"《澳门特别行政区基本法》第六十条规定:"澳门特别行政区设立审计署,独立工作。审计长对行政长官负责。"澳门廉政公署的部门首长与香港的一样称为"专员",但澳门审计署部门首长称为"审计长",而香港的称为"署长"。

另外,澳门特别行政区政府组织体系与香港还有一个很大的不同:它没有把检察院包括在政府体系内。因为,澳门作为大陆法系地区,其检察机关是独立的体系。在香港则是由行政系统中的律政司行使刑事检察权。

二、特别行政区政府主要官员

(一) 主要官员的范围

在中英和中葡两个联合声明中,对特别行政区政府的主要官员作了原则性的界定,特别行政区基本法则把这一原则通过范围、称呼、任职资格等法律化、具体化。《香港特别行政区基本法》第四十八条第五项规定:"(行政长官)提名并报请中央人民政府任命下列主要官员:各司司长、副司长,各局局长,廉政专员,审计署署长,警务处处长,入境事务处处长,海关关长。"《澳门特别行政区基本法》第五十条第六项规定:"(行政长官)提名并报请中央人民政府任命下列主要官员:各司司长、廉政专员、审计长、警察部门主要负责人和海关主要负责人。"可以看出,香港和澳门特别行政区政府的主要官员在称呼上、范围上都有所不同。

（二）主要官员的任职资格

《香港特别行政区基本法》第六十一条规定："香港特别行政区的主要官员由在香港通常居住连续满十五年并在外国无居留权的香港特别行政区永久性居民中的中国公民担任。"《澳门特别行政区基本法》第六十三条第一款规定："澳门特别行政区政府的主要官员由在澳门通常居住连续满十五年的澳门特别行政区永久性居民中的中国公民担任。"

香港与澳门主要官员任职资格的相同点：《香港特别行政区基本法》和《澳门特别行政区基本法》都规定了"特别行政区永久性居民；中国公民；在香港或澳门通常居住连续满 15 年"是主要官员任职必备前提条件。

香港与澳门主要官员任职资格的不同规定：《澳门特别行政区基本法》第六十三条规定："澳门特别行政区主要官员就任时应向澳门特别行政区终审法院院长申报财产，记录在案。"而《香港特别行政区基本法》无此规定。另外，按《香港特别行政区基本法》的规定，主要官员不得具有在外国的居留权，而《澳门特别行政区基本法》则无此规定。

（三）主要官员的任免

1. 主要官员任免程序

《香港特别行政区基本法》第十五条规定："中央人民政府依照本法第四章的规定任命香港特别行政区行政长官和行政机关的主要官员。"《香港特别行政区基本法》第四十八条第五项规定："(行政长官)提名并报请中央人民政府任命下列主要官员：各司司长、副司长，各局局长，廉政专员，审计署署长，警务处处长，入境事务处处长，海关关长；建议中央人民政府免除上述官员职务。"《澳门特别行政区基本法》第十五条规定："中央人民政府依照本法有关规定任免澳门特别行政区行政长官、政府主要官员和检察长。"《澳门特别行政区基本法》第五十条第六项规定："(行政长官)提名并报请中央人民政府任命下列主要官员：各司司长、廉政专员、审计长、警察部门主要负责人和海关主要负责人；建议中央人民政府免除上述官员职务。"可见，"行政长官提名→中央人民政府任命"是主要官员的任职程序；"行政长官建议免职→中央人民政府同意"是主要官员的免职程序。

2. 主要官员的任期

对主要官员的任期问题，特别行政区基本法未作出明确规定。一般而言，主要官员的任期应与行政长官的任期相同，不能超过行政长官的任期。而《澳门特别行政区政府组织纲要法》第九条第四款规定："如行政长官任期届满、免职或辞职，主要官员留任，直至新的主要官员就任。"

3. 主要官员任职宣誓

《香港特别行政区基本法》第一百零四条规定："香港特别行政区行政长官、主要官员、行政会议成员、立法会议员、各级法院法官和其他司法人员在就职时必须依法宣誓拥护中华人民共和国香港特别行政区基本法，效忠中华人民共和国香港特别行政区。"《澳门特别行政区基本法》第一百零一条规定："澳门特别行政区行政长官、主要官员、行政会委员、立法会议员、法官和检察官，必须拥护中华人民共和国澳门特别行政区基本法，尽忠职守，廉洁奉公，效忠中华人民共和国澳门特别行政区，并依法宣誓。"第一百零二条规定："澳门特别行政区行政长官、主要官员、立法会主席、终审法院院长、检察长在就职时，除按本法第一百零一条的规定宣誓外，还必须宣誓效忠中华人民共和国。"

三、特别行政区政府的职权

特别行政区政府是行政长官领导下行使行政管理权的政权机关。《香港特别行政区基本法》第六十二条规定："香港特别行政区政府行使下列职权：(一)制定并执行政策；(二)管理各项行政事务；(三)办理本法规定的中央人民政府授权的对外事务；(四)编制并提出财政预算、决算；(五)拟定并提出法案、议案、附属法规；(六)委派官员列席立法会并代表政府发言。"《澳门特别行政区基本法》第六十四条规定："澳门特别行政区政府行使下列职权：(一)制定并执行政策；(二)管理各项行政事务；(三)办理本法规定的中央人民政府授权的对外事务；(四)编制并提出财政预算、决算；(五)提出法案、议案，草拟行政法规；(六)委派官员列席立法会会议听取意见或代表政府发言。"除了《香港特别行政区基本法》第六十二条和《澳门特别行政区基本法》第六十四条的专门规定，在特别行政区基本法其他部分的内容中，也规定了特别行政区政府的相关职责。

第一，制定并执行政策。特别行政区政府为贯彻执行特别行政区法律，履行法律赋予的职能，有权依法制定各项政策。具体表现为，行政长官和各司、局(香港)都有权制定符合特别行政区基本法和特别行政区法律实施的各项政策，而各厅、局(澳门)、处、署等负责执行所制定的各项政策。

第二，管理各项行政事务。特别行政区政府依法享有行政管理权，依法自行处理特别行政区的行政事务，包括特别行政区的财政、货币、土地、社会治安、邮政、旅游、教育、科学、文化、卫生、新闻等方面。如特别行政区政府负责管理使用、开发、批准特别行政区境内的土地及自然资源；维护特别行政区的社会治安；可自行制定货币金融政策，保障金融业、金融市场和金融机构的自由经营，并依法进行管理；发行货币；管理和支配特别行政区的外汇基金和外汇储备；自行制定教育政策、科技政策、新闻、出版政策、社会福利的改进和发展政策等。

第三，办理中央人民政府授权处理的对外事务。除防务、外交及其他主权范围内的事务由中央人民政府负责管理外，特别行政区政府有权办理中央授权处理的对外事务。如自行制定除外国军用船运方面的各项管理制度；续签或签订民用航空运输协定(协议)，以"中国香港(澳门)"的名义参加有关的国际组织和国际会议；签发特别行政区护照和旅行证件；与外国就司法互助关系作出安排等。

第四，编制并提出财政预算、决算。特别行政区采用国际惯例做法，即财政预算、决算均由特别行政区政府编制并提交立法会审议通过。预算案立法会审议通过，再由行政长官签署，并将财政预算、决算报中央人民政府备案。立法会及议员个人无权编制、提出财政预算决算案。

第五，提出法案、议案、附属法规，草拟行政法规。特别行政区政府有权就涉及公共开支、政治体制、政府运作等重要事项提出法案、议案，通过行政长官提交立法会审议、通过，有权草拟行政法规或附属性法规。

第六，委派官员列席立法会会议。为使政府拟定的法案、议案得到立法会的认同，推行政府的政策，也为便于立法会在审议法案议案时及时了解政府制定政策的背景和情况，特别行政区基本法规定，特别行政区政府有权委派政府有关官员列席立法会会议，听取立法会的意见，并在需要作出回应时代表政府发言。这是行政与立法之间互相配合的具体表现。

整体而言，香港与澳门特别行政区政府在职权上不存在很大的差别，这从《香港特别行政区基本法》第六十二条与《澳门特别行政区基本法》第六十四条的具体规定就可以看出。但由于受不同法律传统的影响,刑事检察的职能在香港属于政府的职能,《香港特别行政区基本法》第六十三条规定:"香港特别行政区律政司主管刑事检察工作,不受任何干涉。"而《澳门特别行政区基本法》第九十条第一款规定:"澳门特别行政区检察院独立行使法律赋予的检察职能,不受任何干涉。"也就是说,澳门的检察职能不属于政府,而是属于检察院。

由于行政长官是特别行政区政府的首长,因此特别行政区政府的有些职权与行政长官的一些职权是交织在一起的,如草拟行政法规或附属法规。在政府的上述职权中,有的是实体性职权,如管理各项行政事务、办理中央人民政府授权处理的对外事务;有些是程序性职权,如编制并提出财政预决算、提出法案、议案等。但无论哪一种政府职权的行使,都要在行政长官的领导之下。特别行政区政府各部门的工作都受行政长官的统一领导,对行政长官负责。

四、特别行政区的公务人员

(一) 公务人员的任职资格

1. 一般公务人员的任职资格

《香港特别行政区基本法》第九十九条第一款规定:"在香港特别行政区政府各部门任职的公务人员必须是香港特别行政区永久性居民。本法第一百零一条对外籍公务人员另有规定者或法律规定某一职级以下者不在此限。"《澳门特别行政区基本法》第九十七条规定:"澳门特别行政区的公务人员必须是澳门特别行政区永久性居民。本法第九十八条和九十九条规定的公务人员,以及澳门特别行政区聘用的某些专业技术人员和初级公务人员除外。"从以上规定可见,公务人员原则上是由"当地人"——特别行政区永久性居民来担任,这是"港人治港""澳人治澳"原则的具体体现。

2. 公务人员任职资格的例外

《香港特别行政区基本法》第一百零一条规定:"香港特别行政区政府可任用原香港公务人员中的或持有香港特别行政区永久性居民身份证的英籍和其他外籍人士担任政府部门的各级公务人员,但下列各职级的官员必须由在外国无居留权的香港特别行政区永久性居民中的中国公民担任:各司司长、副司长,各局局长,廉政专员，审计署署长，警务处处长，入境事务处处长，海关关长。香港特别行政区政府还可聘请英籍和其他外籍人士担任政府部门的顾问，必要时并可从香港特别行政区以外聘请合格人员担任政府部门的专门和技术职务。上述外籍人士只能以个人身份受聘，对香港特别行政区政府负责。"《澳门特别行政区基本法》第九十八条第一款规定："澳门特别行政区成立时，原在澳门任职的公务人员，包括警务人员和司法辅助人员，均可留用，继续工作。"第九十九条规定："澳门特别行政区可任用原澳门公务人员中的或持有澳门特别行政区永久性居民身份证的葡籍和其他外籍人士担任各级公务人员，但本法另有规定者除外。澳门特别行政区有关部门还可聘请葡籍和其他外籍人士担任顾问和专业技术职务。上述人员只能以个人身份受聘，并对澳门特别行政区负责。"从以上规定可见，对下列特别行政区公务人员不受"必须是特别行政区永久性居民"任职资格的限制：一是回归前已是特别行政区公务人员但不属于主要官员的人。二是担任政府部门的顾问和专业技术职务的人。另外，《澳门特别行政区基本法》还规定："澳门特别行政区聘用的某些专业技术人员和初级公务人员"也不受"必须是特别行政区永久性居民"任职资格的限制，《香港特别行政区基本法》没有相关规定。

(二) 特别行政区成立前的原有公务人员制度的保留

1. 对原公务人员的留用

留用，顾名思义是指留下来继续使用。特别行政区公务人员的留用是指特别行政区成立时，对以前在编任职的香港、澳门原政府的公务人员原则上不辞退，准予继续留下来任职的政策。《香港特别行政区基本法》第一百条规定："香港特别行政区成立前在香港政府各部门，包括警察部门任职的公务人员均可留用。"《澳门特别行政区基本法》第九十八条第一款规定："澳门特别行政区成立时，原在澳门任职的公务人员，包括警务人员和司法辅助人员，均可留用，继续工作。"

2. 对公务人员原有福利制度的保留

《香港特别行政区基本法》第一百条规定："其(原在香港任职的公务人员)年资予以保留；薪金、津贴、福利待遇和服务条件不低于原来的标准。"第一百零二条规定："对退休或符合规定离职的公务人员，包括香港特别行政区成立前退休或符合规定离职的公务人员，不论其所属国籍或居住地点，香港特别行政区政府按不低于原来的标准向他们或其家属支付应得的退休金、酬金、津贴和福利费。"《澳门特别行政区基本法》第九十八条规定:"其(原在澳门任职的公务人员)薪金、津贴、福利待遇不低于原来的标准,原来享有的年资予以保留。依照澳门原有法律享有退休金和赡养费待遇的留用公务人员,在澳门特别行政区成立后退休的,不论其所属国籍或居住地点,澳门特别行政区向他们或其家属支付不低于原来标准的应得的退休金和赡养费。"

3. 对原有公务人员相关管理制度的保留

《香港特别行政区基本法》第一百零三条规定:"香港原有关于公务人员的招聘、雇用、考核、纪律、培训和管理的制度,包括负责公务人员的任用、薪金、服务条件的专门机构,除有关给予外籍人员特权待遇的规定外,予以保留。"《澳门特别行政区基本法》第一百条规定:"澳门原有关于公务人员的录用、纪律、提升和正常晋级制度基本不变,但得根据澳门社会的发展加以改进。"

特别行政区基本法基本保留了特别行政区成立前的原有公务人员制度,很好地体现了特别行政区基本法规定的"特别行政区不实行社会主义制度和政策,保持原有的资本主义制度和生活方式,五十年不变"的原则,也保障了特别行政区基本法在序言里所提出的"保持香港(澳门)的繁荣和稳定"目标的实现。

(三) 外籍公务人员的任用和聘用

1. 外籍公务人员的任用

《香港特别行政区基本法》第一百零一条第一款规定:"香港特别行政区政府可任用原香港公务人员中的或持有香港特别行政区永久性居民身份证的英籍和其他外籍人士担任政府部门的各级公务人员。"《澳门特别行政区基本法》第九十九条第一款规定:"澳门特别行政区可任用原澳门公务人员中的或持有澳门特别行政区永久性居民身份证的葡籍和其他外籍人士担任各级公务人员,但本法另有规定者除外。"特别行政区外籍公务人员被任用的有两类人,其依据也不一样。一类是特别行政区政府可任用原公务人员中的英(葡)籍和其他外籍人士,这是原有公务人员的留用。另一类是持有特别行政区永久性居民身份证的英(葡)籍和其他外籍人士,这是符合公务人员的一般任职资格——是特别行政区永久性居民而被任用的。

2. 外籍公务人员的聘用

《香港特别行政区基本法》第一百零一条第二款规定:"香港特别行政区政府还可聘请英籍和其他外籍人士担任政府部门的顾问,必要时并可从香港特别行政区以外聘请合格人员担任政府部门的专门和技术职务。上述外籍人士只能以个人身份受聘,对香港特别行政区政府负责。"《澳门特别行政区基本法》第九十九条第二款、第三款规定:"澳门特别行政区有关部门还可聘请葡籍和其他外籍人士担任顾问和专业技术职务。上述人员只能以个人身份受聘,并对澳门特别行政区负责。""外籍公务人员的任用"中所讲的"外籍人士"是香港、澳门原公务人员,或特别行政区永久性居民,而这里所指的"外籍人士"原本是与香港、澳门没有任何关联的。而且,原本与香港、澳门没有任何关联的外籍人士担任职务和部门是有限制的,只能担任政府部门的顾问和专业技术职务。

第四节 特别行政区立法机关

立法会是行使特别行政区立法权的机关。特别行政区基本法对立法会的职权、会议程序作了详细的规定。与此同时,特别行政区基本法对立法会的组成人员——立法会议员的人数、任职资格、任期、产生办法及其相应的权利也有着明确的规定。

一、立法会的性质和职权

(一) 立法会的性质

特别行政区立法会是行使特别行政区立法权的机关,它有权制定、修改和废除特别行政区自治范围内的所有法律。《香港特别行政区基本法》第六十六条和《澳门特别行政区基本法》第六十七条都明确规定:"香港(澳门)特别行政区立法会是香港(澳门)特别行政区的立法机关。"

(二) 立法会的职权

(1) 立法权。《香港特别行政区基本法》在第七十三条规定了立法会的职权,其中的第一项规定:"根据本法规定并依照法定程序制定、修改和废除法律。"《澳门特别行政区基本法》在第七十一条规定了立法会的职权，其中的第一项规定："依照本法规定和法定程序制定、修改、暂停实施和废除法律。"相比较而言，《澳门特别行政区基本法》在立法会立法权的表述上比《香港特别行政区基本法》更加完备，多了"暂停实施法律"权力的表述。

(2) 财政审批权。《香港特别行政区基本法》第七十三条第二、三项规定："(二)根据政府的提案，审核、通过财政预算；(三)批准税收和公共开支。"《澳门特别行政区基本法》第七十一条第二、三项规定："(二)审核、通过政府提出的财政预算案；审议政府提出的预算执行情况报告；(三)根据政府提案决定税收，批准由政府承担的债务。"立法会审议批准的财政预决算案是由特别行政区政府提交的，立法会审议批准的财政预决算案通过后，还须由行政长官签署才生效，并由行政长官报送中央人民政府备案。

(3) 监督权。《香港特别行政区基本法》第七十三条第四、五、六项规定："(四)听取行政长官的施政报告并进行辩论；(五)对政府的工作提出质询；(六)就任何有关公共利益问题进行辩论。"《澳门特别行政区基本法》第七十一条第四、五项规定："(四)听取行政长官的施政报告并进行辩论；(五)就公共利益问题进行辩论。"

(4) 弹劾行政长官的动议权。《香港特别行政区基本法》第七十三条第九项规定："如立法会全体议员的四分之一联合动议，指控行政长官有严重违法或渎职行为而不辞职，经立法会通过进行调查，立法会可委托终审法院首席法官负责组成独立的调查委员会，并担任主席。调查委员会负责进行调查，并向立法会提出报告。如该调查委员会认为有足够证据构成上述指控，立法会以全体议员三分之二多数通过，可提出弹劾案，报请中央人民政府决定。"《澳门特别行政区基本法》第七十一条第七项规定："如立法会全体议员三分之一联合动议，指控行政长官有严重违法或渎职行为而不辞职，经立法会通过决议，可委托终审法院院长负责组成独立的调查委员会进行调查。调查委员会如认为有足够证据构成上述指控，立法会以全体议员三分之二多数通过，可提出弹劾案，报请中央人民政府决定。"立法会提出的只是弹劾行政长官的议案，是否弹劾行政长官的最终决定权在中央人民政府。

(5) 香港立法会对特定法官的任免权。《香港特别行政区基本法》第七十三条第七项规定："同意终审法院法官和高等法院首席法官的任免。"《澳门特别行政区基本法》第七十一条没有规定法官的任免权，而是在《澳门特别行政区基本法》

第八十七条第三款作了这样的规定:"终审法院法官的免职由行政长官根据澳门特别行政区立法会议员组成的审议委员会的建议决定。"免职终审法院法官的审议委员会委员肯定是立法会议员,但立法会议员不一定是审议委员会委员,即免职终审法院法官不是通过立法会会议的形式进行审议,也就是说,澳门立法会没有法官任免权。

(6) 其他职权。一是《香港特别行政区基本法》第七十三条第八项和《澳门特别行政区基本法》第七十一条第六项规定:"接受香港(澳门)居民申诉并作出处理。"立法会有权接受居民的申诉并作出处理,包括处理市民就政府政策、法例及所关注的其他事项提交的意见书。二是《香港特别行政区基本法》第七十三条第十项和《澳门特别行政区基本法》第七十一条第八项规定:"在行使上述各项职权时,如有需要,可传召和要求有关人士作证和提供证据。"但是,政府雇员或其他负责政府公务的人员是否向立法会或其属下的委员会作证和提供证据,要由行政长官决定。

二、立法会议员任职资格及任期

特别行政区立法会由立法会议员组成,立法会组成的核心问题在于立法会议员的任职资格、产生方式和议员数量的分配比例。

(一) 立法会议员任职资格

1. 香港立法会议员任职资格

《香港特别行政区基本法》第六十七条规定:"香港特别行政区立法会由在外国无居留权的香港特别行政区永久性居民中的中国公民组成。但非中国籍的香港特别行政区永久性居民和在外国有居留权的香港特别行政区永久性居民也可以当选为香港特别行政区立法会议员,其所占比例不得超过立法会全体议员的百分之二十。"也就是说,就香港立法会议员任职资格而言,"永久性居民"是必备条件,"外国无居留权"和"中国籍"是一般必备条件,"外国有居留权"和"非中国籍"是一般限制条件,只有议员总数20%以下的议员其任职资格不受"外国无居留权"和"中国籍"的限制。

2. 澳门立法会议员任职资格

《澳门特别行政区基本法》第六十八条第一款规定："澳门特别行政区立法会议员由澳门特别行政区永久性居民担任。"与香港立法会议员任职资格相比，澳门立法会议员的任职资格要求较为宽松，即只有"永久性居民"要求而无"外国无居留权"和"中国籍"要求。

（二）立法会的任期

《香港特别行政区基本法》在第六十九条规定："香港特别行政区立法会除第一届任期为两年外，每届任期四年。"《澳门特别行政区基本法》在第六十九条规定："澳门特别行政区立法会除第一届另有规定外，每届任期四年。"《香港特别行政区基本法》第七十条规定："香港特别行政区立法会如经行政长官依本法规定解散，须于三个月内依本法第六十八条的规定，重行选举产生。"《澳门特别行政区基本法》第七十条规定："澳门特别行政区立法会如经行政长官依照本法规定解散，须于九十日内依照本法第六十八条的规定重新产生。"重新选举产生的立法会即为新的一届立法会，新的立法会任期也是四年。

三、立法会的组成及其产生

（一）香港立法会的组成及其产生

1. 香港立法会的组成

第一届的香港立法会议员人数，是由 1990 年 4 月 4 日第七届全国人民代表大会第三次会议通过的《全国人民代表大会关于香港特别行政区第一届政府和立法会产生办法的决定》规定的。第二至四届的香港立法会议员人数，由《香港特别行政区立法会的产生办法和表决程序》作出规定。第五、六届香港立法会议员人数，由 2010 年颁布的《香港特别行政区立法会的产生办法和表决程序修正案》作出规定。第七届香港立法会议员人数，由 2021 年 3 月 30 日第十三届全国人民代表大会常务委员会修订的《香港特别行政区立法会的产生办法和表决程序》作出规定。所以，每届的具体议员人数及其产生方式都有所不同，具体情况如表 6-1 所示。

表 6-1　香港立法会议员人数及其产生方式一览表　　　　　　　　　单位：人

产生方式	第一届	第二届	第三、四届	第五、六届	第七届
功能团体选举	30	30	30	35	30
分区直接选举	20	24	30	35	20
选举委员会选举	10	6	0	0	40
总人数	60	60	60	70	90

2. 香港立法会的产生

《香港特别行政区基本法》第六十八条规定："香港特别行政区立法会由选举产生。立法会的产生办法根据香港特别行政区的实际情况和循序渐进的原则而规定，最终达至全部议员由普选产生的目标。立法会产生的具体办法和法案、议案的表决程序由附件二《香港特别行政区立法会的产生办法和表决程序》规定。"

第一届香港立法会议员的产生办法，是由 1990 年 4 月 4 日第七届全国人民代表大会第三次会议通过的《全国人民代表大会关于香港特别行政区第一届政府和立法会产生办法的决定》规定的。第二至六届立法会的选举办法，均由立法会通过的选举办法予以规定。而对于第七届立法会的选举办法，2021 年 3 月 30 日修订的《香港特别行政区立法会的产生办法和表决程序》作出了较为详细具体的规定，包括：

第一，对于选举委员会选举产生的议员产生办法规定。议员候选人须获得不少于 10 名、不多于 20 名选举委员会委员的提名，且每个界别参与提名的委员不少于 2 名、不多于 4 名。任何合资格选民均可被提名为候选人。每名选举委员会委员只可提出一名候选人。选举委员会根据提名的名单进行无记名投票，每一选票所选的人数等于应选议员名额的有效，得票多的 40 名候选人当选。

第二，对于功能团体选举产生的议员产生办法规定。功能团体选举设以下二十八个界别：渔农界、乡议局、工业界(第一)、工业界(第二)、纺织及制衣界、商界(第一)、商界(第二)、商界(第三)、金融界、金融服务界、保险界、地产及建造界、航运交通界、进出口界、旅游界、饮食界、批发及零售界、科技创新界、工程界、建筑测量都市规划及园境界、会计界、法律界、教育界、体育演艺文化及出版界、医疗卫生界、社会福利界、劳工界、香港特别行政区全国人大代表香港特别行政区全国政协委员及有关全国性团体代表界。其中，劳工界选举产生三名议员，其他界别各选举产生一名议员。乡议局、工程界、建筑测量都市规划及园境界、会计界、法律界、教育界、医疗卫生界、社会福利界、香港特别行政区全国人大代表香港特别行政区全国政协委员及有关全国性团体代表界等界别的议员，由个人选民选出。其他界别的议员由合资格团体选民选举产生，各界别的合资格团体选民由法律规定的具有代表性的机构、组织、团体或企业构成。除香港特别行政区选举法列明者外，有关团体和企业须获得其所在界别相应资格后持续运作三年以上方可成为该界别选民。候选人须获得所在界别不少于 10 个、不多于 20 个选民和选举委员会每个界别不少于 2 名、不多于 4 名委员的提名。每名选举委员会委员在功能团体选举中只可提出一名候选人。各界别选民根据提名的名单，以无记名投票选举产生该界别立法会议员。各界别有关法定团体的划分、合资格团体选民的界定、选举办法由香港特别行政区以选举法规定。

第三，对于分区直接选举选举产生的议员产生办法规定。分区直接选举设立十个选区，每个选区选举产生两名议员。候选人须获得所在选区不少于 100 个、不多于 200 个选民和选举委员会每个界别不少于 2 名、不多于 4 名委员的提名。每名选举委员会委员在分区直接选举中只可提出一名候选人。选民根据提名的名单以无记名投票选择一名候选人，得票多的两名候选人当选。选区划分、投票办法由香港特别行政区以选举法规定。

3. 香港立法会产生办法的修改

原《香港特别行政区立法会的产生办法和表决程序》第三条规定："二〇〇七年以后香港特别行政区立法会的产生办法和法案、议案的表决程序，如需对本附件的规定进行修改，须经立法会全体议员三分之二多数通过，行政长官同意，并报全国人民代表大会常务委员会备案。"

2004 年 4 月 6 日，在第十届全国人民代表大会常务委员会第八次会议通过了《全国人民代表大会常务委员会关于〈中华人民共和国香港特别行政区基本法〉附件一第七条和附件二第三条的解释》规定：二〇〇七年以后香港特别行政区立法会的产生办法"如需修改"是指可以进行修改，也可以不进行修改；要修改立法会的产生办法，必须依法完成"五部曲"的程序：第一部，由行政长官向全国人民代表大会常务委员会提出报告，提请全国人民代表大会常务委员会决定产生办法是否需要进行修改；第二部，全国人民代表大会常务委员会决定是否可就产生办法进行修改；第三部，如全国人民代表大会常务委员会决定可就产生办法进行修改，则特别行政区政府向立法会提出修改产生办法的议案，并经全体立法会议员三分之二多数通过；第四部，行政长官同意经立法会通过的议案；第五部，行政长官将有关法案报全国人民代表大会常务委员会，由全国人民代表大会常务委员会批准或备案。"2021年3月30日修订的《香港特别行政区立法会的产生办法和表决程序》第八条规定："全国人民代表大会常务委员会依法行使本办法和法案、议案的表决程序的修改权。全国人民代表大会常务委员会作出修改前，以适当形式听取香港社会各界意见。"也即立法会选举办法修改权由原来香港特别行政区与中央共享，改为由中央单独享有和行使。

（二）澳门立法会的组成及其产生

1. 澳门立法会的组成

第一届的澳门立法会议员人数及产生方式，是由1993年3月31日在第八届全国人民代表大会第一次会议通过《全国人民代表大会关于澳门特别行政区第一届政府、立法会和司法机关产生办法的决定》规定的。第二至四届的澳门立法会议员人数及产生方式，由《澳门特别行政区立法会的产生办法》作出规定。第五届及以后的澳门立法会议员人数及产生方式，由2012年颁布的《澳门特别行政区立法会的产生办法修正案》作出规定。所以，每届的具体议员人数及其产生方式都有所不同，具体情况如表6-2所示。

表6-2 澳门立法会议员人数及其产生方式一览表 单位：人

产生方式	第一届	第二届	第三、四届	第五、六届
直接选举产生	8	10	12	14
间接选举产生	8	10	10	12
行政长官委任	7	7	7	7
总人数	23	27	29	33

2. 澳门立法会的产生

《澳门特别行政区基本法》第六十八条第二、三款规定："立法会多数议员由选举产生。立法会的产生办法由附件二《澳门特别行政区立法会的产生办法》规定。"澳门立法会的选举办法，除第一届立法会的具体产生办法由澳门特别行政区筹备委员会规定外，第二届及以后的立法会的选举办法，均由澳门立法会通过的《立法会选举法》给予规定。

3. 澳门立法会产生办法的修改程序

《澳门特别行政区立法会的产生办法》第三条规定:"二〇〇九年及以后澳门特别行政区立法会的产生办法如需修改,须经立法会全体议员三分之二多数通过,行政长官同意,并报全国人民代表大会常务委员会备案。"2011年12月26日,在第十一届全国人民代表大会常务委员会第二十四次会议通过的《全国人民代表大会常务委员会关于〈中华人民共和国澳门特别行政区基本法〉附件一第七条和附件二第三条的解释》规定:二〇〇九年及以后澳门特别行政区立法会的产生办法'如需修改'是指可以进行修改,也可以不进行修改;要修改立法会的产生办法,必须依法完成"五部曲"的程序:第一部,由行政长官向全国人民代表大会常务委员会提出报告,提请全国人民代表大会常务委员会决定产生办法是否需要进行修改;第二部,全国人民代表大会常务委员会决定是否可就产生办法进行修改;第三部,如全国人民代表大会常务委员会决定可就产生办法进行修改,则特别行政区政府向立法会提出修改产生办法的议案,并经全体立法会议员三分之二多数通过;第四部,行政长官同意经立法会通过的议案;第五部,行政长官将有关法案报全国人民代表大会常务委员会,由全国人民代表大会常务委员会批准或备案。

(三) 特别行政区立法会的普选问题

全部议员由普选产生是《香港特别行政区基本法》确立的目标。《香港特别行政区基本法》第六十八条第二款规定:"立法会的产生办法根据香港特别行政区的实际情况和循序渐进的原则而规定,最终达至全部议员由普选产生的目标。"全部议员由普选产生是香港民主发展的目标,但《香港特别行政区基本法》也强调了"实际情况和循序渐进的原则",而不是一蹴而就的。2004年4月26日,第十届全国人民代表大会常务委员会第九次会议通过《全国人民代表大会常务委员会关于香港特别行政区2007年行政长官和2008年立法会产生办法有关问题的决定》。该决定规定:"2008年香港特别行政区第四届立法会的选举,不实行全部议员由普选产生的办法,功能团体和分区直选产生的议员各占半数的比例维持不变。"2010年颁布的《香港特别行政区立法会的产生办法和表决程序修正案》,对特别行政区立法会议员的人数和直接选举产生的人数作了修改,但仍沿用直接选举和间接选举相结合的办法产生议员。2014年8月31日,第十二届全国人民代表大会常务委员会第十次会议表决通过《关于香港特别行政区行政长官普选问题和2016年立法会产生办法的决定》。该决定规定:"香港基本法附件二关于立法会产生办法和表决程序的现行规定不作修改,2016年香港特别行政区第六届立法会产生办法和表决程序,继续适用第五届立法会产生办法和法案、议案表决程序。在行政长官由普选产生以后,香港特别行政区立法会的选举可以实行全部议员由普选产生的办法。"按2021年3月30日新修订的香港基本法附件一、二规定,第七届(2021年)香港立法会和第六届(2022年)行政长官都不采用普选办法产生。

《澳门特别行政区基本法》没有确立全部议员由普选产生的目标。2012年2月29日,第十一届全国人民代表大会常务委员会第二十五次会议通过《全国人民代表大会常务委员会关于澳门特别行政区2013年立法会产生执法和2014年行政长官产生办法有关问题的决定》。该决定强调,有关澳门特别行政区行政长官产生办法和立法会产生办法的任何修改都应当符合澳门基本法的规定,并遵循从澳门的实际情况出发,有利于保持澳门特别行政区基本政治制度的稳定,有利于行政主导政治体制的有效运作,有利于兼顾澳门社会各阶层各界别的利益,有利于保持澳门的长期繁荣稳定和发展等原则。该决定规定:"2013年澳门特别行政区立法会产生办法和2014年澳门特别行政区行政长官产生办法,可按照《澳门特别行政区基本法》第四十七条、第六十八条和附件一第七条、附件二第三条的规定作出适当修改。"同年颁布的《澳门特别行政区立法会的产生办法修正案》对特别行政区立法会议员的人数和直接选举产生的人数作了修改,但仍沿用直接选举、间接选举和委任相结合的办法产生议员。

四、立法会的会议程序

(一) 举行立法会会议的议员法定最低人数

《香港特别行政区基本法》第七十五条和《澳门特别行政区基本法》第七十七条都在第一款规定,香港(澳门)特别行政区立法会举行会议的法定人数为不少于全体议员的二分之一。

(二) 立法会的表决程序

1. 香港立法会的表决程序

香港立法会的表决程序由《香港特别行政区立法会的产生办法和表决程序》作出规定。立法会审议事项的不同，对议员同意票的票数的要求也不同。

一是须出席会议的全体议员的过半数票通过的：政府提出的法案。

二是须出席会议的经选举委员会选举产生的议员和功能团体选举、分区直接选举产生的议员各过半数通过的：议员个人提出的议案、法案和对政府法案的修正案。对于议员个人提出的议案、法案和对政府法案的修正案，第二届立法会表决程序是：功能团体选举产生的议员和分区直接选举、选举委员会选举产生的议员两部分出席会议议员各过半数通过。由于从第三届开始没有选举委员会选举产生的议员，对议员个人提出的议案、法案和对政府法案的修正案表决程序，就改成了"出席会议的功能团体选举产生的议员和分区直接选举产生的议员各过半数通过"。按 2021 年 3 月 30 日修订的《香港特别行政区立法会的产生办法和表决程序》的规定，对议员个人提出的议案、法案和对政府法案的修正案表决程序，从第七届开始就改成"分别经选举委员会选举产生的议员和功能团体选举、分区直接选举产生的议员两部分出席会议议员各过半数通过。"

三是须出席会议的议员三分之二通过的：立法会议员因犯罪、行为不检或违反誓言而丧失立法会议员资格的议案。《香港特别行政区基本法》第七十九条规定："香港特别行政区立法会议员如有下列情况之一，由立法会主席宣告其丧失立法会议员的资格。"其中的第六、七项规定："(六)在香港特别行政区区内或区外被判犯有刑事罪行，判处监禁一个月以上，并经立法会出席会议的议员三分之二通过解除其职务；(七)行为不检或违反誓言而经立法会出席会议的议员三分之二通过谴责。"

四是须全体议员三分之二多数通过的：行政长官弹劾案；被行政长官发回重议的法案。按原来的规定，"行政长官的产生办法；立法会的产生办法和法案、议案的表决程序的修改案"也属"全体议员三分之二多数通过"的事项，但因为香港特别行政区不再享有行政长官和立法会产生办法的修改权，立法会也就不再行使这部分的权力。

五是须全体议员四分之一同意的：行政长官弹劾动议案。

2. 澳门立法会的表决程序

澳门立法会的表决程序相比较于香港立法会，没有那么复杂，没有用专门附件作出规定。只在《澳门特别行政区基本法》第七十七条第一款规定："除本法另有规定外，立法会的法案、议案由全体议员过半数通过。""除本法另有规定"包括：行政长官弹劾动议案，须经立法会全体议员三分之一以上同意；被行政长官发回重议的法案、行政长官弹劾案、行政长官和立法会的产生办法的修改议案，须全体议员三分之二多数通过。

（三）立法会议事规则

《香港特别行政区基本法》第七十五条和《澳门特别行政区基本法》第七十七条都在第二款规定："立法会议事规则由立法会自行制定，但不得与本法相抵触。"香港立法会议事规则由《香港特别行政区立法会议事规则》加以详细规定；澳门立法会议事规则由《澳门特别行政区立法会议事规则》加以详细规定。

（四）立法会通过的法案的生效程序

《香港特别行政区基本法》第七十六条和《澳门特别行政区基本法》第七十八条都规定："香港(澳门)特别行政区立法会通过的法案，须经行政长官签署、公布，方能生效。"立法会通过法案，立法程序并没有完成，还要经过行政长官签署、公布，才算完成立法手续，法律才能生效。

五、立法会主席

（一）立法会主席的任职资格及产生方式

1. 立法会主席的任职资格

《香港特别行政区基本法》第七十一条第二款规定："香港特别行政区立法会主席由年满四十周岁，在香港通常居住连续满二十年并在外国无居留权的香港特别行政区永久性居民中的中国公民担任。"可见，香港立法会主席和行政长官的任职资格是一样的。《澳门特别行政区基本法》第七十二条第二款规定:"澳门特别行政区立法会主席、副主席由在澳门通常居住连续满十五年的澳门特别行政区永久性居民中的中国公民担任。"可见,澳门立法会主席、副主席和主要官员的任职资格是一样的,与香港立法会主席的任职资格相比而言要求是较低的。

2. 立法会主席的产生方式

《香港特别行政区基本法》第七十一条第一款规定:"香港特别行政区立法会主席由立法会议员互选产生。"《澳门特别行政区基本法》第七十二条第一款规定:"澳门特别行政区立法会设主席、副主席各一人。主席、副主席由立法会议员互选产生。"立法会主席的选举在立法会议员中进行,凡符合法定要求的议员都有资格被提名或被选举为立法会主席。选举的具体办法,由立法会章程或有关法律规定。

(二) 立法会主席的职权

《香港特别行政区基本法》第七十二条和《澳门特别行政区基本法》第七十四条规定,香港(澳门)特别行政区立法会主席行使下列职权:(一)主持会议;(二)决定议程,(应行政长官的要求将)政府提出的议案优先列入议程;(三)决定开会日期;(四)在休会期间可召开特别会议;(五)(召开紧急会议或)应行政长官的要求召开紧急会议;(六)立法会议事规则所规定的其他职权。

由于立法会采用合议制度,不是个人负责制。所以,立法会主席的职权主要是决定程序性的,可以归纳为三个方面:一是主持会议。二是决定会议议程,如哪些方案列入会议讨论,哪些方案需优先讨论,决定开会日期等。值得注意的是,《香港特别行政区基本法》第七十二条第三项规定,政府提出的议案须优先列入议程,即没有将政府提出的议案审议完成就不能讨论议员个人提出的议案。《澳门特别行政区基本法》中则无此规定,只有在行政长官提出要求时,立法会主席才必须将政府提出的议案优先列入议程。有此差别的原因在于,两地立法会议员提出法案议案的权力有很大不同。在澳门,立法会议员在法律上有权提出任何法案或议案,不受私人法案的限制。三是决定召开会议,包括特别会议、紧急会议等。

六、立法会议员的权利及资格丧失

(一) 立法会议员的权利

(1) 提案权。《香港特别行政区基本法》第七十四条规定:"香港特别行政区立法会议员根据本法规定并依照法定程序提出法律草案,凡不涉及公共开支或政治体制或政府运作者,可由立法会议员个别或联名提出。凡涉及政府政策者,在提出前必须得到行政长官的书面同意。"《澳门特别行政区基本法》第七十五条规定:"澳门特别行政区立法会议员依照本法规定和法定程序提出议案。凡不涉及公共收支、政治体制或政府运作的议案,可由立法会议员个别或联名提出。凡涉及政策的议案,在提出前必须得到行政长官的书面同意。"这是因为公共开支涉及财政开支,在审核、通过财政预算时已经确定,议员不能再提出涉及公共开支的法案。凡涉及政府政策者,在提出前必须得到行政长官的书面同意。这是因为立法会制定法律,政府必须执行并遵守法律,政府根据法律再制定政策。

(2) 质询权。《香港特别行政区基本法》把质询权作为立法会的职权,在第七十三条的第五项规定:"对政府的工作提出质询。"《澳门特别行政区基本法》第七十六条规定:"澳门特别行政区立法会议员有权依照法定程序对政府的工作提出质询。"《澳门特别行政区基本法》的这一规定意在强调:质询只能以议员个人身份提出,而不能以立法会决议的形式提出。因为《澳门特别行政区基本法》并没有赋予立法会对特别行政区政府进行信任或不信任投票的权力。

(3) 豁免权。一是在议会的会议上发言,不受法律追究。《香港特别行政区基本法》第七十七条规定:"香港特别行政区立法会议员在立法会的会议上发言,不受法律追究。"《澳门特别行政区基本法》第七十九条规定:"澳门特别行政区立法会议员在立法会会议上的发言和表决,不受法律追究。"但在会议以外,如在大街、公园等公共场所发表违法的言论,则不在此限。议员的豁免权有利于维护议员的言论自由权,也有利于议员更好地履行职责。《澳门特别行政区基本法》还进一步规定,议员在立法会会议上的表决也不受法律追究。二是在一定情况下有不受逮捕的权利。《香港特别行政区基本法》第七十八条规定:"香港特别行政区立法会议员在出席会议时和赴会途中不受逮捕。"《澳门特别行政区基本法》第八十条规定:"澳门特别行政区立法会议员非经立法会许可不受逮捕,但现行犯不在此限。"

这意味着澳门特别行政区给予了立法会议员更有力的保护。除非现行犯或得到澳门特别行政区立法会的同意，立法会议员不受任何机关和个人的逮捕，而不仅限于在立法会会议和赴会途中不受逮捕。

(二) 议员资格的丧失

为了保证立法会的正常运作，维护特别行政区立法机关的良好形象，《香港特别行政区基本法》第七十九条和《澳门特别行政区基本法》第八十一条规定了立法会议员必然丧失资格的情况。

一是因严重疾病或其他情况无力履行职务的。《香港特别行政区基本法》第七十九条和《澳门特别行政区基本法》第八十一条都在第一项规定"因严重疾病或其他情况无力履行职务"的，要丧失议员资格。

二是担任不宜由立法会议员兼任职务的。这体现了行政与立法分工负责、各司其职的原则。《香港特别行政区基本法》第七十九条第四项规定"接受政府的委任而出任公务人员"的，要丧失议员资格。《澳门特别行政区基本法》对此的要求更为严格，在第八十一条第二项规定："担任法律规定不得兼任的职务。"即澳门立法会议员不得兼任职务包括但不仅限于政府委任的公务人员。

三是无故缺席立法会会议的。长期或多次缺席立法会会议是议员工作懈怠、不能尽忠职守的表现。《香港特别行政区基本法》第七十九条第二项规定"未得立法会主席的同意，连续三个月不出席会议而无合理解释者"，由立法会主席宣告其丧失立法会议员的资格。《澳门特别行政区基本法》第八十一条第三项规定"未得立法会主席的同意，连续五次或间断十五次缺席会议而无合理解释"，经立法会决定，即丧失其立法会议员资格。

四是犯罪的。《香港特别行政区基本法》第七十九条第六项规定："在香港特别行政区区内或区外被判犯有刑事罪行，判处监禁一个月以上，并经立法会出席会议的议员三分之二通过解除其职务。"《澳门特别行政区基本法》第八十一条第五项规定："在澳门特别行政区区内或区外犯有刑事罪行，被判处监禁三十日以上。"澳门立法会议员犯刑事罪行，被判处监禁三十日以上的，就必然丧失议员资格。而香港立法会议员犯罪的，还要经立法会出席会议的议员三分之二通过才解除其职务，在理论上不能说，议员犯罪的就必然丧失议员资格。当然，按《香港特别行政区维护国家安全法》第三十五条的规定，经法院判决犯危害国家安全罪行的立法会议员,即时丧失议员职务。

五是违反议员誓言的。《澳门特别行政区基本法》第八十一条第四项规定:"违反立法会议员誓言。"《香港特别行政区基本法》第七十九条第七项规定:"行为不检或违反誓言而经立法会出席会议的议员三分之二通过谴责。"违反议员誓言的议员,《澳门特别行政区基本法》规定是必然丧失议员资格,比《香港特别行政区基本法》的规定严苛。

另外,《香港特别行政区基本法》还规定了三种《澳门特别行政区基本法》没规定的丧失议员资格的情况:一是丧失或放弃香港特别行政区永久性居民身份的;二是破产或经法庭裁定偿还债务而不履行的;行为不检经立法会出席会议的议员三分之二通过谴责的。

第五节 特别行政区司法体系

司法体系一般是指由法院(审判系统)和检察院(检察系统)构成整个国家的司法运行体系。特别行政区基本法主要在第四章第四节"司法机关"部分对特别行政区司法体系加以规定。由于香港和澳门实行不同的司法体制,从特别行政区基本法的具体规定来看,香港特别行政区司法体系包括法院、律师,澳门特别行政区司法体系包括法院、检察院、律师。

一、特别行政区法院的组织体系

由于香港和澳门分别实行普通法和大陆法的司法体制,因此,两地在法院设置等制度上有较大的差异。

(一) 香港特别行政区法院的组织体系

《香港特别行政区基本法》第八十一条规定:"香港特别行政区设立终审法院、高等法院、区域法院、裁判署法庭和其他专门法庭。高等法院设上诉法庭和原讼法庭。"

1. 终审法院

《香港特别行政区基本法》第八十二条规定:"香港特别行政区的终审权属于

香港特别行政区终审法院。"为体现特别行政区的高度自治,国家授予特别行政区高度的自治权,其中包括司法方面的终审权。它使得香港各级法院所审判的案件,不必经过内地最高人民法院的最终裁判而能在香港生效。对终审法院的判决,不能再上诉。一个主权国家的地方单位享有司法的终审权,这在世界上是独一无二的。香港原来虽也设置最高法院,但其最高法院并不享有终审权,其终审权属于英国伦敦的枢密院司法委员会。因为英国法律规定,对由香港最高法院上诉庭判决的案件不服,可上诉到英国的枢密院司法委员会,所以其名称虽为"最高法院",但并不是终审法院。根据《中英联合声明》和《香港特别行政区基本法》,香港于1997年7月1日设立终审法院,取代在伦敦的枢密院司法委员会,作为香港最终上诉法院。从终审法院处理的案件范围来看,它有权自行审理属于特别行政区自治范围内的各种诉讼案件。

2. 高等法院

香港特别行政区高等法院相当于香港原有的最高法院。香港原有的最高法院,即按察司署,是由两部分组成,一是原讼法庭,即高等法院;二是上诉法庭,即上诉法院。其法官均为按察司。首席按察司是最高法院的首脑,又是各级法院的领导人,其地位相当于英国的大法官。原最高法院的原讼庭和上诉庭有权审理一切民事与刑事案件。现行特别行政区是将原有的"最高法院"名称改为"高等法院",但在司法审判的机构设置上仍保留原有的"原讼法庭"和"上诉法庭"。原讼法庭具有上诉及原讼司法管辖权,涵盖范围包括刑事及民事案件。上诉法庭审理的刑事及民事上诉案件源自原讼法庭、竞争事务审裁处、区域法院、土地审裁处及由有关条例所指定的审裁处和法定团体。

3. 区域法院

香港特别行政区的"区域法院"相当于香港原有的地方法院。香港原有的地方法院设立于1953年,按照香港的地域区划而设置。全港原有6个地方法院,即维多利亚地方法院、南九龙地方法院、九龙地方法院、荃湾地方法院、沙田地方法院和粉岭地方法院。其审判的层级高于原裁判司署,低于原最高法院原讼庭。现特别行政区所设立的"区域法院"是对原"地方法院"的取代。

4. 裁判署法庭

香港特别行政区的"裁判署法庭"相当于香港原有的裁判司署。香港原有的裁判司署是香港历史上最长的、依照英国的治安法院模式设立的基层法院，每年其所审理的案件都是最多的。裁判司署作为香港的基层法院，主要受理轻微的刑事案件，包括可以提出检控的罪行和可按简易程序治罪的违法行为。现特别行政区所设立的"裁判署法庭"也是作为特别行政区的基层法院。

5. 各专门法庭

在香港原有的法院体系中，形成了专门审理某一类案件的法庭，其主要包括如下几类。

一是死因裁判法庭。死因裁判法庭研讯以下各类案件：有人因意外或暴力死亡；有人在可疑情况下死亡；有人突然死亡；在香港境内发现尸体或从外地运入尸体。

二是土地审裁处。土地审裁处于1974年设立，主要有四个司法功能。首先，政府或其他机构强制收地时，或某些土地因工务或私人土地发展以致价值减损时，裁定政府或有关人士应给予受影响人士的赔偿额；其次，裁定有关大厦管理的争议事件；再次，裁定不服差饷物业估价署署长的决定提出的上诉，并裁定针对房屋署署长就物业的现行市值所作评估而提出的上诉；最后，裁定所有涉及《业主与租客(综合)条例》第7章的事宜。

三是劳资审裁处。劳资审裁处于1973年设立，提供快捷、廉宜及不拘形式的程序，以解决劳资纠纷，处理违反雇佣合约的索偿，包括代通知金、欠薪、法定假期薪金、年假薪金、疾病津贴、产假薪金等。

四是小额钱债审裁处。小额钱债审裁处于1976年设立，专门处理因合约问题或侵权行为引起的金钱申索，涉及的款额不超过5万元。该处审理的申索主要类别有追收欠债、追收服务费、财产损毁要求赔偿，以及与货物销售或消费权益有关的追讨。

五是淫亵物品审裁处。淫亵物品审裁处有权裁定有关物品是否属于淫亵或不雅。该审裁处亦有权将有关物品分为第一类(既非淫亵、亦非不雅)、第二类(不雅)或第三类(淫亵)。交由该审裁处进行裁定或分类的物品主要是杂志、连环画、录影带和光碟。作者、印刷人、出版商、制造商、进口商、分销商或版权人,都可以将物品呈交该审裁处评定类别。

(二) 澳门特别行政区法院的组织体系

《澳门特别行政区基本法》第八十四条第一款规定:"澳门特别行政区设立初级法院、中级法院和终审法院。"

1. 终审法院

《澳门特别行政区基本法》第八十四条第二款规定:"澳门特别行政区终审权属于澳门特别行政区终审法院。"回归之前的澳门法院系统比较简单,主要设立第一审法院、审计法院(行政法院)和高等法院,其高等法院为第二审法院。也就是说,在澳门,法院没有终审权,终审权在葡萄牙,当事人如果对澳门法院的判决不服,可上诉至里斯本法院,直至葡萄牙最高法院。澳门特别行政区成立后,设立了终审法院,这意味着凡属于澳门特别行政区法院管辖范围内的案件,终审法院所作出的判决即为终局判决。

2. 中级法院

中级法院主要是受理初级法院和行政法院的上诉案件。在澳门特别行政区的司法体制中没有设立高等法院,所以特别行政区中级法院行使的职权,多是来自澳门原来的高等法院。例如,对一审法院、行政法院的判决提起的上诉案,受理澳门反贪污暨反行政违法性高级专员的职务犯罪等。

3. 初级法院

初级法院是澳门特别行政区的初审法院。以前澳门仅设一个行使初审管辖权的一审法院,下设民事庭、刑事庭、未成年人法庭和合议庭。按《澳门特别行政区基本法》第八十五条规定:"澳门特别行政区初级法院可根据需要设立若干专门法庭。"现在的澳门特别行政区初级法院,设立有刑事庭、民事庭、经济庭等专门法庭。

4. 行政法院

《澳门特别行政区基本法》第八十六条规定:"澳门特别行政区设立行政法院。

行政法院是管辖行政诉讼和税务诉讼的法院。不服行政法院裁决者,可向中级法院上诉。"行政法院在审级上也属于初审法院,主要受理行政诉讼和税务诉讼类的专门案件,这是澳门特别行政区按职能设置的一个专门法院。

5. 刑事起诉法庭

《澳门特别行政区基本法》第八十五条第二款明确规定:"原刑事起诉法庭的制度继续保留。"刑事起诉法庭是澳门于 1926 年设立的。因为葡萄牙宪法规定,刑事案件应由一名法官负责侦讯,为此澳门政府设立了刑事起诉法庭,主要负责 2~24 年徒刑的刑事案件的侦讯工作,但该法庭没有审判权。若从性质上看,刑事起诉法庭实际上不属于法院系统,而应属于侦讯机关。

二、特别行政区的法官制度

(一) 香港特别行政区法官

1. 法官的任命程序

不同法官的任命程序是不一样的。一种是一般法官的任命程序。《香港特别行政区基本法》第八十八条规定:"香港特别行政区法院的法官,根据当地法官和法律界及其他方面知名人士组成的独立委员会推荐,由行政长官任命。"另一种是特定法官的任命程序。《香港特别行政区基本法》第九十条第二款规定:"除本法第八十八条和第八十九条规定的程序外,香港特别行政区终审法院的法官和高等法院首席法官的任命或免职,还须由行政长官征得立法会同意,并报全国人民代表大会常务委员会备案。"也就是,终审法院的法官和高等法院首席法官比一般的法官在任命程序上,多了立法会的同意和全国人民代表大会常务委员会备案。

2. 法官的免职程序

《香港特别行政区基本法》第八十九条规定:"香港特别行政区法院的法官只有在无力履行职责或行为不检的情况下,行政长官才可根据终审法院首席法官任命的不少于三名当地法官组成的审议庭的建议,予以免职。香港特别行政区终审法院的首席法官只有在无力履行职责或行为不检的情况下,行政长官才可任命不少于五名当地法官组成的审议庭进行审议,并可根据其建议,依照本法规定的程序,予以免职。"根据《香港特别行政区基本法》第九十条第二款的规定,终审法院的法官和高等法院首席法官的免职还须立法会的同意和全国人民代表大会常务委员会备案。

3. 法官的任职资格

法官是专门行使审判权的人员,因此对其法律专业素质和水平的要求非常高。《香港特别行政区基本法》对法官任职资格只作了原则性的规定,包括三个方面:一是终审法院和高等法院的首席法官,应由在外国无居留权的香港特别行政区永久性居民中的中国公民担任;二是法官和其他司法人员,应根据本人的司法和专业才能选用,并可从其他普通法适用地区聘用;三是香港特别行政区成立前在香港任职的法官和其他司法人员均可留用。

4. 法官原有福利制度的保留

《香港特别行政区基本法》第九十三条规定:"香港特别行政区成立前在香港任职的法官和其他司法人员均可留用,其年资予以保留,薪金、津贴、福利待遇和服务条件不低于原来的标准。对退休或符合规定离职的法官和其他司法人员,包括香港特别行政区成立前已退休或离职者,不论其所属国籍或居住地点,香港特别行政区政府按不低于原来的标准,向他们或其家属支付应得的退休金、酬金、津贴和福利费。"《澳门特别行政区基本法》没有专门的条款对法官原有福利制度的保留作出规定,这是因为按大陆法系的传统,法官也属于广义的公务人员,澳门法官原有福利制度按公务人员原福利制度执行。

(二) 澳门特别行政区法官

1. 法官的任命程序

(1) 一般法官的任命程序。《澳门特别行政区基本法》第八十七条第一款规定:"澳门特别行政区各级法院的法官,根据当地法官、律师和知名人士组成的独立委员会的推荐,由行政长官任命。"

(2) 终审法院法官的任命程序。《澳门特别行政区基本法》第八十七条第四款规定:"终审法院法官的任命和免职须报全国人民代表大会常务委员会备案。"也就是说,终审法院法官在任命程序上比一般法官多了报全国人民代表大会常务委员会备案。

2. 法官的免职程序

(1) 一般法官的免职程序。《澳门特别行政区基本法》第八十七条第二款规定："法官只有在无力履行其职责或行为与其所任职务不相称的情况下，行政长官才可根据终审法院院长任命的不少于三名当地法官组成的审议庭的建议，予以免职。"

(2) 终审法院法官的免职程序。《澳门特别行政区基本法》第八十七条第三、四款规定："终审法院法官的免职由行政长官根据澳门特别行政区立法会议员组成的审议委员会的建议决定。终审法院法官的任命和免职须报全国人民代表大会常务委员会备案。"也就是说，终审法院法官在免职程序上比一般法官多了审议委员会的建议和报全国人民代表大会常务委员会备案。

3. 法院院长任免程序

《澳门特别行政区基本法》第八十八条第一款规定："澳门特别行政区各级法院的院长由行政长官从法官中选任。"第三款规定："终审法院院长的任命和免职须报全国人民代表大会常务委员会备案。"

4. 法官的任职资格

《澳门特别行政区基本法》对法官任职资格的规定相比较《香港特别行政区基本法》而言比较简单，只原则规定为：一是终审法院院长由澳门特别行政区永久性居民中的中国公民担任；二是法官的选用以其专业资格为标准；三是符合标准的外籍法官也可聘用。

三、特别行政区的监察制度

（一）澳门特别行政区检察院

大陆法系国家的司法体制中，除法院之外，还专设检察院。检察院是专门代表国家对刑事犯罪案件进行侦查、预审，然后作出不起诉或起诉决定的机关。如果决定起诉，检察官即代表国家以公诉人的身份向法院提起公诉，要求对罪犯进行审判并定罪。澳门的司法体系属于大陆法系，因此澳门特别行政区设有检察院。《澳门特别行政区基本法》第九十条第一款专门规定："澳门特别行政区检察院独立行使法律赋予的检察职能,不受任何干涉。"

1. 检察院的性质与地位

澳门特别行政区检察院属于司法机关。从澳门特别行政区各机关之间的关系看,检察院是一个独立的机关,它与特别行政区政府、立法会没有组织上的隶属关系。从澳门特别行政区司法机关的组成上看,检察院与法院虽同属司法机关,但组织上是相互独立的。

2. 检察官的任职资格和任命

对于检察官的任职资格,《澳门特别行政区基本法》并没有作出专门的规定。而在大陆法系的传统中,司法人员是属于公务人员的,所以检察官的任职资格应适用《澳门特别行政区基本法》第九十七条"澳门特别行政区的公务人员必须是澳门特别行政区永久性居民"的规定。对于检察官的任命,《澳门特别行政区基本法》第九十条第三款规定:"检察官经检察长提名,由行政长官任命。"

3. 检察长的任职资格和任命

《澳门特别行政区基本法》第九十条第二款规定:"澳门特别行政区检察长由澳门特别行政区永久性居民中的中国公民担任,由行政长官提名,报中央人民政府任命。"与一般检察官的任职资格相比,检察长多了中国国籍的要求。在任命程序上,检察长作为主要官员,在行政长官提名后,由中央人民政府任命。

(二) 香港特别行政区的刑事检察制度

英美法系国家没有设立专门的检察机关,因而在刑事案件中代表国家追诉犯罪的公诉人不是司法机关,而是行政机关。香港地区即为这一类型。《香港特别行政区基本法》第六十三条规定:"香港特别行政区律政司主管刑事检察工作,不受任何干涉。"这个规定实际上是保留了香港原有的刑事检察制度。该制度具有两个最基本的特点:一是刑事检察工作由政府的一个部门负责;二是刑事检察工作不受任何干涉。

香港的律政司并不是一个专门从事刑事检控事宜的机构。其一,律政司署除负责刑事检控任务外,作为政府的一个部门,它还承担着草拟法律、司法行政、民事代理、法律改革等很多职能,刑事检控只是其重要工作之一。其二,对于刑事检控任务的承担,律政司也并非唯一机构。因为香港的警务处、廉政公署在特定的方面和特定的条件下,也可承担一定的检控工作。

四、特别行政区的律师制度

《香港特别行政区基本法》第九十四条和《澳门特别行政区基本法》第九十二条规定:"香港(澳门)特别行政区政府可参照原在香港(澳门)实行的办法,作出有关当地和外来的律师在香港(澳门)特别行政区工作和执业的规定。"特别行政区基本法这一原则规定表明,特别行政区将基本保持原有的律师制度。

(一) 香港的律师制度

1. 律师的种类

按照从业的范围,香港律师分为执业律师和政府律师。

执业律师是私人律师,按其职能的不同,又分为大律师和律师。大律师又称出庭律师,擅长于盘问证人和法庭辩论。在香港高等法院以上受理的案件只能由大律师出庭。一般是当事人先聘请律师,再由律师聘请大律师。律师负责出庭前的准备工作,大律师则根据律师提供的案情介绍和法律文书出庭辩护。律师又称诉状律师或事务律师,主要从事法律事务性工作,如提供法律咨询、订立契约、调解纠纷、代办遗嘱、承办财产转让、制作法律文书等。律师只可在地方法院或裁判司署出庭辩护。大律师与律师并没有地位高低之分,而仅仅是职能和业务上有所不同。

政府律师,即为香港政府工作的律师。香港政府聘用的律师分布在多个工作部门:一是律政司署。律政司署由于其职能的需要,所聘用的律师最多,可以说是政府聘用的律师事务所。律师主要从事涉及政府的法律事项、法律的推行、刑事检控及保障社会等事务。二是法律援助处。法律援助处的律师主要为因经济原因而难以聘用私人律师的平民,提供免费或少费的法律服务。三是注册总署。注册总署也是隶属于政府,律师主要负责土地登记、公司登记以及除了由律政司负责的政府重要的法律事务以外的其他法律事务。

2. 律师资格的取得

律师资格的取得由《执业律师条例》给予具体的规定。相比较澳门而言，在香港获取律师的资格是比较严格的：首先，要考取香港大学法学学士的学位；其次，在该大学再深造 1 年，获得"法律深造文凭"；再次，如想成为律师，则在律师事务所实习 2 年，如想成为大律师，则在大律师办公室实习 1 年；最后，期满后申请为执业律师或大律师。所有具备律师资格的人，都要经过有关专业团体审查批准，然后向香港最高法院申请，由该法院承认后，再由专业团体颁发执业证书，方可执业。除上述获取律师执业资格外，香港也承认英国及英联邦国家大学的法学学位，只要持学位者在香港大学考取"法律深造文凭"，就可依上述程序取得执业资格。已在英国考取律师或大律师资格的，也可在香港执业。其他国家律师不得在香港以香港律师的身份执业。

3. 律师组织

香港的律师组织主要有律师公会和大律师公会。律师公会是香港执业律师的组织，所有在港的律师均应加入律师公会。公会是律师行业的专业团体，其主要功能一是加强律师行业之间的联系，二是负责管理执业律师的职业道德、纪律、安排考试和管理注册登记等，三是制定律师行为守则、规则等。此外，在香港还有女律师协会、实习律师协会等组织。

(二) 澳门的律师制度

1. 律师的种类

澳门的律师分为两种：一为大律师，即执业律师，是法律规定具有一定从业资格、经法院确认并注册、加入澳门律师公会，有权从事诉讼代理和法律咨询及出庭代理或辩护的人。二为律师。准确地说，澳门的律师实际上是律师助理或法律代办，是协助执业律师处理律师业务的法律专业人员，他们一般不能出庭代理或辩护。

2. 律师的任职资格

获得大律师的资格，必须取得葡萄牙大学法律系学历，或取得澳门大学法学士学位,或其他澳门认可的大学法律专业文凭,经过一年半的实习和考核后,由政府批准在澳门开业。获得律师资格的条件是:第一,年满21周岁;第二,享有完全的政治和民事权利;第三,无犯罪记录;第四,未因纪律处分而遭解雇;第五,具有高中文化程度;第六,考试合格者。

3. 律师的组织

1989年4月成立了澳门律师协会,这是一个"私权法人"的律师业民间组织。1991年,澳督以法令的形式颁布了《律师通则》,开始正式确立了澳门律师公会的法律地位。律师公会作为管理澳门律师的专门组织,不受其他公法人的指导。其主要职责是:制定、修改律师公会章程和律师职业道德守则;管理注册登记;组织和指导职业学习;拟定纪律守则的提案等。

拓展阅读

1. 曾荫权成为首位在任内被廉政公署调查的行政长官

2012年2月,曾荫权被揭以年租一百万港元向富商"廉租"深圳豪宅作退休居所,事件曝光后,被指涉嫌利益输送。2012年2月28日,香港廉政公署宣布,决定立案调查曾荫权有无触犯"防贿条例"或公职人员行为不当。2015年1月,廉政公署历时3年调查,认为曾荫权有接受富豪款待(乘搭私人飞机及游艇外游)、接受红酒等礼物、在深圳租住商人豪宅,涉嫌利益输送。

2015年10月5日,香港律政司以曾荫权涉嫌两项"公职人员行为失当罪名"及一项《防止贿赂条例》中的"行政长官接受利益罪"正式落案起诉,包括:第一项控罪指曾荫权涉嫌于2010年11月2日至2012年1月20日,在举行行政会议商讨及批准雄涛广播有限公司(其后更名为香港数码广播有限公司)提交的多项申请期间,未向行政会议申报或披露他与该公司的经济往来;第二项控罪指曾荫权涉嫌于2010年12月至2011年7月期间,提名建筑师何周礼授勋,但他并未申报或披露,该名建筑师曾获聘为其做室内设计工作;第三项控罪指曾荫权涉嫌于2010年1月1日至2016年6月30日期间,接受深圳福田东海花园三层式住宅的整修及装修工程。

2017年2月17日,香港高等法院陪审团就控罪一"行政长官接受利益罪"

不能达成大比数裁决；控罪二"公职人员行为失当罪"以8：1罪成；而控罪三"公职人员行为失当罪"则一致裁定罪名不成立。2017年2月22日，曾荫权被香港高等法院裁定公职人员行为失当罪成立，被判囚20个月。

曾荫权案件的发生还促成了香港《防止贿赂条例》的修改。因为按原有的制度设计，香港廉政公署直接对行政长官负责，因此造成行政长官在收受利益方面，自行决定，没有监察，没有制衡。修改后的《防止贿赂条例》把行政长官须与其他问责官员等公职人员，均同样受利益收受的监管。

——整理主要参考文献：《香港前特首曾荫权涉贪案事件簿》，《浙江在线》，2017年2月24日

2. 香港第六届立法会议员有6人因未按规定宣誓被取消议员资格

根据《香港特别行政区基本法》第一百零四条规定，立法会议员就职时必须依法宣誓拥护《香港特别行政区基本法》及效忠香港特别行政区，誓言格式则由《宣誓及声明条例》规定，内容如下："我谨此宣誓：本人就任中华人民共和国香港特别行政区立法会议员，定当拥护《中华人民共和国香港特别行政区基本法》，效忠中华人民共和国香港特别行政区，尽忠职守，遵守法律，廉洁奉公，为香港特别行政区服务。"2016年10月12日，在香港第六届立法会议员就职宣誓仪式上，有6人未按香港法例规定宣誓，被先后取消立法会议员资格。

在议员宣誓仪式上，"青年新政"候任议员梁颂恒、游蕙祯展示"HONG KONG IS NOT CHINA"(香港不是中国)、"港独"标语，宣称效忠"香港民族"，并加入辱国辱华字眼，将republic of China读成Re-fucking of shina。监誓人(即立法会秘书长)陈维安裁定其宣誓无效，但立法会主席梁君彦在咨询法律意见后决定准许他们于10月19日的立法会会议上重新宣誓。10月18日，香港行政长官及律政司司长向高等法院原讼庭提出针对立法会主席该决定的司法复核诉讼，并要求法院根据《宣誓及声明条例》第21条和《立法会条例》第73条裁定该两名议员已因违反就职宣誓的法定要求而丧失议员资格。10月19日，立法会大会按照会议议程安排5人重新宣誓。在梁颂恒、游蕙祯二人宣誓前，建制派议员集体抗议离场，触发流会，导致二人宣誓未成。

2016年11月15日，高等法院原讼庭就"宣誓案"作出判决，裁定梁颂恒、游蕙祯在10月12日因拒绝作出法律要求的宣誓而丧失其议员资格。梁颂恒、游

蕙祯提出上诉，高等法院上诉法庭在 11 月 30 日颁布判词，维持原判。梁颂恒、游蕙祯继续向高等法院上诉庭申请上诉至终审法院，但于 2017 年 1 月 16 日被驳回。2017 年 2 月 13 日，梁颂恒、游蕙祯以本案议题对香港宪制有非常重要影响为由向终审法院申请上诉许可，2017 年 8 月 25 日，香港终审法院驳回了梁、游二人申请的"终极上诉"许可。

另外，就职宣誓仪式上，梁国雄身穿印有"公民抗命"的 T 恤、手持写有标语的黄伞等，断断续续读出誓词，宣誓后撕破手上全国人民代表大会常务委员会"8·31"决议的纸板，并高喊口号；姚松炎在誓词中加入"守护香港制度公义，争取真普选，为香港可持续发展服务"；罗冠聪读誓词时，每提及"中华人民共和国"，便以高音读出"国"字，宣誓后又高呼口号；刘小丽以约每隔 6 秒逐字读出誓词，共花 13 分钟完成宣誓。

2016 年 12 月 2 日，香港特别行政区政府律政司就以上四人的宣誓问题向香港高等法院提起司法复核，认为这四人在就职宣誓仪式时的宣誓不是有诚意并庄严地进行，要求法官裁定他们的宣誓无效及颁令议席悬空。

2017 年 7 月 14 日，香港高等法院颁布判决书，裁定梁国雄、姚松炎、刘小丽及罗冠聪四人宣誓时不庄重，因此失去议席，有效期追溯至 2016 年 10 月 12 日宣誓当天生效。法院宣判时，四人正在立法会参加财委会会议，有关会议被马上暂停，会议主席其后宣布四人已丧失参加会议的资格。

——整理主要参考文献：朱含、陈弘毅，《2016 年香港立法会选举及宣誓风波法律评析》，《法学评论》，2017 年 4 期

3. 香港陪审团制度

香港陪审团制度已有很长的历史。1845 年，香港正式通过《陪审员与陪审团规管条例》，陪审团制度从此在香港便慢慢地发展并扎根。时至今日，陪审团制度已成为香港司法制度中很重要的一部分，并得到《香港特别行政区基本法》的认可，其在第八十六条规定："原在香港实行的陪审制度的原则予以保留。"

当然，陪审团制度并不是适用于所有案件审理，只有高等法院原讼法庭和死因裁判法庭才使用陪审团审理案件。在高等法院，陪审团参与的案件主要是严重的刑事案件，民事案件中适用陪审团制度的数量极其罕见。相对于全香港刑事案

件的总数,适用陪审团审理的案件虽然只是很小的一部分,然而这一小部分案件却是罪行最严重、刑罚最严厉的案件。陪审团的职责在于判断案情的事实以及将有关法律应用到这些事实上,从而决定被告人是否有罪。

(1) 陪审员的资格。当陪审员条件是:香港居民;21~65岁;有良好品格;具有对审讯进行时将所采用的语言有足够的知识及理解能力;精神健全;无任何使之不能出任作陪审员的失明、失聪或其他残疾。

(2) 陪审员的认定程序。香港高等法院司法常务官每两年编制一份陪审员临时名单,该名单于10月或以前拟定,然后在翌年2月或以前确认,高等法院司法常务官每星期以随机抽选的方式,从陪审员名单内抽出若干数目的陪审员,法庭一般会在最少21天前以挂号邮递把传票寄给被抽中者,要求被抽中者在指定日期前往高等法院或死因裁判法庭。曾接受传召而出席的陪审员,一般在两年内不会再被传召。

(3) 担任陪审员是居民的义务。根据香港现行的《陪审团条例》,任何人如符合资格担任作为陪审员,在法律上已经负有陪审责任及义务。如任何符合资格的陪审员,在未有合理原因的情况下,又未能履行陪审责任及义务,该陪审员已触犯法例并有可能被检控。在2007年,一名陪审员因讹称扭伤,并多次缺席参与审讯,被判藐视法庭罪成立,判即时入狱三星期并留有案底。此案成为香港首宗陪审员因藐视法庭及无法履行陪审责任而入狱的案件。

(4) 当陪审员是有薪水的。根据《陪审团条例》第31(1)条获发津贴。津贴按日计算,不足一日也作一日计算。根据《陪审团条例》中的第33条规定,任何雇主不得因其雇员曾经出任或正在出任陪审员,而终止雇用、威胁终止雇用、在任何方面歧视或作不合理对待其雇员。如任何雇主违反相关条例,可被处罚款港币25000元及监禁3个月。

——整理主要参考文献:黄琳娜,《陪审团制度在香港》,《人民法院报》,2014年8月8日

思 考 题

1. 特别行政区的行政机关与立法机关互相制衡体现在哪些方面?
2. 行政长官的任职资格和要求包括哪些?
3. 修改澳门立法会产生办法的程序包括哪些?

参考文献

一、著作

1. 邓小平. 邓小平文选(第三卷)[M]. 北京：人民出版社，1993.

2. 习近平. 在庆祝香港回归祖国 20 周年大会暨香港特别行政区第五届政府就职典礼上的讲话[M]. 北京：人民出版社，2017.

3. 党的十九大报告辅导读本[M]. 北京：人民出版社，2017.

4. 中华人民共和国新闻办公室. "一国两制"在香港特别行政区的实践[M]. 北京：人民出版社，2014.

5. 全国人大常委会香港(澳门)基本法委员会办公室. 中央有关部门发言人及负责人关于基本法问题的谈话和演讲[M]. 北京：民主法制出版社，2011.

6. 中共中央文献研究室. "一国两制"重要文献选编[M]. 北京：中央文献出版社，1997.

7. 中华人民共和国宪法[M]. 北京：中国法制出版社，2018.

8. 司法部法制司. 香港特别行政区基本法及相关法律政策汇编[M]. 北京：法律出版社，1997.

9. 《澳门特别行政区法律汇编》编委会. 澳门特别行政区法律汇编[M]. 北京：中国社会科学出版社，2000.

10. 骆伟建. 澳门特别行政区基本法新论[M]. 北京：社会科学文献出版社，2012.

11. 黄志勇. 港澳基本法要论[M]. 广州：暨南大学出版社，2012.

12. 杨静辉，李翔琴. 港澳基本法比较研究[M]. 北京：北京大学出版社，2017.

13. 焦洪昌，姚建国. 港澳基本法概论[M]. 北京：中国政法大学出版社，2009.

14. 国务院发展研究中心港澳研究所. 香港基本法读本[M]. 北京：商务印书

馆，2009.

15. 王振民."一国两制"与基本法二十年回顾与展望[M]. 南京：江苏人民出版社，2017.

16. 严安林，张哲馨."一国两制"理论的实践与创新研究[M]. 北京：九州出版社，2018.

17. 邹平学. 香港基本法实践问题研究[M]. 北京：社会科学文献出版社，2014.

18. 梁美芬. 香港基本法：从理论到实践[M]. 北京：法律出版社，2015.

19. 齐鹏飞."一国两制"在香港、澳门的成功实践及其历史经验研究[M]. 北京：人民出版社，2016.

20. 饶戈平，王振民. 香港基本法澳门基本法论丛(第一辑)[M]. 北京：中国民主法制出版社，2011.

21. 饶戈平，王振民. 香港基本法澳门基本法论丛(第二辑)[M]. 北京：中国民主法制出版社，2013.

22. 饶戈平，王振民. 香港基本法澳门基本法论丛(第三辑)[M]. 北京：中国民主法制出版社，2016.

23. 董立坤. 中央管治权与香港特区高度自治权的关系[M]. 北京：法律出版社，2014.

24. 黄振. 特别行政区高度自治权研究[M]. 厦门：厦门大学出版社，2013.

25. 王禹. 论恢复行使主权[M]. 北京：人民出版社，2016.

26. 陈端洪. 宪治与主权[M]. 北京：法律出版社，2007.

27. 刘兆佳. 香港社会的民主与管治[M]. 北京：中信出版社，2016.

28. 阎小骏. 香港治与乱：2047的政治想象[M]. 北京：人民出版社，2016.

29. 宋才发，谢尚果. 民族区域自治法通论[M]. 北京：法律出版社，2017.

30. 中国法学网. 中译德意志联邦共和国基本法[EB/OL]. [2019-05-14]. http://www.iolaw.org.cn/showNews.asp?id=7507.

31. 孙平华.《世界人权宣言》研究[M]. 北京：北京大学出版社，2012.

32. 葛明珍.《经济、社会和文化权利国际公约》及其实施[M]. 北京：中国社会科学出版社，2003.

33. 朱晓青，柳华文.《公民权利和政治权利国际公约》及其实施机制[M]. 北京：社会科学文献出版社，2019.

34. 王西安. 国际条约在中国特别行政区的适用[M]. 广州：广东人民出版社，2008.

二、论文

1. 许昌. 初论新时代港澳"一国两制"实践的新特征、新思路[J]. 港澳研究，2018(1)：25-30，93-94.

2. 郭永虎，闫立光. 1997—2017香港"一国两制"问题研究回顾与前瞻[J]. 深圳大学学报(人文社会科学版)，2017(4)：31-36.

3. 魏南枝. 对香港回归二十年的反思[J]. 中共社会主义学院学报，2017(3)：84-88.

4. 范宏云. 全面准确理解"一国两制"方针政策和香港基本法[J]. 特区实践与理论，2017(3)：75-79.

5. 江华. 浅析联合声明与基本法的关系[J]. "一国两制"研究，2013(4).

6. 江华. 试论"一国"原则的基本内涵[J]. 港澳研究，2017(2)：33-43，94-95.

7. 张强. 特别行政区语境下的主权概念探析[J]. 港澳研究，2016(1)：34-43.

8. 王禹. 主权的概念及其在中国政府收回香港和澳门过程中的运用[J]. "一国两制"研究，2012(2).

9. 张颖. 论中国单一制宪制的"大一统"特色[J]. 武汉大学学报(哲学社会科学版)，2012(3)：79-83.

10. 王振民. 论港澳回归后新宪法秩序的确立[J]. 港澳研究，2013(1)：28-36.

11. 韩大元. 论《宪法》在《香港特别行政区基本法》制定过程中的作用——纪念《香港特别行政区基本法》实施20周年[J]. 现代法学，2017(5)：3-10.

12. 黄明涛. 论宪法在香港特别行政区的效力与适用[J]. 法商研究，2018，35(6)：101-110.

13. 殷啸虎. 论宪法在特别行政区的适用[J]. 法学，2010(1)：49-56.

14. 朱世海. 宪法与基本法关系新论：主体法与附属法[J]. 浙江社会科学，2018(4)：36-45，156-157.

15. 冷铁勋. 论特别行政区制度的宪法地位[J]. 江汉大学学报(社会科学版)，2014(3)：60-66.

16. 王禹. "一国两制"下中央对特别行政区的全面管治权[J]. 港澳研究，

2016(2): 3-11, 93.

17. 范宏云. "一国两制"下的中央全面管治权[J]. 特区实践与理论, 2014(5): 49-52.

18. 骆伟建. 论中央全面管治权与特区高度自治权的有机结合[J]. 港澳研究, 2018(1): 14-24, 93.

19. 魏淑君, 张小帅. 论"一国两制"下中央对港澳特区的全面管治权[J]. 中国浦东干部学院学报, 2016(6): 103-111.

20. 蒋朝阳. 国家管治权及其在特别行政区的实现[J]. 港澳研究, 2017(2): 21-32.

21. 蒋朝阳. 维护中央全面管治权与保障特区高度自治权有机结合的澳门启示[J]. 港澳研究, 2018(3): 3-14.

22. 许昌. 中央对特别行政区直接行使的权力的分类研究[J]. 港澳研究, 2016(3): 32-41.

23. 黄志勇, 柯婧凤. 论基本法框架下中央与特别行政区的权力关系——以"剩余权力说"不成立为视角[J]. 岭南学刊, 2011(4): 80-82.

24. 朱世海. 香港基本法中的权力结构探析——以中央与香港特别行政区关系为视角[J]. 浙江社会科学, 2016(6): 65-73.

25. 张小帅. 论中央对特别行政区的立法权的权力来源、实施方式及合法性审查——以香港特别行政区为例[J]. 政治与法律, 2015(2): 100-108.

26. 强世功. 中央治港须认真面对"高度自治难题"[J]. 中央社会主义学院学报, 2017(3): 62-71.

27. 汪自成, 周成瑜. 论全国人大常委会对港澳特区基本法的主动解释[J]. 江苏社会科学, 2013(1): 156-162.

28. 王磊. 论人大释法与香港司法释法的关系——纪念香港基本法实施十周年[J]. 法学家, 2007(3): 17-21.

29. 张勇, 陈玉田, Helen Yu. 香港居民的国籍问题(上)[J]. 中国法律, 2001(2): 22-24, 82-85.

30. 张勇, 陈玉田, Helen Yu. 香港居民的国籍问题(中)[J]. 中国法律, 2001(3): 34-36, 98-101.

31. 张勇, 陈玉田, Helen Yu. 香港居民的国籍问题(下)[J]. 中国法律, 2001(4):

31-33,103-107.

32. 齐鹏飞. 香港回归 20 年来"一国两制"的民主政治建设探索[J]. 中州学刊,2017(5):1-10.

33. 刘志刚,张晗. 香港政制改革的宪法学透视[J]. 政法论丛,2017(5):38-46.

34. 刘兆佳. 政改争议及两种"一国两制"理解的"对决"[J]. 港澳研究,2015(2):19-28.

35. 田飞龙. 基本法秩序下的预选式提名与行政主导制的演化[J]. 政治与法律,2015(2):80-92.